供应链

零售物流的价值

唐海滨 ◎ 著

电子工业出版社
Publishing House of Electronics Industry
北京·BEIJING

赞 誉

回忆过往，在一个零售企业的成功因素中，排序第一的正是供应链资源。零售企业要真正形成供应链资源优势，不仅需要专业的物流规划，更需要一体化的管理流程和信息技术。本书将物流管理观点有序地组织起来，化繁为简，是一本实操性较强的零售物流管理书籍和培训教材。

本书既适合用来快速了解符合国际发展趋势的零售物流技术，也有助于决策者全面理解供应链资源优势对企业发展所具有的价值和必要性。

——胡近泰　SPAR 广东嘉荣董事长

本书作者将多年的实践经验与研究成果凝结成书，以飨读者，令人欣喜。书中阐述的诸多内容，在数家零售实体企业中，已经得到实施和验证。我相信本书的面市，将会让更多的企业从中受益，找到自己企业的蓝海。

我认为，本书是作者对零售物流及供应链的精心总结之作，是理论与实践的结晶，具有较高的适用性和前瞻性。

——张晓彬　成都邻你生活股份有限公司董事长

我与作者共事多年，目睹并经历了他把欧洲成熟的物流经验带到中国并潜心打造零售企业成功路径的过程。这本书的可贵之处在于，作者将过去十余年实践经验进行系统总结和提炼，再撰英成文，奉献给读者。在零售创新纷繁的当下，这本书揭示了以客户为中心的供应链价值，才是零售行业基业长青的关键。相信您在书中的字里行间，既能够感受到作者对物流事业的挚爱，也能够更成功地把握企业成功的核心能力。

——肖英　北京华冠商贸有限公司总经理

得知作者将多年的工作经验编撰成书，用以服务更多的读者，我非常高兴。在经济高速发展的今天，物流供应链管理已经从企业内部延伸到外部，涉及的领域极其广泛。我将供应链一体化的本质理解为"聚焦链条、协同推进"，重点是关注流通业民生消费领域。

祝愿本书能帮助更多的同行朋友，众人协力让中国在零售行业新基建发展中，实现"弯道超车"，达到世界先进水平。

——李海清　山西美特好集团总裁

"新零售"概念被提出后，数字化成为提升零售企业效率的重要方式，与此同时，也让很多企业始料不及。本书能较好地帮助读者透过目前纷乱的现象，看到供应链的实质和发展趋势。

我很荣幸成为本书最早的阅读者之一。"知行合一"是一种境界，也是很多人努力的方向，希望本书能让阅读者在企业管理中做到真正的"知行合一"！

——吴江波　贵阳星力集团副总裁

本书从零售行业的角度，阐述了供应链与物流之间的关系。在全渠道销售时代，明确零售企业在拉动型供应链中的核心地位，有助于减少零供误会和摩擦，推进供应链协同。作为一名从业 20 多年的老同行，我向零售物流业的同事们、供应链领域的领导们，诚意推荐这部旨在洞察零售规律、重塑供应链模型、追求物流卓越运营、"拨开云雾见月明"的作品。

——吴桉　CCFA 供应链专业委员会副主任委员

推荐序

我自 1973 年开始了自己的"物流生涯"。当时,"物流"一词在商业领域尚鲜提及,基本属于军事领域的术语。在那些日子里,仓储和配送要么附属于采购部门(因为涉及仓库和库存),要么附属于市场或销售部门(因为涉及门店配送)。

今天,零售物流已被大家熟知并重视,被视为零售企业的核心竞争力之一,零售物流部门成为继采购部门、市场(或销售)部门之后的"第三大支柱"。综观当今世界,生存下来并发展壮大的零售企业,无一例外,全都精通以上三个领域。"三大支柱"中的一者疲软,将导致企业竞争力不足,甚至被竞争者吞并。

在欧洲,物流从"附属物"转变为核心竞争力,经历了六个阶段。通过分析论文、书籍等论述的内容,可以得出如下结论:

第一阶段为 1983 年之前,焦点是成本管理,即单纯关注物流成本的降低。

第二阶段为 1984—1988 年,焦点是效率提升,即物流资源被尽可能高效利用。

第三阶段为 1989—1993 年,焦点是质量,不仅包括维持和保存食品质量,还包括物流质量,如没有差错、没有缺货、正确履行订单等。

第四阶段为 1994—1998 年，焦点是物流助力企业成功，即优化企业内部部门间的协作。

第五阶段为 1999—2003 年，焦点是供应链参与方之间的合作，优化对门店或消费者的服务。

第六阶段为 2004 年至今，以现代化物流为基础的供应链一体化，推进至更广的范围，以及更深的程度。

物流的发展阶段之所以每 5 年变更一次，是因为零售行业的复杂度不断增强，零售企业与外部独立企业的协同及供应商、分销商、批发商和零售门店间必要的 IT 系统部署。物流的发展仍在继续，其中的一些问题，至今仍未得到妥善解决。

在我看来，当前中国和欧洲的零售物流存在一些区别。在欧洲，在人们发展现代零售物流时，并没有前人的经验可供借鉴，经历了从几乎没有 IT，再到以高度整合的仓库管理系统（WMS）和运输管理系统（TMS）驱动零售物流的全过程。当然，在这一过程中，人们犯了许多错误，花费了约 30 年的时间才得到今天颇为优化的整体解决方案。

在中国，人们付出了巨大的努力，仅经过十几年，便经历了从几乎没有 IT，到 IT 充分整合的零售物流阶段。但同时，现代物流发展快速的企业与发展较慢企业之间的差距也因此变得更大。依我所见，成本和效率这两个阶段的内容，中国的零售企业或多或少都已掌握，差距开始体现在物流质量上。不同企业物流质量上的差距，最终体现为供应链整体性能的高与低。例如，订单满足率在 80%～90%的供应链，从欧洲零售企业的视角来看是无法被接受的。这反映出供应链上的某些参与者必定存在较大的提升空间。欧洲零售行业订单满足率的标准在 98.5%～99%。

在物流运营中，另一个明显的区别是规范和标准的使用。这里的规范和标准，并不是指国家的规定，而是供应商、批发商、零售商之间的针对性约定。此类约定，有助于改善供应链中的日常工作和运营性能。这些针对性约定，始于一些小的课题，如标准化的托盘高度、托盘上商品的边距余量等。终于一些非常大的合作项目，如参与方遵循 GS1 的 EANCOM 标准进行电子数据交互。正如一位智者所言："我喜欢标准，它最小化日常工作中需要付出的时间，让人们有更清醒的头脑去面对挑战。"我相信，借助中国 ECR 委员会、CCFA 等促进零供合作的组织，这一问题能够在接下来的 5 年内得到妥善解决。

我意识到的最后一个中欧零售物流之间的区别在于，供应链上关于合作这一问题的思维方式不同。在最近 20 年间，有关供应链合作的意愿在欧洲发生了显著的变化。据我估计，现在大部分欧洲零售及其相关行业的物流和供应链经理，已经认识到精益供应链的重要性，并聚焦供应链末端（零售门店和消费者）的需求。供应链思维方式，在中国零售行业内（个例除外），仍然有待进一步深化。依我的经验来看，过去的思维方式，也是某种意义上的"孤岛思维"。企业中的每个人都在试图优化与自身相关的流程，无论这些流程是否可能对供应链或其他关联企业造成影响。思维方式的变化，也是在零售供应链发展过程中最复杂且最耗时的部分。在欧洲，这一变化耗费了整整一代经理人的时间，在很长时间后，人们才意识到，行业范围内的标准化对规范供应链管理会起到关键作用。

2008 年，我结识了本书的作者唐海滨先生，并有幸在他的职业旅程中相伴左右。唐海滨先生拥有技术和工程专业背景，他的职业发展经历了如下阶段：负责多家企业零售配送中心的设计和实施；负责多家企业物流流程的设计；从事仓库管理系统（WMS）的 IT 需求规划（招投标和技术规格）；在多家不同的零售企业之间，负责物流 KPI 评估体系的搭建；致力于零售供应链的改进。

我深信，通过获取上述的专业知识和实践经验，唐海滨先生已经成为中国零售物流领域的专家之一。

我之所以如此认可唐海滨先生，不仅因为他在一些重要企业中完成的工作，以及他在中国 ECR 委员会、CCFA 等行业组织中付出的努力，也因为他创作的这本书。这本书对现代零售物流理论加以提炼和总结，并为供应链中的合作提供了一套实用的工具箱。

我相信，这一先进的工具箱，将帮助物流或供应链经理在以消费者为中心的供应链转型过程中，找到所面对的诸多问题的答案。

迪特尔·多瑙博士

（欧洲知名供应链专家、中国多家零售企业资深顾问）

2020 年 9 月 12 日

前 言
Preface

零售行业在全球经济领域中占据重要位置。在 2020 年《财富》世界 500 强排行榜中，美国沃尔玛连续第七年蝉联榜首，成为全球最大的公司。除了沃尔玛，同为世界 500 强的其他零售企业也不在少数。一众零售企业，从灿若星河的各行各业中脱颖而出，足见零售业所蕴含的巨大能量。

今天，几乎所有零售企业在布局未来时，都已将供应链作为重要战略，它们一致认为，供应链的发展水平，直接决定企业所能具备的竞争力。放眼全球，供应链是零售企业始终保持生命力的支柱之一。

"供应链"一词，产生于 20 世纪 90 年代初期的美国。"供应链"脱胎于物流，这一点，从美国供应链管理专业协会（CSCMP）的更名历史，便可见端倪。CSCMP 的前身为美国物流管理协会（CLM），于 2005 年完成更名。在供应链理念诞生时，西方零售企业的物流发展已经进入成熟阶段，因此，供应链理念一经提出，西方零售企业便顺势开启供应链一体化进程。可以说，西方零售供应链的物流基础是广泛且坚实的。

我们将视线转入国内。中国现代零售企业的起步时间明显晚于西方，但发展速度可谓势如破竹。尤其在最近几年，智能手机进入千家万户，各种新型的终端零售形式，如雨后春笋般涌现出来，人们的购物和消费方式越来越丰富。与此同时，宅配物流业得到迅猛发展，到家配送俨然已经或即将成为零售行业的标准配置。这些创新无疑为消费者带来切实的便利，虽然因此产生了一些负面效应，诸如额外包装对环境保护造成的负担，但总体而言，现代零售行业的快速发展是有目共睹的。

与之形成鲜明对比的是零售终端背后的物流和供应链体系。不得不承认，中西方在这一领域，依然存在明显差距。尽管国内一些大型零售企业投入巨资，开展物流基础设施的建设，但就整体情况而言，零售行业的物流，仍在迫切渴望升级和进步。物流是供应链的基础，离开广泛且坚实的物流基础，零售供应链的发展自然如履薄冰，举步维艰。

当前，中国零售行业正在经历激烈的震荡。一方面，零售企业之间的竞争仍在持续加剧，区域性、全国性及国际性零售企业，展现出百舸争流之势；另一方面，零售形式的创新，激发出人们探索零售本质的热情，发展供应链的呼声，前所未有地高涨。

我以为，零售行业从分散走向整合是必然趋势，综观全球主流零售市场，无一例外。在走向整合的过程中，零售形式的创新固然重要，但是，供应链价值的创造，才是零售行业基业长青的关键。从国家层面来看，供应链价值，不仅体现在经济意义上，还体现在民生商品的供应保障、节约型社会的创建、环境保护等社会意义上。从企业层面来看，零售企业只有具备核心物流能力，才能从商品的销售者进阶为供应链价值的创造者，继而参与供应链一体化进程。总而言之，核心物流是零售进阶之路的原点，也是供应链一体化的基石。

我通过总结十余年间在国内外工作项目中的所见、所得、所感，提炼出一套零售物流的研究方法论，并将其应用于零售核心物流的运营和管理中，最后就零售配送网络及供应链一体化给予探讨。此外，本书在书尾附有中英文对照的零售物流专业词汇表，读者可酌情使用。

希望本书能为读者呈现零售物流和供应链的全貌，并提供系统性的指引与实用性的工具。倘若有幸再为零售行业的进步略有助力，便属意外之得了。

唐海滨

2021 年 1 月

目 录
Contents

第一部分 以史为鉴，返璞归真

第1章 零售物流的百年历程/ 002

1.1 物流理论的演变/ 003

1.2 物流实践的创新与应用/ 006

1.3 零售的进化/ 009

1.4 现代零售物流的发展/ 012

本章小结/ 017

第2章 零售物流？零售供应链？/ 019

2.1 零售供应链的基本模型/ 022

2.2 零售供应链模式：核心企业的归属/ 026

2.3 三种零售供应链类型/ 033

2.4 浅析中国零售供应链现状/ 036

本章小结/ 038

第3章 现代零售物流的研究方法论/ 040

3.1 现代零售物流的范畴/ 041

3.2 现代零售物流的研究方法论/ 043

本章小结/ 060

第 4 章 **储运包装与物流载具**/ 062

    4.1 托盘单元化/ 063

    4.2 储运包装的物流设计/ 065

    4.3 "单元化"下的物流载具/ 075

    本章小结/ 086

第二部分　零售核心物流：供应链的基石

第 5 章 **现代零售物流总体框架**/ 090

第 6 章 **末端运输体系：以终为始**/ 097

    6.1 末端运输体系规划：从需求到策略/ 099

    6.2 末端运输流程设计：路线规划与运输执行的分离/ 159

    6.3 末端运输执行管理/ 167

    6.4 末端运输的信息化和数字化/ 177

    本章小结/ 180

第 7 章 **供应链价值：配送仓库运营体系**/ 182

    7.1 体系规划：配送仓库的双重角色/ 184

    7.2 流程设计：技术是手段，而非目的/ 240

    7.3 执行管理："自我更新"和"以人为本"/ 256

    本章小结/ 263

第 8 章 **零售配送网络中的逆向物流**/ 266

    8.1 商品的退货与召回/ 267

    8.2 可循环物资的逆向物流/ 273

    本章小结/ 287

第三部分 零售进阶之路

第 9 章 从核心物流到配送网络/ 290

    9.1 配送中心项目的全过程/ 291

    9.2 零售配送网络：始于单一，终于复制/ 296

    本章小结/ 303

第 10 章 供应链一体化/ 304

    本章小结/ 313

附录 零售物流专业术语（部分）/ 314

后记 / 324

参考资料 / 328

第一部分

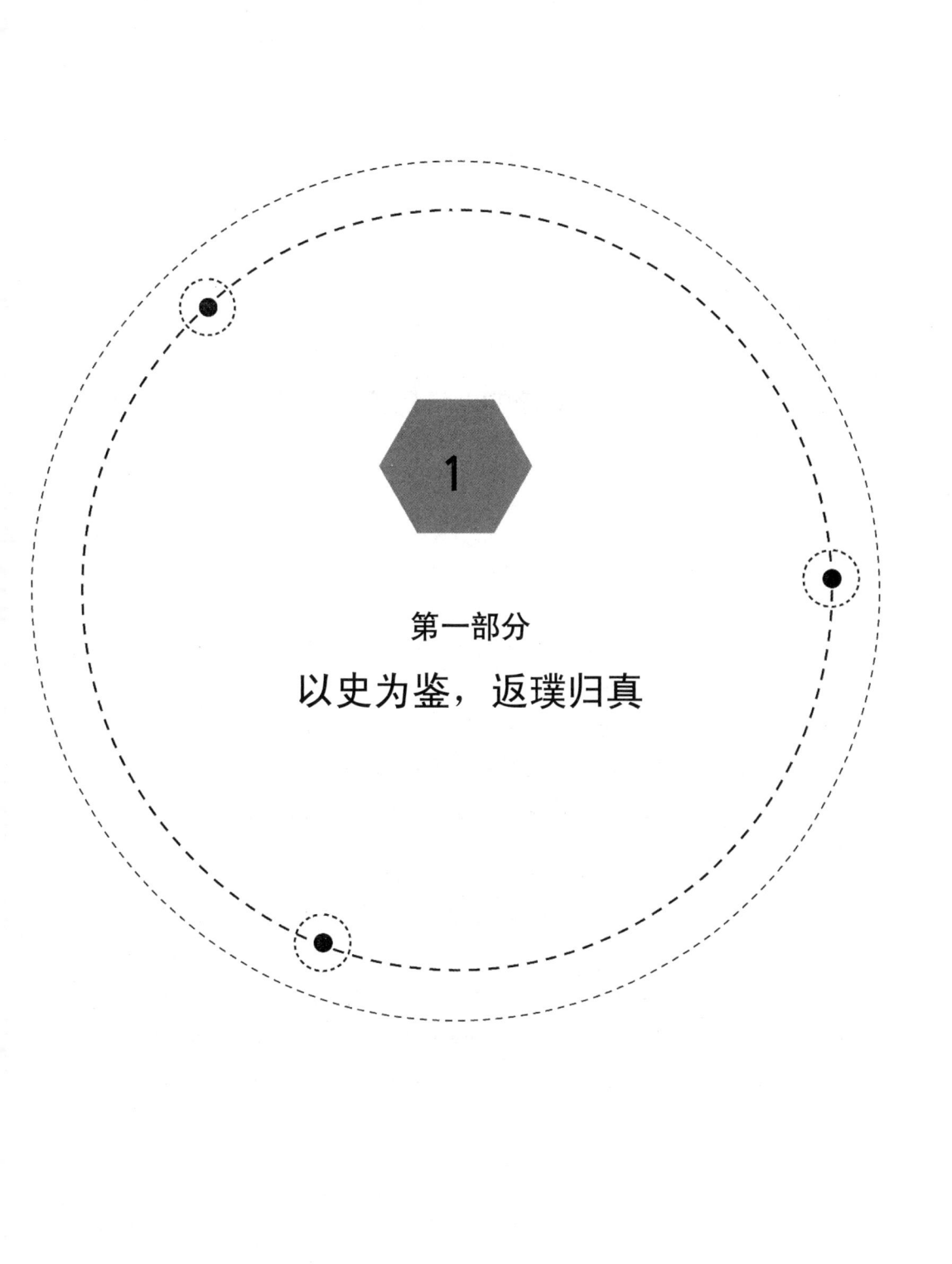

以史为鉴,返璞归真

第 1 章
零售物流的百年历程

"物流"一词于 1979 年被引入中国，背景是改革开放后，物资工作者代表团赴日本参加第三届国际物流会议，回国后其在《国外物流考察报告》中首次使用"物流"这一术语。"零售物流"泛指零售行业内发生的物流活动，属于物流的一个行业分支。理解零售物流，必须从理解物流开始，本章首先介绍物流的发展史，随后回顾零售的发展历程，最后探讨现代零售物流的形成和发展。

物流活动的出现和发展，伴随着人类社会文明的开始与演变。在不同时期，物流活动的本质内容虽没有太大变化，但物流方式却存在巨大的差别。尽管物流活动早在人类开始进行商品交换时就已出现，但关于物流的系统性研究，却开始得相对较晚。现代物流的起源可以追溯到 19 世纪末期，这一时期，工业革命已进入第二阶段，大量生产技术在欧美等地得到广泛应用，这深刻地影响着物流的方式和效率。

1901 年，约翰·格鲁威尔在美国政府《农产品流通产业委员会报告》中，第一次对影响农产品配送成本的各种因素做出论述，这被看作人们对物流活动系统性认识的开始。同一时期，"物流"（Logistics）一词开始出现，其最早被应用于军事领域，意指军事后勤保障系统方法，包括弹药运送、粮草运送、军队转移等。这一套后勤保障体系，很快被应用在 1914 年开始的第一次世界大战中。

第一次世界大战结束后，军事领域的物流概念，开始在民用经济领域得到应用。1918 年在英国成立的即时送货股份有限公司，被一些物流学者誉为早期有物流活动文献记载的公司，其公司理念和现代物流理念颇为相似，即在全国范围内，把人们日常所需的商品及时送到批发商、零售商及客户的手中。1915 年，美国市场营销学者阿齐·萧在《市场流通中的若干问题》（*Some Problems in Market Distribution*）一书中，初次论述物流在流通领域中的作用。1935 年，美国销售协会较早地对"物流"进行了定义，认为物流是包含于销售之中的物资资料和服务，以及伴随商品从生产地点到消费地点流动过程之中的种种活动。

物流理论迎来真正意义上的大发展，是在第二次世界大战结束后。以美国为代表的西方国家，开始进行物流理论的研究，并逐渐形成和发展出体系化的物流管理学说。

1.1 物流理论的演变

从 20 世纪 50 年代开始，美国率先开始进行物流理论的研究。有趣的是，在经济流通领域，美国在研究初期并没有直接使用"物流"（Logistics）一词，而是使用了"Physical Distribution"一词，直译为"实物分销"。"实物分销"的概念一直沿用到 1985 年，这一年，美国实物分销管理协会正式更名为物流管理专业协会，标志着现代物流观念的确立及物流管理的统一。

1954—1985 年，因美国使用"实物分销"这一名词，该阶段也被称为实物分销阶段。在实物分销阶段中，"物流"首先出现在市场营销学的研究中。1954 年，鲍尔·康博斯教授在第 26 次美国波士顿流通会议上，发表题为《市场营销的另一半》的演讲。他在演讲中指出，无论学术界还是实业界，都应该认识、重视、研究市场营销中的物流，企业要从战略高度来研究和管理物流。这一阶段的另一代表理论，出自 1962 年著名管理学家彼得·德鲁克发表的《经济的黑暗大陆》一文，他将物流比作未开垦的黑暗大陆，并指出这个领域未知的东西还有很多。

同一时期，物流服务中心学说在美国和欧洲得到一些学者的认可。他们认为，物流活动的最大作用，并不仅仅在于节约企业成本，更在于提高企业对客户的服务水平。该学说源于第二次世界大战时期形成的后勤工程说，这一原本针对战争期间军需补给的管理理论，在第二次世界大战结束后沿用至社会经济领域。物流服务中心学说将物流看作企业的后勤补给，应为企业的生产和销售提供服务，这一理论至今仍在欧美企业中有着广泛的应用。

"二律背反"思想是 18 世纪德国古典哲学家康德提出的哲学基本概念，意为两个相互排斥而又被认为是同样正确的命题之间的矛盾。这样的矛盾在物流领域中普遍存在，对这些矛盾的研究随后发展为效益背反学说。效益背反现象普遍存在于物流的各项活动中。例如，加快为客户送货的速度，运输成本就会相应增加。由于效益背反是一种此涨彼消、此盈彼损的现象，所以在进行物流研究时，应避免只研究某一单一活动，而忽略该活动对其他环节的影响。因此可以说，效益背反学说为现代物流体系化的研究奠定了基础。

除了欧美等地，其他国家也陆续开始进行物流理论的研究，代表之一是日本。日本的物流发展紧随美国，自 20 世纪 60 年代开始，日本经济的腾飞推动日本物流的迅猛发展，其间关于物流理论的研究也颇为活跃。日本的物流理论研究，更贴近企业的实际生产需要，因此，物流成本和企业利润是两个重点方向。著名的"物流冰山学说"就是在这一背景下，由日本早稻田大学西泽修教授于 1970 年提出的。在这一学说中，西泽修教授指出，企业向外支付的物流费用，只是整体物流成本中很小的一部分，真正的大部分物流费用，发生在企业内部，但往往难以计算，具有隐匿性。西泽修教授用物流成本进行具体分析，对德鲁克的"黑暗大陆学说"加以论证，他用事实说明，物流领域仍然存在诸多不清楚的地带，而这些不清楚的地带，恰恰蕴含巨大的潜力。

同年，西泽修教授在其另一著作《流通费用——不为人知的第三利润源泉》中提出，物流可以为企业提供大量直接或间接的利润。人类历史上曾经出现过两大提供利润的领域，一是资源领域，二是人力领域。通过科技进步，降低原材料的消耗所取得的利润，被称为"第一利润源"。通过科技创新，提高劳动生产效率所取得的利润，被称为"第二利润源"。根据利润源提出的时间顺序，西泽修教授在其著作中，将因降低企业物流成本而获得的利润，称为"第三利润源"。在此之后，第三利润源的说法，逐渐在包括中国在内的国家流传开来。

在 20 世纪 80 年代前的实物分销阶段，欧洲、美国和日本的学者，针对物流的一个或多个领域，应用哲学、经济学和管理学基本思想提出的不同学说，为现代物流管理奠定了理论基础，也为之后的供应链研究埋下了伏笔。

自 20 世纪 80 年代中期开始，欧洲、美国、日本率先启动供应链一体化进程，这一进程至今仍在继续。供应链一体化进程，是理论演变和科技发展的必然产物。

一方面，物流基础理论研究此时已经趋向成熟，在上述代表学说的基础上，形成了更为系统化的学说和著作。20 世纪 90 年代，供应链管理理论诞生，供应链一体化进程自此被放在一个新的理论高度。美国密歇根州立大学工商管理学教授唐纳德·鲍尔索克斯在其著作《物流管理：供应链过程的一体化》中指出："正是通过一系列的完成周期，才使一个企业的物流在操作上既从内部、也从外部，与顾客和供应商连接起来，创建出一条供应链。"

另一方面，20 世纪 80 年代后期，现代信息技术的飞速发展，为供应链一体化进程提供了新的动力，各种功能的物流专业管理软件应运而生。可以这样说，在物流理论研究和现代信息技术的双重合力下，20 世纪 90 年代，物流发展开始进入供应链一体化阶段。"物流一体化"本身既是供应链一体化形成的前提条件，又是其重要的组成部分。

综上所述，在过去的六十多年中，现代物流理论研究从产生到发展再到成熟，对世界经济的格局和变化产生了深刻的影响。图 1-1 对这一历程予以总结。

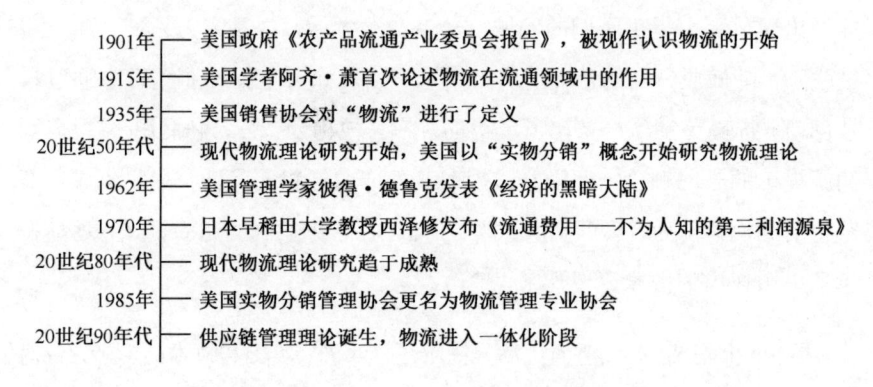

1901年	美国政府《农产品流通产业委员会报告》，被视作认识物流的开始
1915年	美国学者阿齐·萧首次论述物流在流通领域中的作用
1935年	美国销售协会对"物流"进行了定义
20世纪50年代	现代物流理论研究开始，美国以"实物分销"概念开始研究物流理论
1962年	美国管理学家彼得·德鲁克发表《经济的黑暗大陆》
1970年	日本早稻田大学教授西泽修发布《流通费用——不为人知的第三利润源泉》
20世纪80年代	现代物流理论研究趋于成熟
1985年	美国实物分销管理协会更名为物流管理专业协会
20世纪90年代	供应链管理理论诞生，物流进入一体化阶段

图 1-1　世界现代物流理论发展大事件

1.2　物流实践的创新与应用

物流学是一门实践性极强的学科。从现代物流理论的发展过程可以看出，理论研究大多围绕企业的实际应用展开，并随着科技的进步而不断深化。因此，在了解现代物流理论的基础上，进一步理解物流科技的发展史是有必要的。本节将重点介绍与物流实践相关的重要发明和应用。

19 世纪末期，工业革命进入第二阶段，大量实用的生产技术在欧美地区得到广泛应用。1896 年 10 月 1 日，世界上第一辆卡车在德国生产下线，自此，内燃机代替马匹成为道路运输的主力。1924 年 3 月 12 日，第一辆柴油动力的卡车，在德国测试成功。之后，设计紧凑、经济可靠的柴油卡车，在道路运输中快速得到普及，道路运输成为现代五大运输方式之一。与传统的人力和马力运输相比，卡车无疑在极大程度上提高了道路运输的效率。与其他四种现代运输方式（铁路、水路、航空、管道）相比，道路运输具有灵活性强、投入成本相对较低、道路覆盖范围广等优点。因此，卡车的发明，可以看作现代物流发展的重要里程碑。此外，它与物流理论研究的启蒙阶段处于同一时期，将这一时期当作现代物流发展的开端，亦不为过。

第二个深刻影响现代物流发展的时期，出现在第二次世界大战结束后。在 20 世纪 40 年代的太平洋战争中，美国军方首次使用托盘进行军需物资的搬运和运输，以提高物流效率，保障后勤供给。战争结束后，这些原本用作军需物资载体的托盘被大量闲置。1946 年，澳大利亚政府率先建立联邦搬运设备共用系统，其中绝大部分托盘均为标准托盘。随后，美国、瑞典等其他国家也开始推行共用标准托盘体系，将其用于企业间的物流活动。同样值得一提的是，配套托盘使用的搬运机械——叉车。

在第二次世界大战期间，为了配套标准托盘和军需物资的搬运，叉车得到广泛的应用。叉车的历史，可以追溯到 1917 年。当时，美国克拉克公司发明了世界上第一台单缸带有升降装置的叉车。托盘和叉车的配套使用，大大节省了货物装卸所需的时间，将原本的人力散箱装卸，升级为机械批量搬运。这种模式，在第二次世界大战结束后的欧美地区得到广泛的应用和推广，至今仍是世界物流作业的主要方式之一。正因如此，标准托盘也被认为是 20 世纪现代物流发展中的两大关键性创新之一。

20 世纪现代物流发展的另一大关键性创新是现代集装箱在国际航运上的应用。1956 年，美国商人马尔科姆·麦克莱恩完成了从纽瓦克港到休斯敦港的现代集装箱首航。然而，区别于托盘和叉车配套使用后的快速推广，与集装箱配套的物流体系（港口设施、起重机、标准制定、轮船等）在当时并不存在。尤其是关于标准的制定，更是经历了无数波折。直到1970年，国际标准化组织（ISO）才发布完整的集装箱标准方案。自此，以标准集装箱为核心的国际航运物流体系初步建立完成；随后，标准集装箱在全球国际航运中，取得爆发式的增长。虽然国际航运物流并不是本书阐述的重点，但是在谈及现代物流的发展时，标准集装箱的发明是不得不提的。

计算机被认为是近百年来世界科技最伟大的发明之一。第一台现代通用计算机ENIAC，早在1946年便于美国诞生。然而，计算机对现代物流真正产生重大影响的时期，是20世纪80年代，在这一时期，不同功能的物流专业管理软件陆续出现。自20世纪90年代开始，随着互联网和无线通信传输技术的发展，物流的跨企业整合成为可能。与物流理论的发展历程颇为相似，物流信息技术的发展，同样经历了从单一领域到一体化的过程，只是得益于信息技术的飞速进化，这一过程所花费的时间要短得多。20世纪90年代前期，信息技术的用途以解决某一单一领域的管理需求为主，如订单管理、库存管理、财务交易、仓库运营、运输计划等。自20世纪90年代中后期开始，随着供应链理论的成熟，许多大型企业开始将这些分散的系统，部分或全部整合成集成系统，代表之一便是企业资源计划（ERP）系统。同一时期，电子数据交互（EDI）技术的国家标准和行业标准，逐步得到完善。越来越多的企业，通过这一技术将内部系统与其他企业的系统联通，并进行数据交换，从而逐渐形成信息技术的集成化和一体化。

科学技术的发明和应用，是现代物流发展的重要推动力。在过去的一个多世纪内，人们从事物流的方式发生了巨大的变化，物流的效率和质量都因此得到极大的改进。图1-2对影响现代物流发展的主要科技发明和应用进行了总结。

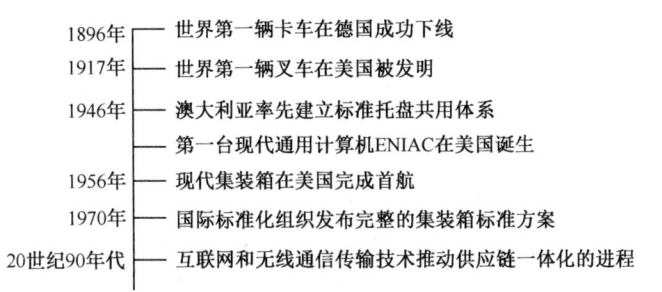

```
1896年 ——— 世界第一辆卡车在德国成功下线
1917年 ——— 世界第一辆叉车在美国被发明
1946年 ——— 澳大利亚率先建立标准托盘共用体系
       ——— 第一台现代通用计算机ENIAC在美国诞生
1956年 ——— 现代集装箱在美国完成首航
1970年 ——— 国际标准化组织发布完整的集装箱标准方案
20世纪90年代 ——— 互联网和无线通信传输技术推动供应链一体化的进程
```

图 1-2　世界现代物流科技发展大事件

通过以上两节可以看出，现代物流的发展，离不开物流理论的研究与科学技术的创新。物流理论的研究为科学技术提供应用场景，科学技术的进步又为物流理论研究贡献新的动力，两者相辅相成，共同促进现代物流的不断发展。

1.3　零售的进化

作为一种直接销售给消费者的售卖方式，零售拥有悠久的历史。虽然各行各业都存在零售这种销售形式，但当它单独出现时，销售的商品以满足人们日常生活所需为主。在漫长的人类文明中，零售的形式不断发生变化，但零售的本质并未改变。清华大学教授李飞在其著作《零售革命》中指出："零售的本质就是零售，即零售商通过向消费者个人与家庭出售有形产品和无形服务（或是二者结合），以满足购买者和消费者购物、社交、娱乐等方面的需要，进而持续地为利益相关者，特别是购买者和消费者创造价值。"无论在过去还是现在，零售的经营活动，都是围绕为消费者创造价值来展开的。

零售的形式，随着社会的发展和科技的进步，发生了巨大的变化。从中国古代的坐商和行商，到百货商店、连锁商店的出现，再到连锁超级市场的普及，零售的形式在一定程度上代表社会商业的发展水平。自20世纪90年代以来，网上商店的发展，可谓"一日千里"。尤其在中国，随着智能手机和移动支付的普及，线上购物受到越来越多消费者的青睐，为人们的生活带来前所未有的便捷。可以说，零售的形式在过去一个多世纪中，发生了翻天覆地的变化，这种变化仍将不断持续下去。图1-3为1852年法国博马尔谢百货公司开业以来的世界零售发展大事件，图1-4对1900年以来中国零售发展大事件做出回顾。

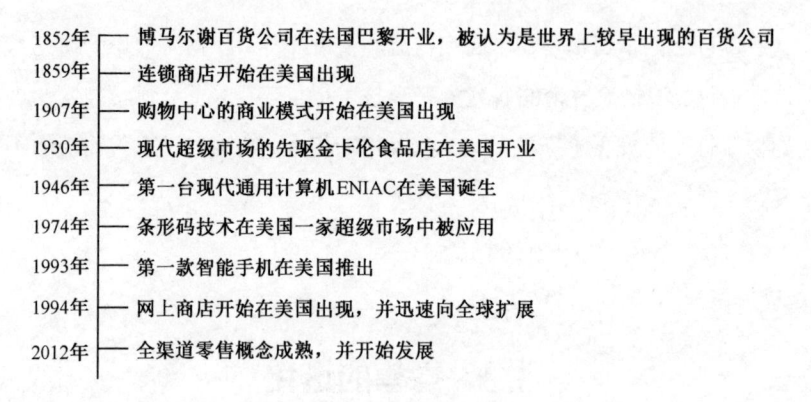

1852年	博马尔谢百货公司在法国巴黎开业，被认为是世界上较早出现的百货公司
1859年	连锁商店开始在美国出现
1907年	购物中心的商业模式开始在美国出现
1930年	现代超级市场的先驱金卡伦食品店在美国开业
1946年	第一台现代通用计算机ENIAC在美国诞生
1974年	条形码技术在美国一家超级市场中被应用
1993年	第一款智能手机在美国推出
1994年	网上商店开始在美国出现，并迅速向全球扩展
2012年	全渠道零售概念成熟，并开始发展

图1-3 世界零售发展大事件

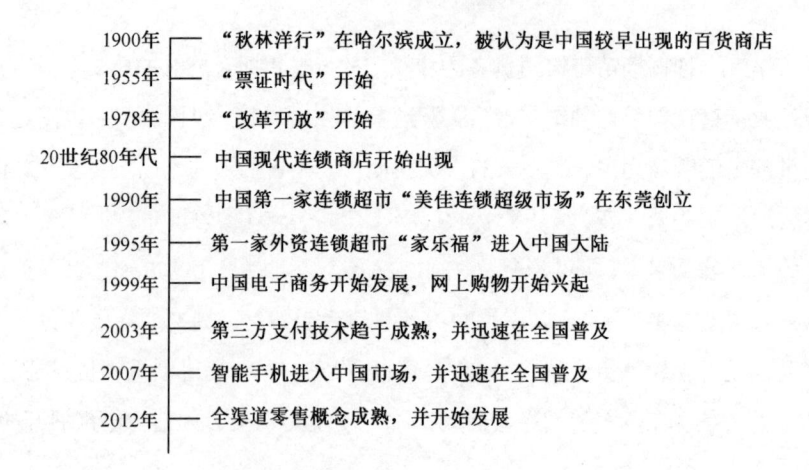

1900年	"秋林洋行"在哈尔滨成立，被认为是中国较早出现的百货商店
1955年	"票证时代"开始
1978年	"改革开放"开始
20世纪80年代	中国现代连锁商店开始出现
1990年	中国第一家连锁超市"美佳连锁超级市场"在东莞创立
1995年	第一家外资连锁超市"家乐福"进入中国大陆
1999年	中国电子商务开始发展，网上购物开始兴起
2003年	第三方支付技术趋于成熟，并迅速在全国普及
2007年	智能手机进入中国市场，并迅速在全国普及
2012年	全渠道零售概念成熟，并开始发展

图1-4 中国零售发展大事件

从图 1-3 和图 1-4 中可以看出，零售行业的发展与现代科技的进步密不可分。总体来看，世界零售的发展可以分为前互联网时期和互联网时期两个大的阶段，分别对应 20 世纪 90 年代前和 20 世纪 90 年代后。在前互联网时期中，世界零售的创新主要集中在西方国家，深刻影响这一时期零售发展的一项科技是条形码技术。1971 年，美国发布沿用至今的商品统一代码（UPC）；1974 年 6 月 26 日，第一件带有 UPC 条形码的商品，在美国的一家超市中售出，标志着条形码和扫码设备首次商业应用的成功。计算机和条形码技术的结合，大幅提高了零售企业的销售和管理效率，很快在西方国家得到大范围的推广。因为历史原因，中国现代零售行业的起步相对较晚。在发展初期，由于计算机和条形码技术已经在世界零售行业中得到普及，因此中国很多零售企业从一开始便已经应用这些技术。从某种程度上来说，在中国现代零售企业起步时，在销售终端上的技术应用，与西方零售企业之间并没有太大的差距。

20 世纪 90 年代，世界零售行业开始进入互联网时期。20 世纪 90 年代初期，互联网技术首先在美国得到应用和推广，众多基于互联网技术的商业模式相继问世。1994 年，网上商店开始在美国出现，其中包括著名的亚马逊网上书店。在互联网时期中，另一个对现代零售行业产生深远影响的发明是智能手机。虽然第一台智能手机早在 1993 年就已被发明，但真正迎来大发展的时期出现在 2007 年，这一年，美国苹果公司推出第一代 iPhone。在此之后，智能手机以爆发式的增长速度，在全球范围内迅速普及。尤其在中国，伴随移动支付技术的成熟，智能手机购物一跃成为消费者，特别是年轻消费者最主要的购物方式之一。智能手机购物方式的出现，为现代零售行业注入全新的活力，一时间，各类零售新概念如雨后春笋般涌现出来，其中最具代表性的当属"全渠道零售"概念。在全渠道零售概念下，零售企业需要同时通过多个渠道（线上和线下），为消费者提供满足其所需的商品和服务，并为消费者提供跨渠道的无差别购物体验。毫不夸张地说，最近 10 年，中国零售行业发生着日新月异的变化。

通过上述回顾可以看出,虽然中国现代零售行业的起步较西方国家晚得多,但是进入互联网时期后,中国零售行业的发展,已经逐渐开始与世界同步,在线上购物和移动支付领域,甚至引领全球行业的潮流。然而,我们需要清醒地看到,目前零售行业的技术和创新,主要位于流通环节的末端。这些直接与消费者发生交互的场所(可以是线下门店,也可以是线上配送终端),统称"零售终端"。现代零售企业的竞争,绝不只在于终端,更在于为其提供支撑的物流和供应链体系。在介绍完物流和零售的发展历程之后,接下来对零售物流的发展进行探讨。

1.4 现代零售物流的发展

零售物流是物流的一个分支,同时也是现代零售企业取得规模化发展的重要支撑。本节以前文为基础,对现代零售物流的发展进行探讨。

现代零售物流与传统零售物流有着本质的区别。

首先,现代零售物流是以商流和物流的分离为前提的。所谓"商(流)物(流)分离",是指流通中的两个组成部分——商业流通和实物流通各自按照自己的规律和渠道独立运动[①]。因此可以这样理解,只有当物流在零售中被作为一个相对独立的领域进行研究和管理时,才能称之为现代零售物流。

其次,现代零售物流应该具备以下基本特征:

(1)规划系统化。物流的各个环节,被放在一个完整的系统中进行设计和规划。

---

① 张余华. 现代物流管理(第3版)[M]. 北京:清华大学出版社,2017.

（2）技术专业化。物流的各项作业通过专业化的设备高效完成。

（3）管理信息化。基于数据和信息的采集、分析、处理和即时更新，实施和贯彻物流管理。

（4）作业标准化。物流作业以规范化和标准化的方式来完成。

回顾零售物流在过去一个多世纪中的发展，并结合上述特征，我们可以将现代零售物流的标志归纳为以"托盘单位化"为代表的机械化作业和以"信息数字化"为代表的系统化管理。

作为20世纪现代物流发展的关键性创新之一，标准托盘和专业设备的配套使用，将劳动密集型的散箱搬运转变为机械化作业。这种机械化作业以标准托盘和商品组成的托盘单元作为基本操作单位，因此被称为托盘单元化。托盘单元化不仅大幅提高物流作业效率，而且将基于散箱的管理转变成基于托盘单元的管理，管理效率同步提升。因此，我们将其视作现代零售物流的标志之一。

另外，现代信息技术在零售物流领域的应用，不仅帮助企业实现内部管理的信息化，而且使跨组织、跨企业的数据实时交互成为可能。以信息化为基础的数字化，更是成为零售物流迈向精益化管理和一体化协同的关键驱动力。因此，将"信息数字化"作为现代零售物流的另一标志，也就顺理成章了。

明确现代零售物流的基本特征和两大标志之后，对其发展史的探索，可以从前三节中阐述的物流理论的发展史、物流实践的发展史和现代零售行业的发展史切入。参照世界现代物流理论发展大事件（见图1-1），现代物流理论的研究开始于20世纪50年代的美国。在同一时期，连锁商店和超级市场等现代零售形式已经出现。但是，在这一时期并没有形成领导行业发展的大型零售企业。此外，虽然计算机技术已经出现，但并没有被大范围应用在零售企业的物流活动之中，因此我们可以推断，这一时期的零售物流活动仍然以传统方式为主，手工管理穿插在其他业务活动中。

20世纪70年代，随着部分零售企业规模的不断扩大，物流的系统化和标准化管理开始成为左右市场竞争的关键。1970年，沃尔玛在美国建立第一个配送中心。同一时期，计算机技术经过20年的发展，已经进入通用操作系统和微处理器的研发阶段。1970年，美国IBM公司发布IBM S/370计算机，将硬件和软件分离开来，软件的价值得以明确。我们据此可以推断，各个行业的信息化进程，都是以这一时期为原点的。

与此同时，在第二次世界大战结束后，标准托盘和叉车的配套作业模式，在西方国家得到广泛应用，到20世纪80年代，托盘单元化物流已经进入成熟阶段。综合以上不同领域的发展历史可以得出，现代零售物流的初始阶段，出现在20世纪70年代中期。

20世纪80年代，现代物流理论在西方国家已经被大多数零售企业所接受。同时，随着个人计算机在企业的快速推广，零售企业内部的物流信息管理系统逐渐得到普及。在这一时期，零售物流的发展主要集中在企业内部。具有一定规模的零售企业为提升竞争力，开始进行物流信息化建设。零售企业内部的物流信息化建设，为下一阶段的供应链一体化发展打下了坚实基础。

20世纪90年代至今，西方零售物流进入一体化阶段。随着20世纪90年代初期供应链管理理论的提出，人们对零售物流的理解，开始从单一的企业内部功能逐步转变为供应链物流管理理念。《现代物流管理》一书提道："仅对单个企业的物流活动进行控制是不够的，必须对整个供应链的所有成员或关系较近的成员的物流活动实施一体化管理。"在同一时期，经过市场竞争，西方零售行业逐步走向集中化，出现了以沃尔玛为代表的超大型零售企业。在信息技术方面，20世纪90年代初期，世界开始进入互联网时代，不同企业间的低成本数据实时交互成为可能，EDI技术在越来越多的零售企业和生产企业之间得到应用。在以上三股合力的作用下，现代零售物流开启了一体化进程，这一进程，至今仍在不断推广和深化。

通过以上发展历程可以看出，西方国家现代零售物流的升级，主要由以下三股力量推动：一是物流理论的不断发展和完善，二是零售行业的整合，三是信息技术的应用与创新。西方国家零售物流发展历程如图1-5所示。

```
1852年          ——  人力物流阶段
20世纪20年代    ——  散货半机械化物流阶段
20世纪50年代    ——  托盘单元化物流发展阶段/纯纸张作业物流阶段
20世纪70年代    ——  托盘单元化物流发展阶段/数字化物流初始阶段
20世纪80年代    ——  托盘单元化物流成熟阶段/企业内部数字化物流阶段
20世纪90年代    ——
现在            ——  物流一体化阶段/全数字化物流阶段

西方国家现代零售物流时间轴
```

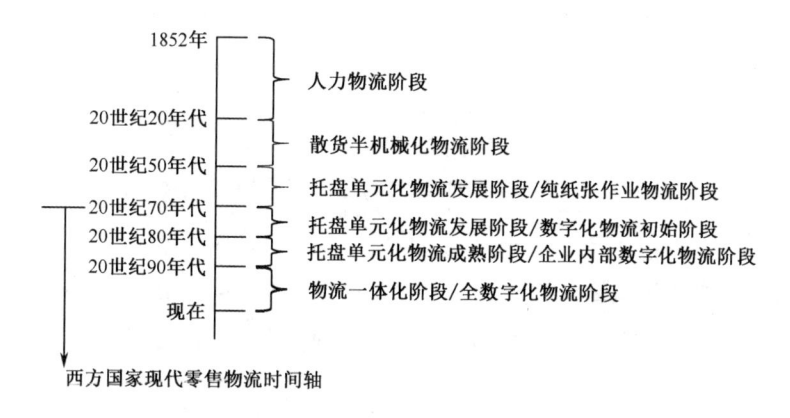

图 1-5　西方国家零售物流发展历程

中国现代零售物流的起步较晚，和西方相比发展路径也不尽相同。首先，作为现代零售物流标志之一的托盘单元化，仍处于初始阶段。从中国零售发展大事件（见图1-4）中可以看出，中国现代零售始于20世纪80年代。在同一时期，中国第一批大学院校开始设立物流管理专业，从事物流理论的研究。然而，由于中国现代零售行业刚刚起步，大部分零售企业专注于对终端门店的拓展，对物流的重视程度相对较低；生产企业则是将重心放在生产技术的改进和产能的提高上。作为结果，这一时期中国的零售物流，基本采取传统的人力作业和粗放管理方式。

20世纪90年代中后期，互联网技术被引入中国。同时，国内外企业的合作不断增强，越来越多的西方零售企业和快消品生产企业来到中国开拓市场，零售物流开始得到重视。进入21世纪后，对物流的重视上升到国家层面，国务院出台一系列物流振兴方案。在企业层面，零售行业经过十多年的发展，开始初步形成具有一定规模的区域性零售企业，"发展零售物流"在短时间内迅速成为行业共识。

虽然发展零售物流的呼声前所未有地高涨，但受制于理论研究起步晚、基础设施老旧、管理理念滞后等不利因素，托盘单元化的发展依然缓慢。托盘单元化的基础是托盘标准化。关于中国托盘标准尺寸的争论，一直持续到 2007 年。这一年，中国国家标准明确规定，1200 毫米×1000 毫米为优先推荐尺寸。从 2008 年开始，该托盘尺寸被零售行业作为行业标准进行推广，标志着托盘单元化在中国迈出坚实的一步。

与托盘单元化的发展形成鲜明对比的是，信息数字化在中国零售物流中的应用。进入 21 世纪后，信息技术在中国呈现跳跃式的发展趋势，零售终端领域更是出现了诸如移动支付等一系列引领世界零售行业潮流的创新。零售物流领域的信息数字化，虽然与西方国家存在差距，但就其发展速度而言，可谓突飞猛进。

西方零售物流的数字化进程，早在 20 世纪 70 年代后期便已开始，经历了数字化物流初始阶段、企业内部数字化物流阶段和全数字化物流阶段三个阶段。中国零售物流的数字化始于 20 世纪 90 年代末期，经过 20 年的发展，大多数零售企业的内部物流，已经部分或全部实现了信息数字化。一些行业领先的零售企业和生产企业也开始尝试利用 EDI 技术，实现供应链上跨企业的数据交互，其与西方零售同行的区别主要表现在跨企业数字化的深度和广度上。图 1-6 对中国零售物流发展历程进行了汇总。

1900年	人力物流阶段
20世纪50年代	散货人力物流阶段
20世纪80年代	散货半机械化物流阶段
21世纪现在	托盘单元化物流初级阶段/企业内部数字化物流阶段

中国现代零售物流时间轴

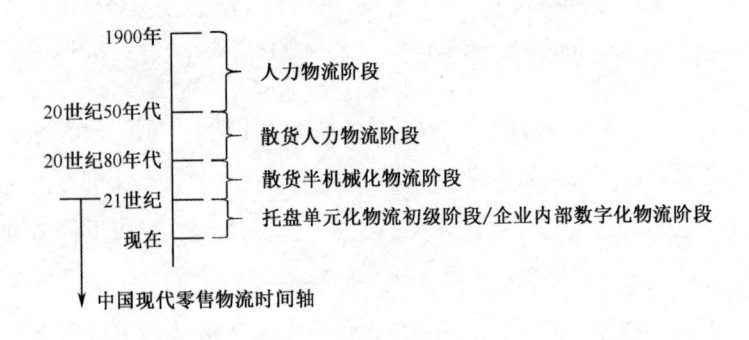

图 1-6 中国零售物流发展历程

综上所述，中国零售物流呈现信息数字化发展快、托盘单元化发展慢的特点，总体来看，目前仍处于企业内部数字化物流阶段。在下一个 10 年，中国零售物流的发展，挑战和机遇并存。一方面，企业内部物流管理仍然存在较大的提升空间，如何通过节省物流成本，创造新的利润源，是每个企业应当正视的问题。另一方面，供应链协同才刚刚开始，其可能创造的价值难以估量。当然，无论新的利润源，还是供应链价值的创造，都可能面临诸多已知或未知的困难。不管怎样，从单一的企业物流，过渡到基于跨组织、跨企业协同的供应链一体化阶段，中国零售行业的发展必将迎来下一座里程碑。

本章小结

零售物流专指零售行业内部及其与之有关联的外部物流活动。零售和物流均属于流通领域，前者偏向于商业贸易，后者侧重于实物流动。两者在世界经济活动中，同时扮演重要角色。研究现代零售物流的发展历史，可以从物流和零售各自的发展史中找到线索。因此，本章从物流的发展史入手，首先阐述现代物流的理论演变和实践创新。

零售的历史源远流长，虽然零售的形式不断变化，但本质一直是围绕消费者的日常所需展开的。本章的中间部分，列举了过去一个多世纪内西方国家和中国零售发展过程中的大事件。

了解物流和零售各自的演变过程后，零售物流的发展历史初具轮廓。以托盘单元化和信息数字化作为分水岭，零售物流可以分为传统和现代两个大的时期。西方国家和中国进入现代零售物流的时间有所不同，最后一节对此做出了详细的论述。

无论在西方国家还是在中国，现代零售物流的发展脚步从未停止。虽然起步时间有所不同，但整体的发展方向是一致的。跨组织、跨企业的供应链一体化，是现代零售物流追求的共同目标。

关于零售物流百年历程的回顾，以此诗作为总结：

物流百年

鳞次钢楼平地起，车流物转八方通。

百年拓步今回望，风雨连程未有终。

第 2 章
零售物流？零售供应链？

今天，几乎所有零售企业在思考未来发展战略时，都会将供应链作为方向之一，它们普遍认为，供应链的发展水平将直接决定零售企业所能具备的竞争力。确实如此，放眼全球，供应链是零售企业能够始终保持竞争力的支柱之一。为什么会这样呢？根本原因在于，通过掌握供应链，零售企业具有获取更多流通利润的可能。换一种说法，零售企业拥有创造更大供应链价值的能力，而这种能力的基础，便是零售物流。

零售物流与零售供应链之间，既有联系又有区别。在展开之前，有必要简单回顾一下"供应链"一词的起源。

"供应链"的概念，产生于20世纪90年代初期的美国。"供应链"一词，最初是从生产企业的角度被提出的，从字面意思来看，是指"供应的链条"，即从原材料开始，经由生产、分销、零售等多个环节后，商品最终到达消费者手中的全过程。"供应链"概念的提出，为企业和企业之间的合作引出一条新的思路，因此也开始被制造业以外的企业所接受。

在同一时期，西方国家的零售行业经过激烈的市场竞争，开始形成较为整合的局面，大型零售企业成为消费品市场的主要销售渠道。随着信息技术在应用层面的普及，物流作业和管理方式都取得长足的进步。在此背景下，零售企业和生产企业开始探索如何通过合作和协同，进一步提高双方的运营效率，并降低整体成本，进而创造更多的利润。供应链概念的提出迎合了这样的需求，故一经提出，便以极快的速度，被零售及其相关企业所接受，供应链开始频繁出现在各大场合中。因"供应"一词代表生产端的视角，之后又涌现出"价值链""需求链"等类似的词汇。不可否认，供应链一词的接受程度更深，使用范围更广，因此可以将"价值链""需求链"等术语看作供应链含义的延伸。

客观地说，供应链概念并没有为零售行业带来根本性的变化。但是，它对零售企业的管理理念产生了深远的影响，主要体现在两个方面。一是供应链为零售企业重新评估和发展自己的核心业务，提供了一种新的思维方式。这种思维方式可以应用在多种不同的场合，如企业内部部门与部门之间的配合，或者物流与零售终端的衔接，又或者零售企业与生产企业的协作等。二是供应链为零售企业描述其错综复杂的供应、物流和零售网络，提供了一个新的专业术语。为了与其他领域的供应链进行区别，零售行业中的供应链，可以被称为"零售供应链"。

由此可以看出，零售供应链包含两个层次的含义：第一个层次代表供应链思维方式在零售企业的应用，第二个层次泛指零售企业的供应、物流和零售网络。零售供应链具体指代哪个层次的含义，需要根据使用语境加以判断。

零售供应链的目标是以全链更低的成本，完成商品自生产企业至消费者的流通全过程，并通过与其他业务功能（市场营销、商品管理等）的配合，最终满足消费者的需求。在不同的环境下，"更低的成本"具有不同的含义。从国际竞争角度来看，"更低的成本"意味着国家与国家之间的对比；从市场竞争角度来看,"更低的成本"意味着企业与企业之间的对比;从企业发展角度来看,"更低的成本"意味着现在与过去、未来与现在的对比。不管从哪个角度来看,通过供应链效率和管理水平的提升而节省出来的成本,可以被看作供应链参与方共同创造的全新价值,也是企业利润新的来源,这一来源可以被称为"供应链利润"。与其他利润的产生不同,供应链利润并不能由一家企业创造,必须通过跨企业的协同,才有可能实现。当然,它也应该在参与企业之间进行分配。

"物流"一词的出现时间,较"供应链"早得多。20世纪30年代开始,西方世界率先开展现代物流理论的研究,之后,物流学逐渐兴起,并发展成为一门专业的学科。然而,不同行业对物流的要求大相径庭,结果是,物流具有鲜明的行业特征,笼统地加以探讨,很难直接应用于实践之中。举例来说,汽车行业的物流特征与服装行业大不相同,而医药行业的物流要求未必适用于其他行业。本书的主要研究对象是零售行业内的物流,简称"零售物流"。

零售物流专指完成零售企业经营所需的物流及其与之相关的活动。零售物流是零售企业完成经营必不可少的活动之一,无论其是否直接参与,都对企业经营的结果产生重要影响。在很长一段时间内,零售物流被认为是"四面墙"之内的仓库运营,或是"四面墙"之外的道路运输,现代物流的发展将两者连接为一个整体。

供应链概念的出现,为现代零售物流的发展注入全新的动力,零售物流的边界得到不断拓展。它不再仅局限于企业内部的物流活动,还包含自生产企业到零售终端之间发生的所有与物流相关联的活动。现代零售物流边界的第二次拓展,出现在"网上购物"和"到家配送"兴起之后。随着"线上下单、配送到家"购物方式的兴起,越来越多的零售终端,开始提供到家配送的服务,甚至出现了专为宅配设置的配送终端。此类终端在一些场合下也被称为"前置仓"或"暗门店(Dark Store)"。

通过以上描述可以看出，"零售物流"和"零售供应链"是分属两个不同范围内的概念，两者之间既有联系，又有区别。两者的联系在于，供应链思维深刻影响着零售物流的发展；零售物流的发展又丰富了零售供应链的内涵。两者的区别是，当零售供应链泛指零售企业供应、物流和终端网络时，零售物流是其中的组成部分之一，重点关注实体物品的流动。

本章将从零售供应链的基本模型开始介绍，随后阐述零售供应链的模式和类型，最后以中国零售供应链的现状作为结尾。

2.1 零售供应链的基本模型

零售供应链是指零售企业通过与一批上游企业或组织进行合作，依靠为零售终端提供服务的分销网络或配送网络，将一系列组合的商品销售给消费者的全过程。这一全过程，只有通过不同领域内企业的分工合作才能完成。首先，生产企业需要完成从原材料到成品的加工过程；其次，加工后的成品（即商品），通过分销/配送网络运送到零售终端；最后，零售终端以一定的形式，将商品销售给消费者，如图2-1所示。虽然零售终端的形式千变万化，但背后的供应链却具有相当强的共性。商品都需要经历生产加工、物流网络和零售销售这三个过程，最终到达消费者的手中。

零售供应链基本模型的一端是生产企业。从供应的方向来看，生产企业是整个供应链的源头，但是，零售供应链的最终目标是满足消费者需求，而需求的方向正好相反。根据马斯洛需求层次理论，零售消费者的需求可以归纳为三个层次，分别对应商品需求、服务需求和体验需求，如图2-2所示。商品需求是消费者最基础的需求，如何将满足需求的商品通过具有吸引力的方式，呈现在消费者眼前，并提供尽可能便捷的购买渠道，是所有零售企业面临的共同问题。针对这一问题的研究延伸出消费者行为分析、品类管理、终端设计、支付体验等多个不同的专业分支。

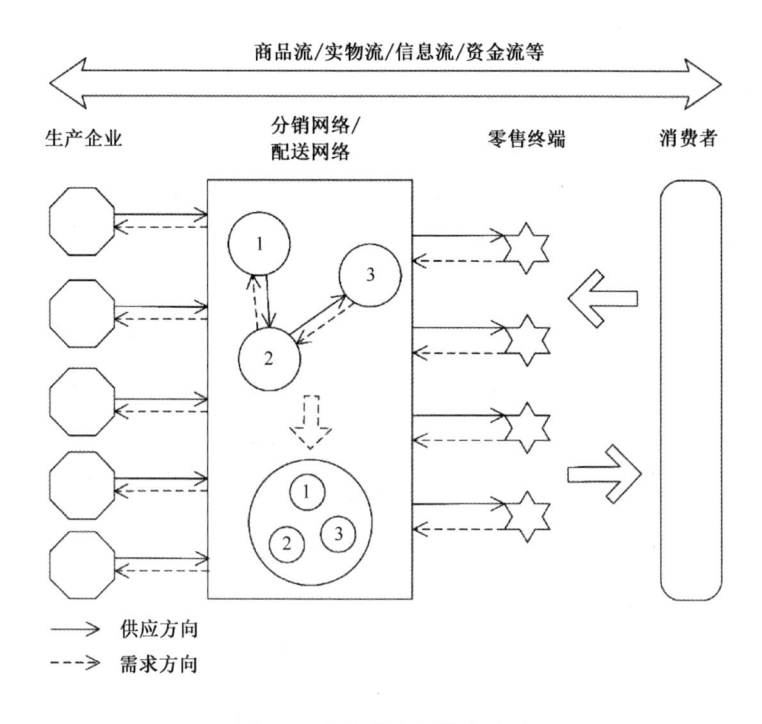

图 2-1 零售供应链基本模型

如图 2-1 所示，消费者的需求方向与商品的供应方向逆向而行，导致需求和供应之间可能出现矛盾。在物资相对贫乏的社会，由于生产力落后，经常出现供应无法完全满足需求的情况，即所谓的供方市场；反之，生产力的提高可能带来供给过剩，因此产生供过于求的需方市场。供应链概念诞生于社会生产力相对发达的时期，可以说，研究零售供应链主要以需方市场为背景，或至少是供方和需方相混合的市场。如何从相对充足的供给中找到最优

图 2-2 零售消费者的需求层次

方案,是零售企业面对的关键问题之一。最优方案不仅包含符合需求的商品供应,同时也包含如何以高效的方式将商品转移到消费者的手中,即实现"高效消费者响应"。

在供应链概念出现之前,实现消费者响应的一种常用方式是"基于预期的商业模型"(Anticipatory-based Business Model)。在基于预期的商业模型中,企业与企业之间的运作,基本都是通过预测进行连接的。如零售企业通过自身的数据和经验,对门店的销售进行预估;分销商根据零售企业的反馈和经验,进行批发销售预估;生产企业则根据以上两者的反馈,结合自身经验进行出货量预估,并制订生产和库存计划。基于预期的商业模型通过预测进行提前生产,随后将库存配置到分销网络中,最后将商品运送至零售门店中进行陈列,供消费者选购。基于预期的商业模型,通过预测和提前库存配置实现消费者响应。当时信息获取的成本高、难度大,企业内部预测的准确性难以保证。此外,不同企业之间存在信息不对称问题,出于自身利益的考量,预测量经常过大,导致库存积压。

由于基于预期的商业模型存在局限性,人们开始探索如何在保持快速响应的前提下,进一步提升企业内部的运营效率及企业和企业之间的连接效率,同时减少由预测的不准确性和片面性导致的库存积压。随着供应链概念的出现,基于供应链管理的商业模型,几乎在一夜之间,被许多零售企业认定为未来的发展方向。基于供应链管理的商业模型与基于预期的商业模型的本质区别在于,其将链条企业作为一个整体予以对待,目标是以整个系统的最优配置满足消费者的需求。随着信息技术的深入应用,信息的获取变得前所未有的便捷,交互成本也大幅降低,企业和企业之间的连接效率,因此得到根本性的改善。尽管如此,基于供应链管理的商业模型所面临的挑战依然是巨大的,其中之一便来自链条企业之间的天然隔阂。

在供应链概念被提出后,零售供应链的基本模型并未发生改变。基础组成部分依旧是生产企业、物流网络和零售终端企业,预测也继续是决定生产计划的主导因素。信息技术广泛且愈发深入的应用，大幅提高了企业内部的管理能力和预测能力。然而，企业和企业之间的隔阂并未消除，尤其是当分销网络中存在多级企业时（如图 2-1 中间部分所示），这种隔阂带来的负面影响仍然突出。随着西方零售行业整合度的不断加强，单个零售企业在供应链上的地位变得越来越突出。为减少不同企业之间的隔阂造成的影响，零售企业开始重构自己的供应网络，其中最重要的举措便是不再依赖生产企业原有的分销网络，转而建设自己的供应链和物流体系，并直接与生产企业开展贸易。在一些西方国家，早在供应链概念被提出之前，部分零售企业就已经开始进行物流网络的建设了，供应链概念的提出可以看作对这一举措最好的解释。与此同时，供应链概念被提出后，西方零售企业在原有供应网络的基础上，进一步强化与生产企业的合作，并积极开展跨企业的联合预测。经过数十年的发展，今天的西方零售市场，呈现出高度整合的状态，也就是通常所说的零售成熟市场。

零售供应链基本模型的另一端是零售终端。在供应链概念被提出后的二十多年间，零售终端的形式不断发生着变化，其中最大的变化便是网上购物的兴起。基于互联网技术的网上购物始于 20 世纪 90 年代中期，之后在全球范围内迅速发展。21 世纪初期，智能手机的普及更是将网上购物推向一个新的高度。在零售成熟的市场，以实体门店为主的零售企业（在一些场合也被称为"传统零售企业"），遭受到前所未有的冲击，但是凭借其积累的规模效应和供应链优势，才使这一冲击并没有从根本上改变零售市场的格局。相反，它激发了实体零售行业的再次创新，其中的代表便是近年来被提出的"全渠道零售"概念。实体零售企业在不改变原有供应链基本模型的前提下，利用分布广泛的终端，结合移动互联网技术，开始探索为消费者提供线上线下无差别的购物体验，随之孵化出手机订货、送货到家、门店自提等多种不同的新型服务。

除了原有的消费者到店选购方式，全渠道零售开创了以下几种新的互动方式：①"到家方式"，即根据消费者的网上订单，把商品从实体门店配送到家；②"自提方式"，即实体门店将对应网上订单的商品提前准备好，客户自行前往门店提货；③"前置仓方式"，即零售企业开设不进行现场销售的配送终端，仅用于执行网上订单的送货到家。"前置仓"一词在不同语境下代表不同的意义。本书中的"前置仓"指代完全用于送货到家的配送终端，即"暗门店"。从零售供应链的角度来看，这些创新方式全部集中在零售终端，目的是为消费者提供更广泛的购物渠道及更便利的消费体验。由于送货到家服务的出现，在零售供应链的基本模型中，增加了从零售终端到消费者的运动方向，如图2-1右侧所示。

综上所述，从供应链概念被提出至今，零售供应链基本模型并没有发生结构性的变化，变化主要出现在原有结构的内部。变化之一是以生产型企业为主导的分销网络，逐渐转变为以零售企业为主导的配送网络；变化之二是信息技术的广泛应用，大幅提高企业内部的管理能力和预测能力；变化之三发生在零售终端，随着移动互联网技术的成熟，与消费者的互动方式变得愈发多样。

2.2　零售供应链模式：核心企业的归属

从零售供应链的基本模型中可以看出，供应链主要的参与方包括生产企业、分销企业和/或配送企业（合称"流通环节"）、零售终端。按照终点的不同，流通环节可以分为上游和下游两个大的过程，以零售终端为终点的过程视为下游流通环节，除此之外的过程均可看作上游流通环节，如图2-3所示。

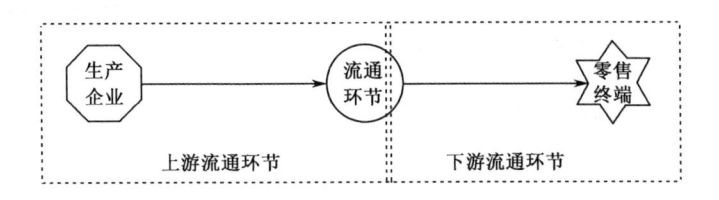

```
生产企业 → 流通环节 → 零售终端
   上游流通环节    下游流通环节
```

图 2-3　上游和下游流通环节

零售供应链是商品自生产企业完成生产，至消费者完成消费之间发生的流通增值过程。生产企业代表生产端，通过将原材料加工成商品创造价值；零售终端连接消费端，通过完成商品的最终销售及为消费者提供服务创造价值；流通环节连接生产企业和零售企业，通过配置库存、组织物流、为两者提供服务创造价值。虽然流通环节在零售供应链上起着举足轻重的作用，但其存在的前提是，生产企业的生产和零售终端的销售。因此可以说，流通环节是为这两者提供服务的企业或组织，而零售供应链真正的核心企业是生产企业或零售企业。

零售供应链核心企业的归属，决定供应链的模式。由生产企业作为核心企业的零售供应链，形成的是"推动型供应链模式"，如图 2-4 所示。在推动型供应链模式下，生产企业通过预测有计划地组织生产，生产完成后，将商品配置到相关的分销企业；商品经由分销企业转移到下一级的分销企业，或直接销售给零售终端，最后经由零售终端销售给消费者，整个链路的运转，就此告一段落。生产企业、分销企业为什么不直接将商品销售给消费者呢？主要有以下几个原因：

（1）零售商品大多是消费者日常所需的生活必需品。生活必需品具有单位价值低、购买频率高等特点。生产企业的生产场所较为集中，与消费者之间的距离通常十分遥远，因此必须以更高的成本，快速为消费者提供日常所需的商品。

（2）分销企业虽然比生产企业距离消费者更近，但其经营的场所同样较为集中；此外，同类生产企业之间存在竞争关系，分销企业一般不能同时经营这些企业的商品，因此很难提供给消费者多样化的选择。

（3）生产企业的物流模式具有品种少、数量大的特点，而消费者的日常需求则正好相反，通常是品种多、数量少。所以，生产企业原有的物流模式必须以高成本为代价，才能将商品运送到消费者的手中。

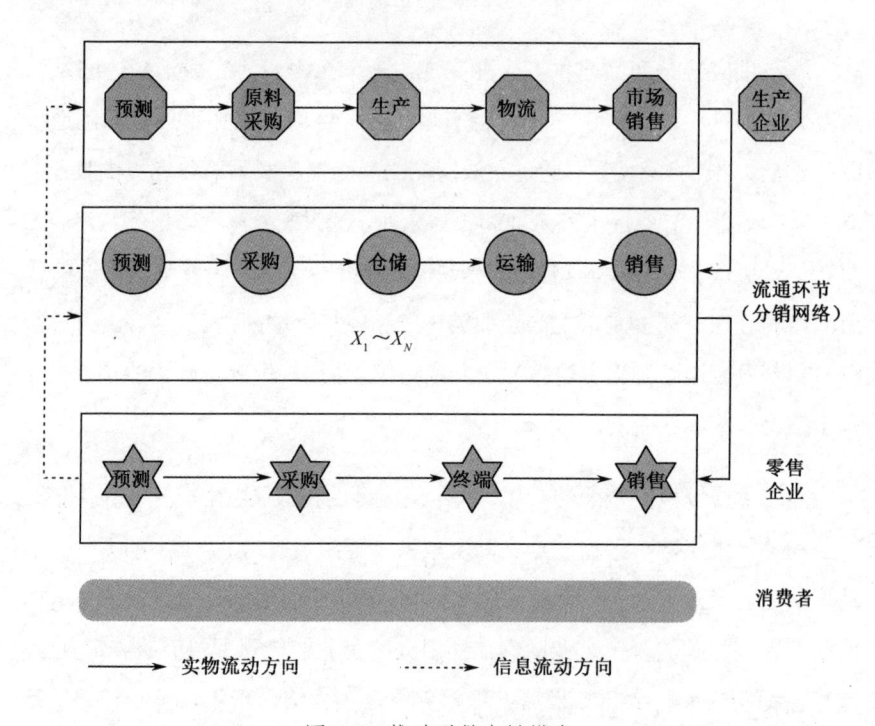

图 2-4　推动型供应链模式

零售企业正好与生产企业和分销企业形成互补。首先，零售企业的销售终端或配送终端，距离消费者更近，能够快速满足其日常购物所需。其次，当零售企业形成一定规模后，能够在较广范围内经营为数众多的零售终端，从而触达更多的消费者。最后，零售企业能够同时为消费者提供多类别、跨品牌的商品选择，满足消费者多样化的购物需求。所以，在推动型供应链模式下，虽然生产企业是核心企业，但要想实现商品的最终销售，仍然需要零售企业的参与。

在推动型供应链模式中，实物流动的方向清晰且直接。如图 2-4 所示，商品的流动自上而下，商品的预测、生产、物流、市场销售等活动由生产企业主导，零售企业主要负责顾客引流、商品销售、客户服务。在社会生产力不足的供方市场环境下，推动型供应链模式十分有效。由于商品供不应求，生产企业主要关注生产环节和市场筹谋，终端销售则交由分销企业、零售企业承担，当然，市场的定价权掌握在生产企业手中。虽然推动型供应链模式直接有效，但它也存在不足之处，尤其是随着社会生产力的提高，供方市场逐渐向需方市场转变，这些弊端显得更为突出。

第一，位于供应链源头的生产企业，必须制订生产计划，决定生产计划的主要因素是销售预测。由于生产企业对自身利益的诉求，加之信息的反馈需要经由多个环节才能最终到达生产端（如图 2-4 所示），因此预测的准确性常常不高。因为"牛鞭效应"的存在，生产企业的预测结果容易出现过大的现象，从而导致生产出来的商品数量，远远大于消费端真正需要的实际数量，进而造成整个供应链的库存积压。库存积压的处理，存在多种不同方式，背后的原因也错综复杂，但最终带来的后果都是资源的浪费和供需矛盾的加剧。

第二，推动型供应链模式主要依赖生产企业的分销网络进行商品的流通和销售。分销网络中往往存在多级企业，不同企业间的货物交接和库存转移，不仅会增加物流成本，而且会拉高交易成本，最终导致整个流通环节的效率低下和成本高企。

第三，位于终端的零售企业，在推动型供应链模式中能够实现的价值有限。虽然零售终端更直接地接触和掌握消费者的信息，但受制于自身的规模和管理水平，抑或分销网络本身的复杂性，这些信息无法有效地转变为生产企业的可用信息，零售企业也就很难在供应链中发挥更大的作用。

随着规模的扩大，零售企业开始寻求在流通环节中创造更大价值的方法；同时，它们自身的管理水平，在市场竞争的推动下，也有了提高。得益于此，由生产企业为核心的推动型供应链模式，开始逐渐向以零售企业为核心的拉动型供应链模式转变。

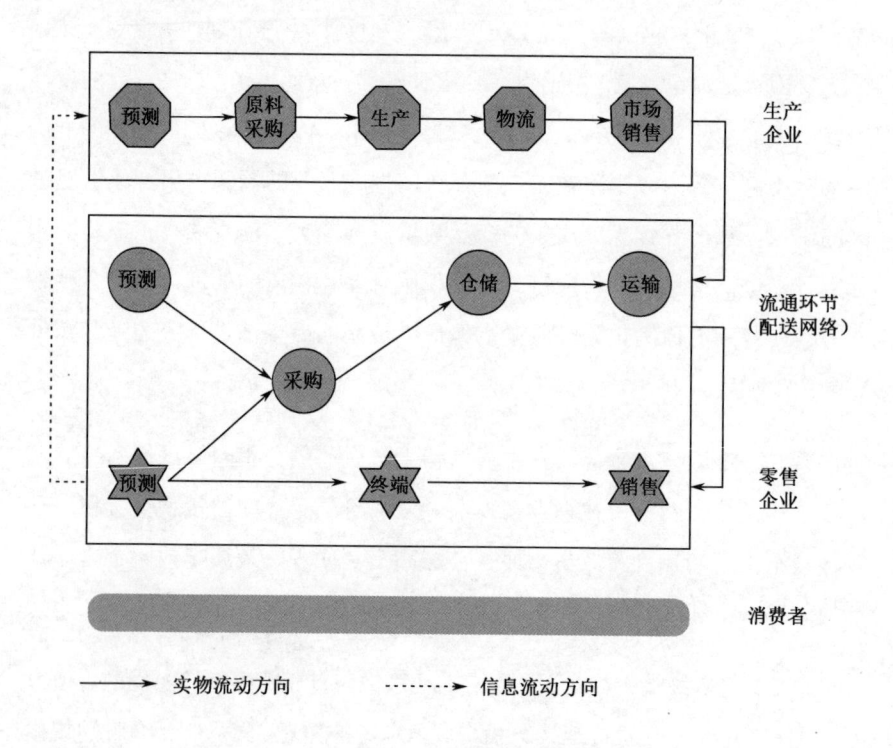

与推动型供应链模式相比，拉动型供应链模式最显著的特点是，零售企业作为核心企业，收集、整理、分析消费者的需求信息，并将该信息反馈给生产企业；生产企业参考需求信息，组织生产；生产完成后，商品通过零售企业的配送网络，最终被送到零售终端。在分析消费者需求的过程中，生产企业也可能参与其中，从而进一步提高整体供应链预测的准确性。图 2-5 展示出拉动型供应链模式的基本构成和信息流动方向。

图 2-5　拉动型供应链模式

如图 2-5 所示，拉动型供应链模式在流通环节的组织结构和信息逆向传递两方面，与推动型供应链模式有着本质区别。在拉动型供应链模式中，流通环节的主要任务是，针对零售终端与消费者开展需求预测，分析汇总后向生产企业实施集中采购；生产企业根据订单量，将对应商品通过配送网络，送达零售终端。由于销售的最终实现发生在零售终端，因此，流通环节与零售企业共同的目标是将商品准确、高效地配送到零售终端，并且创造尽可能高的终端销售量和利润，两者的利益诉求由此达成一致。

在这样的背景下，流通环节和零售企业的组织结构开始发生变化。首先，预测口径得到统一，均基于终端销售，因此集中化采购成为可能，规模效益更容易实现。其次，由于零售企业已经具有一定的规模，因此流通环节中不再需要多级企业，产品直接从生产企业运送到流通环节中的物流设施，中间过程得以简化。再次，行业分工得到进一步细化。分工的细化不仅带来专业度的提高，而且促使流通环节中的企业逐渐从销售型组织，转变为服务型组织，为零售企业、生产企业提供以物流为代表的专业化服务。当自身的规模和管理能力均达到一定水平时，零售企业开始追求更大的供应链价值，其中最重要的举措就是建设以物流设施为基础的配送网络。随着配送网络的不断完善，零售企业逐渐成为核心企业，对供应链实施计划、控制和管理。

另外，信息的逆向传递在拉动型供应链模式下，变得更为快速和高效。如图2-5所示，零售企业无论在地理位置还是在交易过程中，均距离消费者最近，这更有利于对消费者需求信息进行收集和分析。随着流通环节逐渐转变为服务型组织，生产企业和零售企业直接开展贸易成为可能，这大大加快了需求信息逆向传递的速度。生产企业不再需要从复杂的分销网络中获得信息，而能够在更短的时间内，直接得到零售终端的销售信息。这些信息被分析和转化后，成为生产计划的制订依据。随着信息技术的深入应用，生产企业甚至能够实时获取零售企业的终端销售数据，并与之一起进行销售的联合预测和市场推广，这些举措都有助于提高生产计划的时效性和准确性。同时，由于信息传递环节的减少，牛鞭效应得到抑制，零售供应链整体的库存数量和交接成本得以降低。总体来说，信息逆向传递的加速和简化，促使供应链不同企业之间的信息壁垒被打破，对整体效率和预测准确性的提高均具有重要意义。

通过上述分析可以看出，零售供应链管理应重点关注两个方面：第一，供应链的整体库存；第二，供应链的效率和成本。预测的准确性是影响供应链库存的主导因素之一，而准确性的提高，关键在于消费需求信息能否快速、有效地从零售终端逆向传递到生产企业，并转变为制订生产计划时的可用信息。诸多案例已经证明，信息技术的应用是提高预测准确性的有效手段。另外，企业内部及企业与企业之间的信息交互，正在变得越来越快速和便捷，而且成本越来越低。这些进步，无疑有助于推动信息及时、有效的传递和转化。

供应链的效率和成本，在一定程度上由流通环节的复杂度决定。流通环节中货物的交易和交接次数越多，说明供应链越复杂，相应地，效率越低，成本越高。流通环节的复杂度，也从一个侧面反映出零售行业的整合度。在零售行业发展初期，单个零售企业的规模较小，流通环节大多依赖生产企业的分销网络，否则难以实现规模效益。在这一过程中，交易的参与方越多，供应链的复杂度就越高。

在分销网络背景下形成的供应链，主要是由生产企业主导的推动型供应链模式。经过市场竞争的优胜劣汰，零售行业开始从分散走向整合，单个零售企业的规模不断扩大，逐渐在供应链中扮演更重要和更专业的角色，零售企业主导的拉动型供应链模式水到渠成。

无论推动型供应链模式还是拉动型供应链模式，其目标都是满足终端消费者的需求。在不同的社会和市场环境下，这两种模式都有着广泛的应用基础，并且往往以不同的比例同时存在。换言之，两种模式并不存在绝对的优势和劣势，我们必须结合实际的社会环境和市场环境，加以分析和判断。

零售行业正在不断走向整合，现代零售企业不仅经营着零售终端，同时也经营着配送网络。当然，经营零售终端和配送网络的形式有很多。例如，零售终端由零售企业直接经营，配送网络则交由外部公司管理；配送网络由零售企业直接经营，零售终端交由加盟商管理；两者全部由零售企业直接经营。不管哪种形式，可以肯定的是，零售企业，尤其是形成一定规模的零售企业，不仅对零售终端拥有不同程度的控制权，而且也通过一定的方式，掌控着配送网络。

为行文流畅，本书中提及的零售企业，泛指以上各种情况。当谈及配送网络时，本书使用"零售配送企业"这一专有名词。在一些场合下，零售配送企业也被称为"批发企业"，其可能是零售企业的一部分，也可能是为零售企业提供配送服务的独立企业。

2.3　三种零售供应链类型

零售供应链是商品的流通增值过程，这一过程主要通过从生产企业到消费者的商品正向流动创造价值。在正向流动过程中，存在 3 种供应链类型，这 3 种类型在库存配置和实物流动上都存在明显的区别，以下分别进行介绍。

1. 供应商直送

供应商直送是指上游供应商在收到零售终端的需求信息后，将商品直接从工厂或仓库运送到零售终端的过程。

2. 越库

越库是指上游供应商在收到零售终端的需求信息后，将商品从工厂或仓库运送到约定的地点（通常为仓库），在该地点，商品经过分播、装车等物流环节，最终被送至零售终端的过程。越库有时也被称为"周转"或"直通"。

3. 库存统配

库存统配全称为"库存的统一配送"或"库存的中央配送",是指零售企业、生产企业根据历史数据与经验,对零售终端的需求总量进行预估,再将对应商品提前配置在配送仓库之中;当配送仓库接收到零售终端的需求信息后,对库存实施拣选、集货、装车等一系列操作,最终将商品运送到零售终端的过程。为了与其他形式的仓库进行区分,在本书中"配送仓库"特指用于零售终端配送的一类仓库。

通过以上描述可以看出,在供应商直送类型下,库存配置在上游供应商处,物流活动也由其安排;在越库类型下,库存依然主要配置在上游供应商处,但下游物流活动由越库仓库安排;在库存统配类型下,库存配置在配送仓库中,下游物流过程也由配送仓库组织。除了实物流,三者在订单流上也有所不同,图 2-6 对其进行了归纳。

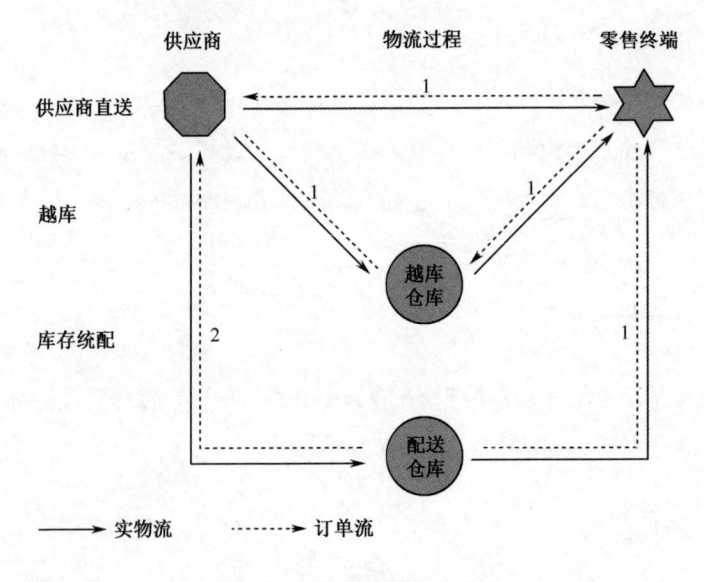

图 2-6 三种零售供应链类型

随着信息技术的应用,零售终端的需求信息越来越多地通过订单(电子或纸制)的形式进行传输和管理,信息流在供应链中主要体现为订单流。如

图 2-6 所示，三种零售供应链类型，无论在订单流还是在实物流上，均存在明显区别。

显而易见的是，供应商直送与其他两种供应链类型完全不同，物流过程不经过"中间环节"。越库与库存统配之间的最大区别在于，中间仓库环节是否提前配置库存。库存的提前配置，有助于实现零售终端需求的快速响应，但同时也对库存管理提出新的要求。

为什么无法全部采取供应商直送的方式，将商品配送到零售终端呢？主要原因有三个：第一，为了降低零售供应链的整体物流成本。在一般情况下，零售终端经营的商品品种多、跨度大。例如，3500 平方米的零售门店经营的品种数，可能超过一万种，因此需要几百家供应商才能满足所有的商品需求。如果只采用供应商直送的方式，这些供应商全部需要配备物流设施和运输车辆，这将导致供应链整体物流成本的增加及资源的浪费。第二，为了提高供应链的质量管控能力，从而控制零售终端的运营风险。供应商的物流能力和管理水平参差不齐，而零售终端通常分布广阔，供应商直送下的分散式配送，不利于商品和物流质量的集中管控，整体运营风险随之增加。第三，零售企业为了创造更大的供应链价值，从而获得更强的盈利能力。基于以上原因，具有一定规模的零售企业，不断加强配送网络的建设，以期在市场竞争中掌握主动权。

零售企业对供应链类型的选择，折射出其在供应链发展策略上做出的决定。不同企业在不同阶段制定的供应链发展策略，可能完全不同。具体表现为，上述三种供应链类型可能单独存在，也可能以不同比例同时存在。更多关于供应链类型的阐述，将在本书的第二部分继续展开。

2.4　浅析中国零售供应链现状

描绘中国零售供应链的现状，不是一件容易的事。中国地域辽阔，各地的经济发展水平和物流基础相差甚远。作为流通领域风向标的零售行业，前进的脚步也并非一致，因此很难将其以一言蔽之。依照前文的启示，探讨中国零售供应链的现状，可以从零售物流发展水平及零售供应链模式两个维度入手。

零售供应链是零售物流发展的延伸，了解其在中国的现状，可以从零售物流的发展史开始。从西方国家零售物流发展历程（见图1-5）和中国零售物流发展历程（见图1-6）的对比中可以看出，中国现代零售物流起步于21世纪初，比西方国家晚了近30年，因此在基础上存在明显差距。20世纪90年代，西方国家的零售物流，已经基本完成托盘单元化，并进入企业内部数字化的阶段。20世纪90年代初，物流的发展催生出供应链管理理论。在互联网技术的推动下，西方零售行业开始进入物流一体化阶段及全数字化物流阶段。因此可以说，西方零售企业在发展供应链时的物流基础是广泛且坚实的。

中国现代零售物流起步于21世纪初，虽然很快汲取了西方供应链管理的理念，但是，零售行业的物流基础十分薄弱，在此背景下发展零售供应链，自然如履薄冰。随着规模的扩大和管理水平的提升，中国零售企业开始意识到现代物流作为基础设施的重要性，陆续投入到物流网络的建设之中，这一趋势至今仍在延续。

我们在第 1 章中提到，托盘单元化和信息数字化是现代零售物流的两大标志。两者的发展水平，反映出零售物流的整体效率和管理能力。中国大部分零售企业的托盘单元化处于内部应用阶段，部分领先者开始尝试跨企业的单元化合作。信息数字化的发展相对更为快速，但距离跨企业的全数字化物流阶段仍然较远。综合来看，中国零售物流处于企业内部物流阶段，由此可以推断，以现代物流作为基础的零售供应链，仍然具有广阔的发展空间。

评价零售供应链的另一个维度是零售供应链模式。参考本章第 2 节的描述，零售供应链模式在很大程度上决定了整体库存是否具有大幅优化的环境。从中国零售发展大事件（见图 1-4）中不难发现，中国现代零售始于 20 世纪 80 年代。经过 20 多年的快速发展，涌现出城市级、省级、跨省级和全国级等不同规模与经营范围的连锁零售企业。但就企业规模而言，中国零售行业仍然处于相对分散、整合度不高的状态。根据中国连锁经营协会官方网站公布的报告，2019 年中国百强连锁零售企业的销售规模，仅占社会消费品零售总额的 6.3%。结合分销网络或配送网络、库存积压等情况可以推断，中国大部分零售企业的供应链以推动型供应链模式为主。

与此形成对比的是，中国超市零售行业正在逐渐走向整合。根据中国连锁经营协会官方网站公布的报告，2019 年中国超市百强销售总额，约占全年社会食品零售总额的 18.1%，其中排名前十的百强企业销售额占全部百强企业总销售额的 59.3%。由此可见，中国超市零售行业的整合度，明显高于整体零售行业。近年来，国内超市之间的并购变得越来越活跃，而线上零售企业经过多年发展，也开始加入线下实体零售的竞争之中。这些迹象都表明，中国的零售市场，尤其是快速消费品（FMCG）零售市场，正在从发展初期的分散型，逐渐向整合型迈进。

虽然与西方国家相比，中国零售行业的整合度依然很低，但是，可以预见的是，随着规模化的逐渐形成，零售企业主导的拉动型供应链模式，将扮演越来越重要的角色。与之呼应的是，发展物流网络，已经成为中国零售行业的共识。通过加强物流网络的建设，零售企业将在供应链模式的转型和重构中把握主动权，进而创造更大的价值。

本章小结

近年来，"供应链"一词频繁出现在国内外的各大场合之中。虽然产生的时间并不算长，但供应链概念，已经快速且深入地被应用到各行各业，零售行业自然不例外。零售供应链既代表一种跨组织的思维方式，也泛指零售企业的供应、物流和终端网络。

本章的开头主要阐述零售物流与零售供应链之间的关系，随后，对零售供应链的基本模型予以介绍。在过去的半个多世纪中，零售供应链的基本模型并未发生根本性变化，仍由生产企业、流通环节和零售终端三部分组成。然而，流通环节的结构和组织，处在不断的演变过程中，随之产生不同的零售供应链模式。

推动型供应链模式和拉动型供应链模式是两种基本的零售供应链模式，两者主要的区别在于核心企业的归属。推动型供应链模式以生产企业为核心，生产企业依靠自身控制的分销网络，完成商品自生产端到零售端的流通过程。拉动型供应链模式，则以零售企业为核心，商品通过零售企业控制的物流网络完成流通。拉动型供应链模式，以物流配送网络为基础，只有当零售企业达到一定规模和水平时，才可能有效运转，因此多见于零售行业发展成熟的地区。

在从生产端到零售端的正向流通过程中，存在三种零售供应链类型，分别为供应商直送、越库和库存统配。本章的后半部分对这三种供应链类型进行了初步介绍，更多的内容，将在本书的第二部分展开。

中国零售供应链的现状，可以从零售物流发展水平和零售供应链模式两个维度加以推断。国内外零售供应链的发展历程足以说明，物流网络是零售企业发展供应链的基础，脱离物流的零售供应链，只能是无源之水，无本之木。正因如此，搭建和完善物流网络，已经成为中国零售行业的共识。

第 3 章
现代零售物流的研究方法论

物流是零售供应链的基础,其发展水平决定零售企业所能创造的供应链价值。从长期来说,零售物流是企业保持市场竞争力的支柱之一。随着现代物流理论和信息技术的发展,西方零售物流在过去的一个多世纪中,经历了从散货半机械化物流阶段到物流一体化阶段的巨变。这一巨变以 20 世纪 70 年代为分界线,零售物流在 20 世纪 70 年代前可称为"传统零售物流",在 20 世纪 70 年代后可称为"现代零售物流"。与传统零售物流相比,现代零售物流具有系统性、专业性、信息化和标准化等特点。进行体系化的研究,有助于我们掌握现代零售物流的内在规律,对零售行业的可持续发展具有重要意义。

本章首先阐述现代零售物流的范畴,在此基础上,提出一套现代零售物流的研究方法论,并辅以必要的说明。

3.1 现代零售物流的范畴

不同角色,对供应链的理解有所不同。与之相似,人们对零售物流的理解也并非完全一致。因此,在开始探讨现代零售物流之前,有必要对其范畴加以明确。如上一章所述,零售供应链包括生产企业、流通环节和零售终端三个组成部分,每个部分都涉及对应的物流活动,如图 3-1 所示。

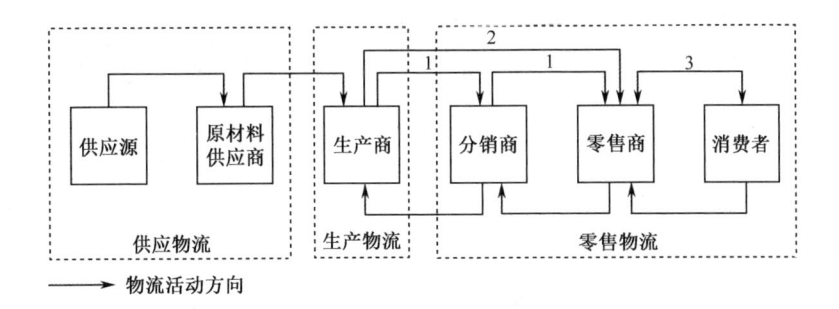

图 3-1 整体供应链上的物流活动

从图 3-1 中可以看出,整体供应链上的物流活动分为三大板块:供应物流、生产物流和零售物流。供应物流是指原材料等生产物资从产地运送到原材料供应商,再由原材料供应商经过一系列处理后,运送到生产商的过程。原材料运送至生产商后,经过内部物流和生产过程被加工成产品,经包装后最终成为适合运输和搬运的储运包装,自此开始,商品进入流通环节。如前文所述,流通环节主要存在两种模式:一是以分销网络为主的推动型供应链模式,二是以配送网络为基础的拉动型供应链模式。在推动型供应链模式中,商品由生产商运送至分销商处,经过入库、拣选、发货、运输等一系列作业后，商品直接或再经由其他仓库，配送至零售终端，图 3-1 中的物流活动方向"1"展示出这一过程。在拉动型供应链模式中，商品由生产商直接或通过物流服务商运送至零售配送网络中的仓库，再由后者运送至零售终端，图 3-1 中的物流活动方向"2"代表这一过程。

随着现代零售行业的发展，零售终端的形式不断发生变化。从物流的角度来看，零售终端即为物流配送的目的地。在这一目的地中，商品可能通过不同的方式，最终被消费者获得。第一种方式，消费者主动前往零售实体门店，在门店的货架上选购其所需要的商品，并自行带回家中。在线上购物出现之前，这是最主要的终端销售方式。第二种方式，零售终端本身就是消费者，如餐厅或大型工厂，它们在收到商品后直接完成消费或分发后完成消费，此类终端也被称为"大客户或某渠道客户"。第三种方式，零售终端根据消费者的订货信息，将对应商品直接送至消费者家中，即"到家配送"。图 3-1 中的物流活动方向"3"表示零售终端与消费者之间的互动关系。

在线上购物出现之前，消费者订货信息的获取方式主要为现场订货或电话订货。线上购物出现后，网络订货迅速成为主要的订货方式之一。按照零售终端是否进行线下销售，第三种方式又可细分为融合型终端和线上配送终端两类。融合型终端也称为 O2O 终端，此类终端既接受网上订货，又提供现场直接销售；线上配送终端又称为"前置站点""前置仓""暗门店"，终端根据线上订单，将对应商品直接送至消费者家中或消费者附近的指定地点。线上配送终端本身不进行现场直接销售，所有销售通过线上订单实现。

零售终端的形式，仍处在不断变化之中。从物流的角度来看，这些变化主要发生在消费者需求信息的获取方式上及市场营销领域。供应链上的物流活动，虽得到一定程度的延伸，但并未发生根本性变化。当然，对于以实体门店为主要经营形式的零售企业而言，如何应对线上购物带来的机遇和挑战，成为其在发展过程中不得不严肃对待的全新命题。

零售物流活动从生产企业开始,以消费者为终点,这一过程统称"正向物流"。除了正向物流,供应链中还存在"逆向物流",即自零售终端发起的物品从终端返回上游企业的过程。逆向物流过程中的"物品"既包括零售商品,也包括可循环物资;上游企业则可能是零售配送仓库,也可能是分销商,抑或是生产企业。

正向物流和逆向物流构成了流通过程中主要的物流活动。流通过程始于生产企业,终于零售终端或消费者家中。虽然分销商从企业归属上来看,并不属于零售商或生产商,但其所提供的服务完全依赖于两者,因而可以将分销商看作为零售商和生产商提供服务的服务商。服务的内容在不同供应链模式下可能存在差异。如在推动型供应链模式下,分销商既是贸易商,又是物流服务商;在拉动型供应链模式下,分销商更多时候扮演的是物流服务商的角色。这时,分销商也就不再是"分销商"。无论分销商扮演何种角色,其提供的服务内容均离不开物流。因此可以说,分销网络中发生的物流活动,也应该属于零售物流研究的范畴。

通过以上论述可以得出,供应物流、生产物流和零售物流组成全局供应链中的所有物流活动。零售物流包含从商品完成储运包装开始,至商品到达消费者手中的所有正向和逆向的物流活动。不同于传统零售物流,现代零售物流具有系统性、专业性、信息化、标准化等特点,这些是本书第二部分重点阐述的内容。

3.2 现代零售物流的研究方法论

物流学是一门经过实践总结而逐渐形成的学科。随着科技的进步,现代物流学被赋予更多的内涵，并处在不断演化的过程之中。物流学涵盖的行业和领域众多，由多门学科相互交叉而成。正如《现代物流管理》一书中所述："物流学属于经济学、管理学、工学和理学等互相交叉的新兴学科。此外，物流学还与其他许多学科有关联，如哲学、法学等。"

现代零售物流是现代物流的一个分支，重点研究零售行业内部及与之相关的外部物流活动。现代零售物流与现代物流之间存在紧密的联系。首先，现代零售物流的研究具有很强的实践性，科技在零售行业的实际应用，往往领先于理论研究。其次，现代零售物流所涉及的专业众多，凭一己之力很难精通所有的专业。最后，现代零售物流涵盖的领域广阔，每个领域都有自身的特点和细节，所以经常需要进行跨领域的探讨。基于以上特点，在进行现代零售物流的解析之前，有必要对零售行业中普遍存在的物流实践进行提炼和总结，从而形成体系化的研究方法论。

现代零售物流是一系列系统性活动的集合，其中，二律背反现象普遍存在。例如，追求更低的物流成本，就难以实现更快的送货速度；又如，将更高的物流质量作为目标，势必会带来投资的增加。所以，研究现代零售物流，就是研究如何在互为背反的矛盾之中，使整体系统效益最大化。这些矛盾可能出现在某一个企业的内部，也可能出现在零售供应链中的不同企业之间。因此，对物流活动进行系统性的设计和分析是研究现代零售物流的中心思想。基于这一思想，现代零售物流的研究方法可以归纳为体系规划、流程设计和执行管理三个层面。这三个层面自上而下运行，最终通过执行管理层面的反馈，形成一个完整的闭环系统，如图 3-2 所示。

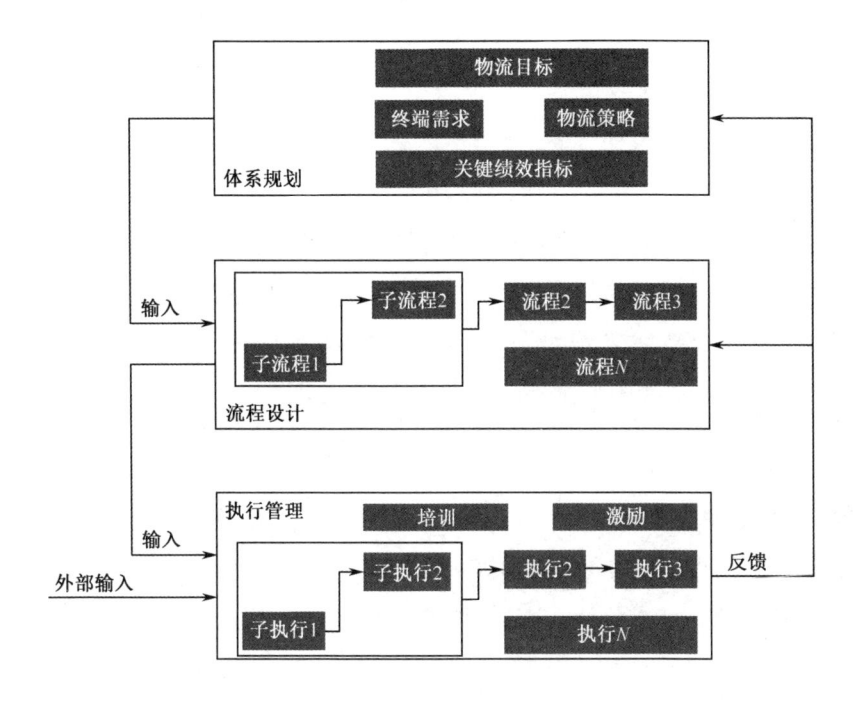

图 3-2　现代零售物流的研究方法论

3.2.1　第一层面：体系规划

第一层面称为体系规划，即针对零售供应链中的物流活动进行的整体系统性规划。这一层面主要包括物流目标的设定、终端需求的分析、物流策略的制定及关键绩效指标的设计。

物流目标的设定

从广义上来说，物流目标是将正确数量的正确货品，以正确的质量和正确的成本，在正确的时间送达正确的地点，概括为"六个正确"（6R）。零售物流属于物流的分支，所以"六个正确"的目标自然适用。除此之外，现代零售物流是服务于零售行业的物流，在设定目标时，还应综合考虑零售行业的特点。

首先,物流目标的设定必须与零售企业的企业目标一致。虽然每个企业的企业目标不尽相同,但具有一定的共性,基本上都是围绕商品的质量和价格、消费者体验、食品安全及盈利能力等方面展开的。因此,零售物流的目标,在"六个正确"的基础上,还可以延伸出商品质量集中控制、客户服务提升、食品安全中央监管、供应链成本降低等其他目标。

其次,物流目标的设定需考虑零售商品的特性。在一般情况下,在零售企业经营的商品中,快速消费品和生鲜商品的占比最高。生鲜商品在不同的零售企业中定义有所不同。本书中的生鲜商品,泛指易腐类商品,如蔬菜、水果、低温奶制品、低温肉制品等。无论快速消费品还是生鲜商品,它们都具有使用频次高、单价低、保质期要求严格等特点。因此,库存最小化和高频率配送也成为零售物流需要实现的额外目标。

最后,物流目标的设定还需要考虑对社会和环境的影响。零售行业是规模效应显著的行业,在规模效应的作用下,各项物流活动都可能对社会和环境造成较大影响。正因如此,具备一定规模和能力的零售企业,开始将社会责任和环境保护写入物流发展的蓝图。

物流目标的设定是零售物流体系规划的第一步。表 3-1 对现代零售物流的典型目标进行了总结。

表 3-1 现代零售物流的典型目标

	数量正确
	货品正确
基础目标	质量正确
	成本正确
	时间正确
	地点正确

续表

附加目标	商品质量的集中控制
	符合人体工程学的物流作业条件
	健康舒适的物流工作环境
	提高客户服务水平
	食品安全的中央管控
	供应链整体成本的降低
	库存最小化
	高频率配送
社会目标	提高社会贡献度
	减少环境污染

终端需求的分析

零售物流服务的对象主要是零售终端。零售终端是直接与消费者发生商品交接或到家配送的场所。近年来，零售终端呈现出多样化的趋势，其中，具有代表性的包括大型超市、中型超市、便利店、快递站点（主要针对线上零售）、线上配送终端、O2O终端等。归纳和分析零售终端的类型，对物流体系的规划极为重要。任何物流体系都无法高效地服务于所有不同类型的零售终端。举例来说，由于经营的品种数较多，大型超市对配送品种数的要求较高；同时，它们十分关注规模效益，大多采用薄利多销的策略，因此，对物流成本较敏感。此外，大型超市通常具有一定的生鲜加工能力，对生鲜即食类商品的配送需求并不高。

与之形成鲜明对比的是便利店。由于经营的品种数少，便利店对配送品种数的要求相对较低。因提供便利等增值服务，便利店往往能够创造更大的利润空间，其对物流成本的敏感度也就较低。另外，由于自身的生鲜加工能力有限，便利店对生鲜即食类商品的配送需求远高于大型超市。

不同终端类型带来的物流需求差异化，在零售行业中举不胜举。除了终端类型，零售终端的物流需求还与商品本身的特性有关。当零售终端经营的商品类别较为单一时，商品本身对物流的要求大致代表零售终端的需求。如生鲜商品对物流的要求，集中在时效性、商品质量的集中控制、库存最小化等方面，这些要求完全适用于以生鲜商品为主营类别的零售终端。然而，当零售终端主营家居用品时，以上要求则无法完全适用。由此可见，商品特性对零售物流体系的规划影响重大，在进行终端需求分析时，必须予以考虑。

综上所述，在进行零售终端的物流需求分析时，终端类型和商品特性是需要重点考虑的两个因素。聚焦重点类型和商品，积累优势后，将物流服务适当延伸到关联领域，不失为主次分明的明智之举。试图满足所有不同类型终端的需求，往往意味着物流服务的平庸和竞争力的缺失，企业自然难以在分工日益细化的零售市场中取得优势。

物流策略的制定

针对零售终端的需求制定相应的物流策略，是实现物流目标必经的过程。现代零售物流策略包括以下 4 个子策略：

（1）末端运输策略。

（2）零售供应链策略。

（3）配送仓库运营策略。

（4）逆向物流策略。

以上 4 个子策略相辅相成，共同构成一套完整的物流策略，具体内容将在第二部分对应的章节中展开。总体来说，物流策略需要根据企业的现状，以及未来发展方向加以制定，既要立足于当前的业务需求，又应具有一定的前瞻性。同时，物流策略并非一成不变。企业在发展的不同阶段，应参考行业的变化趋势，物流策略也必须不断进行调整。

关键绩效指标体系的设计

关键绩效指标（KPI）是经过对原始信息的加工计算，得出的用于衡量单一业务动作、单一业务流程、多个业务流程组合执行结果的数据工具。从本质上来说，关键绩效指标属于数据的一类。有别于一般数据，它具有以下特点：

（1）通常是数据经过加工和计算的结果。

（2）可测量，能够清晰地衡量流程执行的结果。

（3）能够进行纵向对比和横向对比。所谓纵向对比，是指内部历史数据之间的对比；横向对比，是指不同企业之间的数据对比。

关键绩效指标体系是由一系列关键绩效指标组成的，是具有完整系统性和清晰结构性的管理工具。如果把关键绩效指标体系比作一串颇具价值的玉石项链，那么关键绩效指标就是组成这串项链的宝玉，数据是甄选宝玉过程中的一块块石头，而原始信息则是包含所有石头的矿场。

为什么需要搭建关键绩效指标体系呢？《孙子兵法》中的一段话，可以很好地对此做出解释："知彼知己，百战不殆；不知彼而知己，一胜一负；不知彼，不知己，每战必殆。"在零售赛场上，只有清晰地认识到自身所具有的能力与所处的水平，才有可能在愈发激烈的竞争中始终占据优势地位。目前来看，关键绩效指标体系是零售物流企业进行自我评价的一套有效工具。在现代零售物流的方法论中，关键绩效指标体系也是把三个层面串联成一个闭环系统的关键。只有将第三层面的执行结果反馈回第一层面体系规划和第二层面流程设计中，整个物流体系才能形成一个高效运转的闭环系统。

如何搭建关键绩效指标体系呢？关键绩效指标体系的搭建，需要经过系统性的分析及对实践经验的提炼和总结，并辅以计算机信息技术。

具体来说，关键绩效指标体系的搭建过程包括体系结构设计、指标项目选择、原始信息获取、数据加工整理四个步骤，这一过程合称为"关键绩效指标体系设计"，如图 3-3 所示。体系结构设计根据物流各个过程的不同特点，将关键绩效指标体系分为多个不同的层级，每个层级对应不同的管理目标或物流子过程。指标项目选择在结构层级的基础上，择取不同的指标项目，并将这些项目分配到不同的层级中。不同的指标项目所需的原始信息有所不同，这一步骤称为"原始信息获取"。在获取原始信息的基础上，对信息进行数据加工，并以适当的方式加以呈现，即为数据

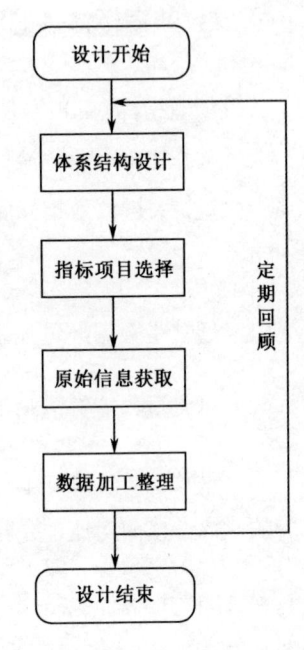

图 3-3　关键绩效指标体系设计

加工整理。关键绩效指标的设计并不是一次性的，需要进行不断的回顾和优化。原因有二：一是在物流执行过程中，可能产生不同的反馈意见，回顾和优化为此提供渠道；二是物流的运营可能发生变化，需要通过调整才能更好地予以应对。

一套合理的关键绩效指标体系，能够对现代零售物流的各个环节进行精准控制，还能有效地激发员工的工作积极性，从而促进物流的整体运营进入良性循环。反之，不合理的关键绩效指标体系，可能导致物流运营陷入恶性循环。因此，关键绩效指标体系的设计，务必谨慎且求实。

在设计关键绩效指标体系时，设计者需要对物流体系规划具有深刻的理解力，还需要有丰富的实践经验。不同企业、不同环境下设置的关键绩效指标体系，可能大相径庭。概括来说，关键绩效指标体系的设计和实施，应遵循以下原则：

（1）一套优秀的关键绩效指标体系，应设有多个层级，不同层级对应物流管理的不同颗粒度。一般来说，层级越低，颗粒度越细，反之则越粗。一个指标层级应包含一系列指标项目，每个项目衡量某一特定的物流动作、流程、物流目标。

（2）原始信息必须真实可靠，并且相对容易获取。信息技术的发展，大幅增强了关键绩效指标数据来源的可靠性，并降低了获取难度。在应用计算机系统进行物流管理的前提下，数据大多可以通过系统获得。关注数据的可靠性，实际上转变为关注计算机系统的数据逻辑。

（3）关键绩效指标不在于多和广，而在于精与简。应选择尽可能少的指标项目衡量具体的业务流程或管理目标。

（4）关键绩效指标的选择，应与物流目标和策略具有关联性；同时，被测量的对象，能够直接影响指标的结果。

（5）关键绩效指标的报表，应设定合理的更新周期。

关键绩效指标体系贯穿现代零售物流管理的始末，融入零售物流的各个过程。不同的物流过程，对应的指标体系层级和项目各不相同，具体内容将在本书的第二部分展开。

3.2.2 第二层面：流程设计

流程设计是连接第一层面体系规划和第三层面执行管理的中间层。这一层面，向上以零售物流体系规划的结果为输入，向下连接物流现场的执行和管理，对整个闭环系统的运行起到中流砥柱的作用。

在零售行业中，"以流程为导向"的设计和管理理念，正在被越来越多的企业所接受。然而，在这之前的很长一段时间内，企业的物流管理由不同的业务部门完成，如订单处理、仓库管理、运输管理等。由于二律背反现象在物流活动中普遍存在，部门与部门之间容易因内部利益不一致出现矛盾，从而影响企业的整体效益。随着供应链概念的提出，原本以部门为基础的管理理念，几乎在一夜之间过渡到以流程为导向的管理理念。当然，因为历史原因及流程重构本身的复杂性，即使企业能够意识到流程的重要性，也并非有决心和能力将流程重构予以贯彻。在现实中，这往往表现为企业内部及跨企业之间不断进行的流程优化。无论如何，以流程为导向的管理理念正在深刻地影响着现代零售物流的发展。

那么，什么是以流程为导向的管理理念呢？在以流程为导向的理念下，某一复杂的业务过程，被分解为多个不同的业务流程，这些流程既相对独立，又彼此联系。"相对独立"是为了使单一流程具有可操作性和易管理性；"彼此联系"则是为了实现物流整体运营效益的最大化。

以流程为导向的理念，不仅出现在零售物流领域，在其他领域或其他行业中也有着相当广泛的应用。这一理念在零售物流中表现为某一复杂的物流过程，如配送仓库运营、末端运输等，被分解成一系列物流流程。对物流过程的设计和管理，实际上转变为对这些流程的设计和管理。流程设计的合理性及流程执行的力度，直接影响整个物流系统运行的结果。当运行结果与体系规划层面中设定的目标发生偏离时，在调整策略的同时，常常也伴随着流程的调整。

一套完善的流程由不同功能的子流程构成，如图3-4所示。每组流程存在于一个组织内部或穿越多个组织，相互连接，共同作用。可以这样说，流程的合理性和完善程度，是衡量现代企业运营和管理能力的重要标志。

以图3-4为例，该图中包含三个顶级流程，分别对应零售终端流程、零售物流流程和供应商流程。每个顶级流程下方又包含多个一级流程，这些一级流程相互连接，最终形成内部、外部的循环，持续运转。"循环性"是现代零售物流流程具有的共同特性。以图3-4为例，客户订货、零售物流送货、客户销售、客户再订货形成一个循环，即图中的"循环 1"；零售物流订货、供应商送货、仓库出货、零售物流再订货，形成第二个循环，即图中的"循环 2"。

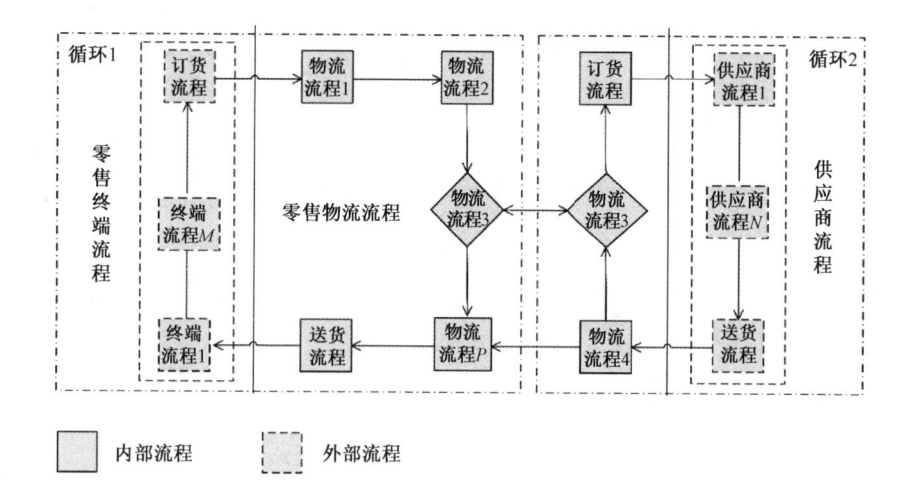

图 3-4 现代零售物流流程举例

循环性原则是零售物流流程设计的基本原则。除此之外，现代零售物流的流程设计，还应遵循以下原则：

（1）单个流程需要有一个明确的开始点和结束点。

（2）物流流程经常需要跨部门，甚至跨企业运作。因此，除了理解物流的内部流程，在设计流程时，还需要理解其他部门，甚至其他企业的流程。

（3）流程需要直接或间接为企业创造价值。不创造价值的流程，可能比缺少该流程带来的危害更大。

在遵循上述原则的基础上，流程设计可以分为三个步骤，分别为流程框架设计、流程细化设计和流程排列组合，如图 3-5 所示。

流程框架设计是对某一物流过程包含的结构性流程进行的定义。结构性流程，一般属于高层级流程。在框架设计的基础上，流程细化设计将这些高层级流程细化成可用于现场执行的子流程，再针对这些子流程，进行各个操作环节的设计。流程细化设计的目的是，将流程再分解成可用作现场执行的物流作业。在流程细化设计时，最常使用的工具是流程图，如图3-6所示。不同流程所包含的物流作业可能相差较大，即使是同一流程，根据所使用的设备、技术的不同，子流程也可能相去甚远。因此，流程细化设计，通常是一个量体裁衣的定制过程。

流程设计的最后一个步骤是流程排列组合。通过第一个步骤和第二个步骤的设计，物流过程所涉及的流程及流程所包含的作业内容已经基本明确。最后一个步骤是将这些流程按照一定的逻辑和顺序进行排列和组合，最终成为一个整体。流程排列组合，并不是对流程进行的简单排序，而是将它们按照一定的逻辑连接成一个整体的过程。

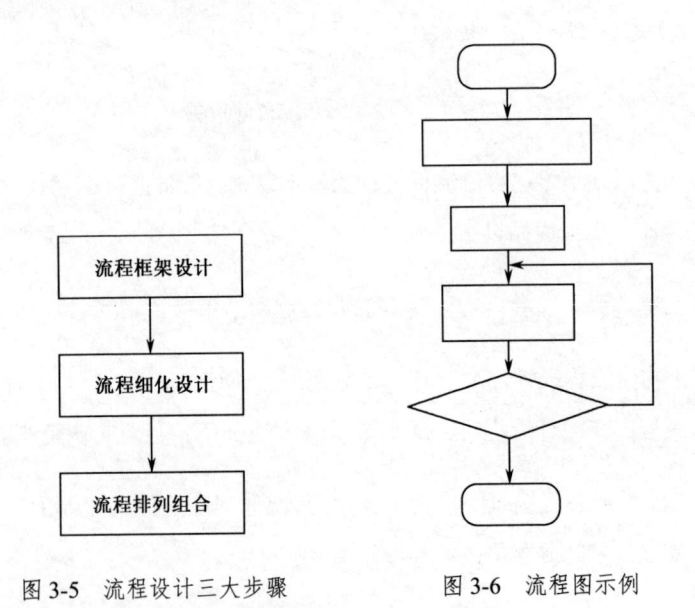

图 3-5　流程设计三大步骤　　　　图 3-6　流程图示例

为了应对变化，物流运营有时需要做出调整。这时，首先应该做的，不是针对变化设计全新的流程，而是评估现有流程能否经过重新排列组合，满足变化的要求。若无法满足，才进入到流程调整或新增流程的阶段。这样做的好处主要有两个：第一，能够快速应对外界的变化。物流流程的调整和新增，通常耗时耗力，尤其在涉及信息系统的开发时，这一过程可能需要耗费更长的时间。如果能够通过重新排列组合加以应对，物流的反应速度可以大幅加快，即"以不变应万变"。第二，能够将流程的总数量控制在一定范围内，提高流程管理本身的效率。一般来说，在零售物流运营中，需要同时管理的流程越多，相应的管理效率也就越低。

毋庸置疑，现代零售物流的流程设计是一项系统性工程，我们不仅需要熟练掌握零售物流及其相关领域的知识，还需要大量的实践积累。随着信息技术在零售物流中越来越广泛且深入的应用，流程的设计经常与信息系统的设计紧密联系在一起。

综上所述，以流程为导向的理念打破了原本部门与部门，甚至企业与企业之间的壁垒。这一理念将流程目标作为参与其中的部门、企业的共同目标，为现代零售物流步入一体化阶段奠定了理论基础。

3.2.3　第三层面：执行管理

在电子商务和线上零售的冲击下，零售行业的竞争正在变得越来越激烈。正所谓"商场如战场"，如果把体系规划和流程设计比作一场战争中的战略筹谋和战术制订，那么，第三层面的执行管理，则是真刀实枪的短兵相接。显然，徒有战略和战术，而没有前线士兵的英勇奋战，在战争中不可能取得最终的胜利。同理，失去第三层面有力的执行，现代零售物流的前两个层面，只能沦为纸上谈兵。另外，若是无法掌握前线"战况"的最新信息，在"战争"中也往往会陷入被动的局面。第三层面的反馈，犹如对前线"战况"的掌握，其在现代零售物流管理中的作用不言而喻。

在图 3-2 中，执行是针对流程的执行，管理是针对执行的管理。执行的结果反馈到流程设计和体系规划中，加工处理后再次作用于执行，由此，现代零售物流体系成为一个完整的闭环系统。流程的执行，除了需要有清晰设计的流程作为输入，还必须依靠外部输入，常见的外部输入包括人力和设备。在现代零售物流的各个环节中，或多或少地涉及依赖人力的作业。凡是有人力作业的地方，执行效率和执行准确度都是绕不开的问题。零售物流的发展，基本上就是围绕这两个问题进行的。为了提高执行效率和执行准确度，零售物流在发展过程中不断开发和利用新型的设备，并积极尝试当代前沿的技术。

物流专业化设备是流程执行中不可或缺的外部条件。在现代零售物流中使用的设备包罗万象，从月台装卸设备到托盘存储设备，从物料搬运设备到自动化设备，不一而足。通过使用这些设备，劳动密集型的人力散箱搬运，逐渐转变为机械化作业，执行效率和执行准确度大幅提升。

与专业设备同样重要的是计算机信息技术。随着信息技术在物流领域的深入应用，流程执行中的人力作业逐渐从传统的纸张作业，演变为信息系统支持下的移动终端作业，即"无纸化作业"。在无纸化作业的基础上，随着科技的进一步发展，流程的执行开始出现"无人化作业"（自动化作业），即人力作业完全由自动化智能设备替代。无论人力作业还是自动化作业，抑或是人力和自动化相结合的混合作业，都可以看作物流流程的不同执行方式，并不存在绝对意义上的优劣。流程执行方式和设备的选择，都应该建立在具体情况具体分析之上，绝不应采取"一刀切"的方式。

在第三层面中，与流程执行同样重要的是对执行的管理。执行管理可以分为三个分支，分别对应流程的管理、人员的管理和设备设施的管理，如图 3-7 所示。流程的管理是针对流程本身的管理，通过对流程执行情况的评估，判断流程有无调整的必要；如有必要，则回到流程设计层面进行优化，从而形成流程设计与流程执行之间的良性循环。

执行管理的第二个分支是人员的管理。在人员的管理中，常用的工具包括培训机制和激励机制两种。培训机制在实现流程的高效执行中发挥重要作用。培训机制，可分为课堂培训和现场操作培训两类。在执行层面，现场操作培训，往往能够取得更快速和更直接的效果。人员培训的效率，与流程设计直接相关，流程越复杂，通常意味着培训的时间越长。信息系统的应用也是影响人员培训效率的重要因素。信息系统的设计，不仅需要考虑流程的系统实现，还应考虑现场操作的简单易用。换言之，信息系统设计，应将人员培训效率作为关注点之一。

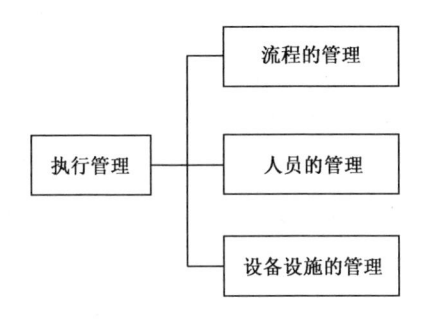

图 3-7 执行管理的三个分支

在人员的管理中，激励机制也是常用的工具。有效的激励机制，能够激发现场员工的工作积极性。激励机制，可分为正面激励和负面激励两类。正面激励是通过嘉奖予以鼓励的激励方式；负面激励则是通过惩罚手段加以鞭策的激励方式。从长期来看，通过正面激励机制获得的成效，一般远大于负面激励机制，因此更值得推崇。需要强调的是，激励机制的制定，必须经过严密的思考和反复的推敲，否则极有可能适得其反。思虑不周的激励机制，不但无法起到预期的激励效果，反而有可能破坏管理的公平性，从而对企业发展产生不利影响。

执行管理的最后一个分支是设备设施的管理。设备设施的管理包含的内容很多，如日常清洁、定期维护保养、维修、运行状态评估等。只有在良好的管理之下，设备设施才能发挥最大的功效，并在生命周期内不至于过早失效。从成本角度来看，设备设施的管理，对全生命周期成本产生直接影响。全生命周期成本，是指在正常使用期内发生的所有成本，包括首次购入成本、日常使用成本、维修保养成本、废弃处置成本等。显然，不当的管理，会增加设备设施的全生命周期成本，因而不利于物流成本的整体控制。

无论流程、人员、还是设备设施的管理，关键绩效指标都可以发挥积极作用。以人员管理为例，针对人员设置的关键绩效指标，能够帮助管理者掌握每个员工的现场表现情况，从而采取有的放矢的管理措施。当然，关键绩效指标是物流整体关键绩效指标体系的组成部分。

执行管理是现代零售物流体系的最后一个层面。流程执行的结果，通过关键绩效指标体系，反馈到流程设计和体系规划层面，从而将三个层面连接为一个完整的闭环系统。在这个闭环系统中，物流管理人员能够及时判断整个物流系统的运转状态，如有必要，可以对相关层面做出针对性的调整，零售物流体系得以不断实现自我提升。

3.2.4　如何实践现代零售物流方法论

体系规划、流程设计和执行管理三个层面，组成了研究现代零售物流的方法论。在实际应用中，如何将这三个层面落实到企业的经营管理中呢？要回答这一问题，首先需要明确三个层面各自的特点和复杂度。

第一层面的体系规划，属于宏观管理的范畴。虽然在战略上占据最高位置，但零售物流企业的高级管理层，往往能够从行业动态和发展趋势中找到思路。第三层面的执行管理，虽然涉及繁多的微观细节，但是在日益专业化的信息管理软件的支持下，正变得越来越直观和易于掌控。真正的挑战来自第二层面的流程设计。流程设计作为整个闭环系统的中间层，起着承上启下的作用，能否有效开展流程设计，在很大程度上决定了零售物流体系的运行能力，其重要性可见一斑。

比重要性更值得关注的是复杂性。流程设计的复杂性，主要体现在以下两个方面：一是业务流程涉及的领域和环节众多，虽广泛存在，但本身并不能被直接看见，属于较为抽象的领域；二是流程的设计，除了需要深刻理解体系规划的宏观思想，还需要熟练把握执行层面的微观细节，这对设计人员提出了很高的专业要求。因此，现代零售物流方法论能否得到有效实施，在很大程度上取决于第二层面的流程设计能否顺利开展。

保障流程设计顺利开展的基础是拥有专业的流程设计团队。根据流程应用场合的复杂度，流程设计团队的组成人数也可能有所不同，但都应包含以下三类角色：①流程拥有者。②流程设计者。③流程执行者。

流程拥有者，通常是企业的所有者，或者位于顶级管理层，在流程设计中主要起到以下作用：

（1）负责确认和批准流程实现的目标。

（2）授权流程设计者进行流程的设计。

（3）授权流程执行者进行流程的执行。

（4）负责确认顶级关键绩效指标。

流程设计者，是流程设计的主体，在设计过程中主要承担以下责任：

（1）主导流程的设计。

（2）负责流程设计过程中的管理。

（3）与流程拥有者和流程执行者一起制定关键绩效指标。

（4）当企业存在多个物流设施时，负责推进流程的标准化。

流程执行者，负责流程的执行和现场作业的管理，虽不主导流程设计，但在反馈现场情况、落实流程执行中起到关键作用。这一角色承担的责任如下：

（1）反馈流程执行过程中出现的问题。

（2）理解流程并组织相关的培训。

（3）与流程拥有者和流程设计者一起制定关键绩效指标。

值得一提的是，根据流程复杂度的不同，上述三类角色可能由一人承担，也可能由多人同时承担。一般来说，流程越复杂，设计团队中的角色分工越明确，参与其中的人员相应越多。同时，流程设计中的三类角色，分别对应现代零售物流方法论的三个层面。流程拥有者，通常也是体系规划层面的决策人；流程执行者，则是执行管理层面的管理人，两者通过流程设计中间层面，共同促成现代零售物流方法论的实施。

本章小结

一百个读者，心中就有一百个哈姆雷特。关于零售物流应该包含的内容，也是众说纷纭，莫衷一是。正因如此，本章首先探讨商品从原材料到消费者手中，全链条中包含的所有物流活动，并将其分为供应物流、生产物流和零售物流三大板块。零售物流始于商品完成储运包装，终于商品到达消费者手中，这一过程中包含的所有物流及其与之相关的活动，都属于现代零售物流的研究范畴。

明确研究范畴后，本章提出一套现代零售物流的研究方法论。零售物流方法论由三个层面组成，自上而下分别为第一层面体系规划、第二层面流程设计和第三层面执行管理。这三个层面从体系规划开始，经由流程设计，进入执行管理；再通过执行管理的反馈，回到第一层面和第二层面，最终形成一个完整的零售物流闭环系统。现代零售物流方法论的实践，不仅需要深刻理解零售物流，还需要结合实践经验，其中，中间层面流程设计最为复杂。因此，本章在最后部分，对如何开展流程设计，做出进一步的说明。

本章旨在明确现代零售物流的研究范畴和研究方法，为第二部分解析零售核心物流进行铺垫。

第 4 章
储运包装与物流载具

储运包装，也称二级运载单元，是商品离开生产环节进入流通环节的一种包装形式。常见的储运包装包括瓦楞纸箱、塑料薄膜包装、塑料周转筐等。储运包装的合理性，直接影响商品能否高效完成流通过程，最终到达消费者的手中。不合理的储运包装，会导致供应链中的资源浪费、物流效率低下、商品损耗增大等。

零售行业是规模效应显著的行业，在规模效应的作用下，储运包装设计中一些看似不起眼的缺陷，都可能被"无限"放大，成为制约供应链效率的因素之一。

虽然储运包装在供应链的运输、存储、搬运中起到关键性作用，但有时并未被给予足够的重视，导致商品在流通环节受到阻碍，商品破损的情况也时有发生。由此可见，储运包装的改进，具有很强的现实意义。储运包装的改进，并非生产企业一方的责任，在供应链一体化进程中，参与企业都应付出努力。优化设计是改进储运包装的主要手段。储运包装的设计，可分为外观设计和物流设计两部分，本书重点探讨物流设计的部分。

现代零售物流，区别于传统零售物流的标志之一是采取以托盘单元化为代表的机械化作业方式。托盘单元化是机械化搬运的代表，是供应链思维的体现，也是反映零售物流现代化发展水平的窗口。在托盘单元化得到发展之前，储运包装的设计主要以保护商品、易于搬运为主。托盘单元化的出现，对储运包装的设计提出了新的要求。

托盘单元化发展的前提是标准托盘的使用。标准托盘是现代零售物流中应用最为广泛的物流载具。除了标准托盘，现代零售物流还需要使用其他形式的载具，才能高效完成物流过程。于是，托盘单元化演变为"载具单元化"。

储运包装与物流载具，在现代零售物流过程中贯穿始终，本章对两者进行统一介绍。

4.1 托盘单元化

托盘单元化是指在储存、运输等物流过程中，以托盘单元作为基本单位，进行搬运和交接的物流方式。遵循一定的标准，将商品储运包装码放在平板托盘上，便形成一个托盘单元，如图 4-1 所示。

托盘单元是以标准平板托盘为载体的三级运载单元。运载单元在供应链中扮演关键角色。欧洲 ECR 的报告中指出，运载单元是一个关键的成本动因，它们对运输、存储、搬运和包装皆有影响，这一影响占零售销售价格的 12%～15%。

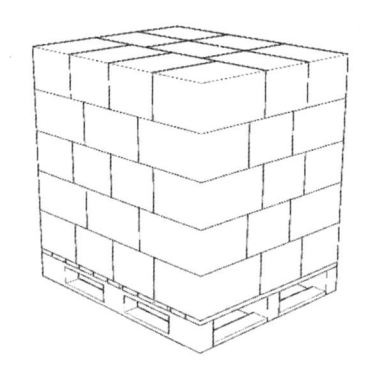

图 4-1　标准托盘单元示例

托盘单元必须配合机械化设备才能完成搬运，与传统的散箱搬运相比，物流效率显著提高。托盘单元是现代零售物流中应用最为广泛的一类运载单元；另一类则以其他载具（如笼车）作为载体，统称载具单元。

在生产企业的上游流通环节中，在大多数情况下，托盘单元都是理想的运载单元。在下游流通环节中，除了标准托盘，还需要使用其他类型的载具，如图 4-2 所示。

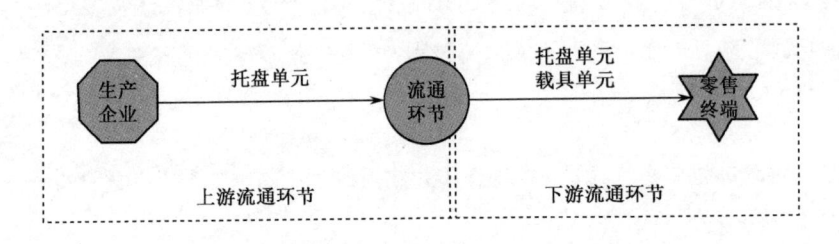

图 4-2　标准运载单元的分类

在上游流通环节中，形成运载单元的起点是生产企业。为了实现规模化生产，生产企业的商品具有品种数较少，单个品种货量较大的特点。在大多数情况下，一个运载单元可以由单一品种的商品（即一个单品）组成，单一品种的托盘单元，成为理想的运载单元。在下游流通环节中，情况正好相反，形成运载单元的起点是执行零售终端配送的配送仓库。零售终端的商品需求，具有多样性的特点，主要表现为品种数较多，单个品种货量较小。这时，以一个单品组成运载单元，并不具备经济性。因此，经常需要将多种商品混合码放于物流载具之上。除了标准托盘，用于终端配送的物流载具还有多种类型，具体采用何种载具，需要根据实际情况加以判断。

总之，托盘单元化主要应用于现代零售物流的上游流通环节，它不仅涉及企业内部的物流活动，更需要在企业与企业之间进行流转，故而，只有在行业标准化程度较高的环境中才能实现。有关标准托盘和物流载具的更多介绍，将在本章的后续小节中展开。

托盘单元化对提升现代零售物流效率，尤其是上游流通环节的效率，具有重要意义。商品的储运包装，是托盘单元的必要组成部分，如何系统性地进行储运包装的设计，是下一节重点探讨的问题。

4.2 储运包装的物流设计

商品的包装，在运输、仓储、装卸、销售等过程中起到重要作用。按照不同的功能，商品包装可分为零售包装和储运包装两大类。顾名思义，零售包装是在零售终端销售的包装，是与商品直接接触的包装，是直接面对消费者的包装，一般也是物流过程中库存管理的最小单位。储运包装，是满足商品的存储和运输要求的包装。一个储运包装含有多个零售包装，在一些特殊情况下，储运包装可能就是零售包装。

储运包装是零售物流过程中存储、运输、交接和库存管理的常用单位。如果在生产源头设计的储运包装不合理，这种不合理性将一直蔓延至零售终端。若在流通过程中对商品进行二次包装，不仅会增加包装成本，还会阻碍物流的顺畅。随着供应链一体化理念的深入，储运包装不仅可用于物流过程，而且可能直接用于零售终端的陈列，供应链效率得以进一步提升。在这些背景下，储运包装设计的重要性显得更为突出。

储运包装的设计，是一项专业的工作，除了需要考虑保护商品、易于搬运等基本功能，在设计时还应思考如何使储运包装具有更强的物流功能。储运包装的物流功能，体现在匹配托盘单元化、符合人体工程学、降低二次包装的概率、便于进行商品识别等诸多方面。

接下来首先介绍储运包装的类型和物流功能，以此为基础，再对储运包装的物流设计步骤做出探讨。

4.2.1 一次性储运包装 VS 可循环储运包装

按照流通方式的不同，储运包装可分为一次性储运包装和可循环储运包装两类。一次性储运包装在生产企业完成包装，经过仓储、运输等物流过程，最终到达零售终端。零售终端完成商品的销售后，包装材料直接在零售终端进行处理，或运往某个地点实施集中处理，如图 4-3 所示。一次性储运包装材料不能直接循环使用，在垃圾分类得当的社会环境下，纸张、塑料膜等一次性包装材料，可以返回配送仓库进行简单处理，之后进入可回收垃圾的循环过程。

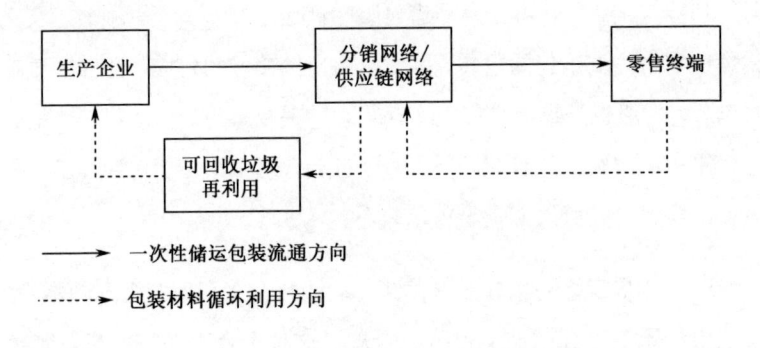

```
  生产企业  ──→  分销网络/    ──→  零售终端
     ↑           供应链网络          ↑
     ↑              ↑                ↑
     └──── 可回收垃圾 ────────────────┘
              再利用

  ──→  一次性储运包装流通方向
  ┄┄→  包装材料循环利用方向
```

图 4-3　一次性储运包装的流通过程

按照包装材质，一次性储运包装可分为瓦楞纸箱包装、塑料袋包装、一次性塑料筐包装、泡沫箱包装等不同形式。一次性储运包装的材质选择与商品类别的特点及对应行业长久以来的使用习惯息息相关。如在常温快速消费品中，瓦楞纸箱最为常见；在纸品行业中，广泛采用塑料袋包装；在农产品的包装中，经常能看到一次性塑料框和泡沫箱的身影。

近年来，随着人们环境保护意识的持续增强，一次性储运包装的轻薄化正在成为趋势。过度包装不但会增加成本，而且会造成垃圾处理的压力，不利于环境保护。另外，在以农产品为代表的商品类别中，越来越多的企业开始使用可循环储运包装代替容易对环境造成污染的一次性塑料框、泡沫箱等传统包装。

与一次性储运包装不同，可循环储运包装经过回收后，可直接再次使用，使用前有时需要进行清洗、烘干等简单处理。质量可靠的可循环储运包装，正常情况下的使用年限在五年以上，因其可反复使用，直接包装成本一般低于一次性储运包装。然而，在实际应用中，除了需要考虑直接包装成本，还需考虑循环成本。可循环储运包装的关键在于循环，只有通过对循环过程及其相关规则进行系统性的设计，加上参与方的积极配合，才能有效推动可循环包装的应用。

目前，在现代零售物流中，广泛使用可循环储运包装的场合，主要集中在软饮料、啤酒、农产品、低温奶制品等商品类别上。在一定条件下，可循环储运包装具有明显的成本优势，对环境保护也起到积极作用，在零售物流发达的地区，应用十分广泛。近年来，可循环储运包装，正在被越来越多的中国零售企业所接受，应用数量呈现出逐年递增的趋势。

更多关于一次性储运包装和可循环储运包装的内容，将在第 8 章中进行深入介绍。

4.2.2　储运包装物流功能的重新审视

储运包装因物流而存在，为什么需要再次提出储运包装的物流功能呢？这是由于零售物流处在不断发展的过程中，从人力散箱搬运到机械化搬运，从纸张作业到无纸化作业，从企业内部物流管理到跨企业的供应链一体化阶段，这些变化都要求我们重新审视储运包装的物流功能。本节接下来从储运包装的模数、高度、重量、包装含量和条码五个维度，对储运包装的物流功能加以分析。

储运包装的模数

托盘单元化的实现基础是托盘标准化。2007 年中国国家标准中明确指出，1200 毫米×1000 毫米的托盘平面尺寸为国家优先推荐标准。标准推出后，该尺寸迅速成为零售物流行业的行业推荐标准。

在此背景下，储运包装的设计，应考虑如何与国家标准托盘尺寸相匹配，避免物流过程中仓储和运输空间的浪费。另外，随着托盘单元化的推进，托盘单元正逐步成为物流过程中仓储、运输、交接等环节的基本单位。如果储运包装的尺寸无法匹配标准托盘，势必会造成物流整体效率的降低和成本的增加。

由于零售商品的类别繁多、形状各异，统一一种储运包装的尺寸并不现实。因此，在包装设计时，需要就近套用最为接近的尺寸，这些与标准托盘相匹配的包装尺寸，称为"储运包装模数"。图 4-4 列出了几种常见的储运包装模数，其中，600 毫米×400 毫米的尺寸，因通用性较强，也称"基础模数"。

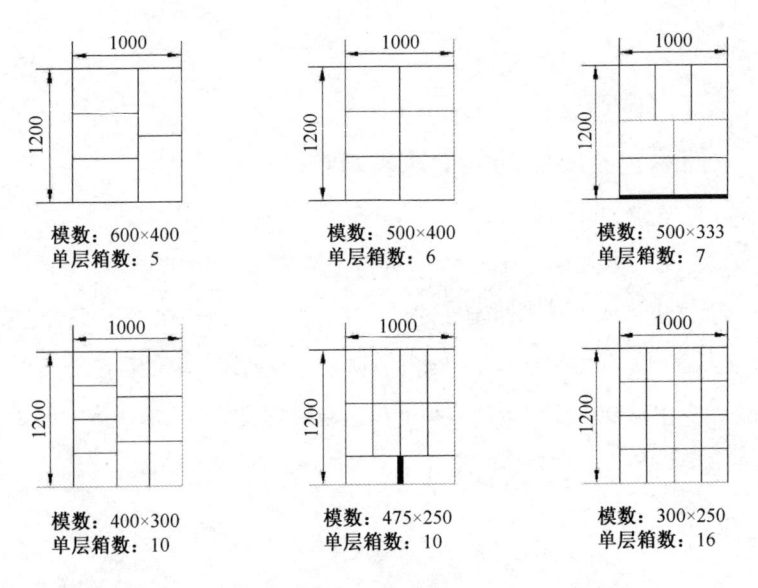

图 4-4 常见的储运包装模数（尺寸单位：毫米）

综上所述，托盘单元化的发展，对储运包装的设计提出新的要求。合理地运用储运包装模数，对提高零售供应链整体效率具有积极意义。

储运包装的高度

储运包装的模数定义了平面尺寸，那么高度呢？储运包装的高度设计，应综合考虑商品本身的特点和托盘单元的高度。在实际运营中，"带板运输"是托盘单元化的具体应用，在零售物流发达的地区，已经成为主流的运输与装卸方式。在中国，带板运输尚非主流，但近年来呈现出应用范围逐渐扩大的趋势。我们有理由相信，随着托盘单元化的推进，带板运输拥有广阔的发展空间。

运输成本是零售供应链中的主要成本之一。卡车的空间利用率与运输成本息息相关。在带板运输过程中，托盘单元的高度是影响卡车空间利用率的主要因素。为了提高空间利用率，在不考虑车辆最大允许载重的前提下，托盘单元的装载，应尽可能利用车厢的内部净高。参考欧洲 ECR 的推荐，零售商品带板运输托盘单元的标准高度包括五种：1200 毫米（EUL 1）、1620 毫米（EUL 1.4）、2225 毫米（EUL 2）、675 毫米（EUL 1/2）、500 毫米（EUL 1/3）。以净高 2600 毫米的车型为例，图 4-5 展示出这几种不同高度可能形成的组合。

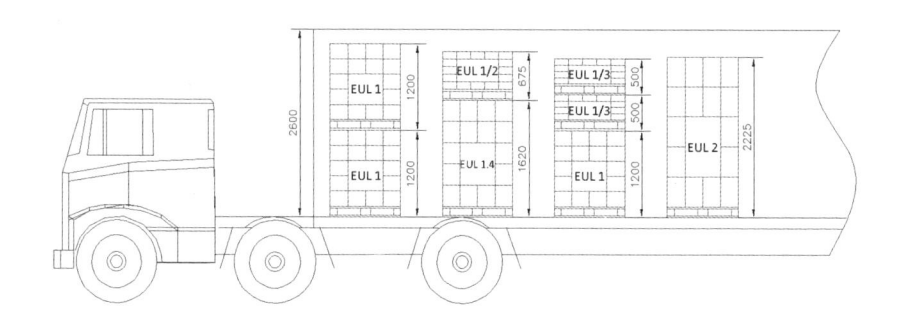

图 4-5 托盘单元不同的高度组合（尺寸单位：毫米）

不同类别的商品，物流特点有所不同。具体采用怎样的高度，应根据实际情况加以判断。一般来说，2000 毫米以上的高度，适用于泡货商品（如卫生纸、膨化食品等）；1200 毫米的高度，具有灵活性强、可实现双层堆垛、操作相对便捷等优点，成为通用性较强的托盘单元高度。除了运输成本，托盘单元的高度还直接影响配送仓库的作业效率和空间利用率。因此，制定行业标准的托盘单元高度，对零售供应链的降本增效具有十分重要的意义。

零售商品托盘单元的高度一经确定，对应的储运包装高度应尽可能与之匹配，从而实现供应链效率和空间利用率的优化。

储运包装的重量

储运包装的重量对供应链效率的影响并不大。但是，合理的重量，有利于保障操作人员的身体健康，并保障作业安全。单个储运包装的重量过重，可能对操作人员的健康造成危害。根据中华人民共和国国家标准（GB/T 31002.1—2014）的推荐，结合现代零售物流的工作场景，单个储运包装的最大重量不宜超过 23 千克。

储运包装的包装含量

包装含量是指一个储运包装中包含的零售包装的数量。以图 4-6（a）为例，图中储运包装的包装含量为 6。当一个储运包装中存在二级包装时，包装含量又可分为一级包装含量和二级包装含量。以图 4-6（b）为例，该储运包装的一级包装含量为 24，二级包装含量为 6。

包装含量的合理性对供应链的整体效率产生直接影响。过小的包装含量，会增加包装成本，并导致物流过程中搬运效率的下降；过大的包装含量，不仅会造成物流过程中破损率的增加，还可能影响下游流通环节的效率。由于零售终端需求量的不同，过大的包装含量，会增加下游流通环节中二次包装的概率，从而对物流效率造成负面影响。二次包装是指对原储运包装内的零售商品进行的重新包装。在大多数情况下，二次包装将一个较大的储运包装，拆装成多个较小包装含量的二级包装，目的是匹配零售终端的订货需求。拆零拣选，可以看作二次包装的一种特殊形式。

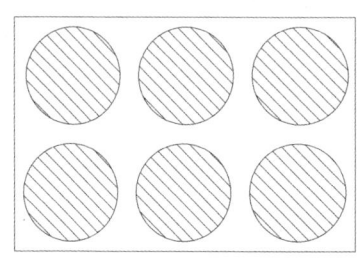

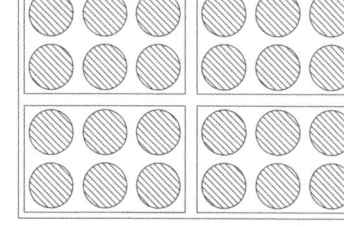

（a）一级包装含量　　　　　　　　（b）二级包装含量

图 4-6　零售包装的含量

在现代零售行业中，一些类别的商品（如零食、巧克力等），经常出现上游流通效率和下游需求量之间的矛盾，二级包装是缓解这一矛盾的有效方法。另外，一般来说，二级包装比储运包装更容易实现零售终端的直接陈列。从整体供应链的角度来看，与流通环节中进行二次包装相比，在生产端完成商品的二级包装，具有更强的经济性。

一言以蔽之，合理的包装含量，是储运包装物流功能的重要体现。

储运包装的条码

自 1974 年首次商用以来，商品条码已经渗透零售物流的各个环节。条码与扫描设备的配套使用，对零售物流过程中的信息获取和控制管理意义非凡。

商品条码的国际化进程，主要由美国和欧盟主导。1973 年，美国统一代码委员会（UCC）成立，负责制定和推广美国商品统一代码标准（UPC）；

1977 年，欧洲物品编码协会（EAN）成立，负责其标准在欧盟国家和地区的制定及推广。1981 年，欧洲物品编码协会更名为国际物品编码协会。2002 年，国际物品编码协会吸收美国统一代码委员会后，成立 EAN/UCC，并于 2005 年正式合并，更名为"国际物品编码组织"（GS1），致力于全球统一标识系统的建立和推广。在中国，商品条码由中国物品编码中心负责统一组织、协调和管理。中国物品编码中心成立于 1988 年，于 1991 年代表中国加入国际物品编码协会。

国际物品编码组织全球统一标识系统涉及的编码体系和条码类型众多，在商品的储运包装上，使用最为广泛的条码类型是全球贸易项目代码（GTIN）。GTIN 条码分为零售包装条码和储运包装条码两类。顾名思义，零售包装条码是印制在零售包装上的条码，可用于商品在零售终端的销售，其中，EAN-13 条码的使用最为广泛。EAN-13 条码，如图 4-7（a）所示。储运包装条码是印制在商品储运包装上的条码，多数情况下不用于零售终端的销售，而主要用于物流的存储、运输、交接等环节，其中，ITF-14 条码的应用最为广泛。ITF-14 条码如图 4-7（b）所示。

（a）零售包装条码 EAN-13　　　　（b）储运包装条码 ITF-14

图 4-7　GTIN 条码

在现代零售行业中，扫描零售包装条码是商品完成终端销售的主要方式，因此几乎所有商品在出厂前就已经完成该条码的印制。然而，储运包装条码的普及率并不乐观。主要原因有两个：一是观念上的轻视，一些企业认为储运包装条码可有可无；二是企业错误地认为印制储运包装条码需要支付一笔不菲的费用。在物流过程中，储运包装条码是各环节快速准确识别商品的常用介质，其对物流的重要性，并不亚于零售包装条码。如果储运包装上未能印有符合标准的条码，那么极有可能在物流过程中需要进行粘贴或开箱扫码，这样不仅会增加额外的成本，而且会影响流通的顺畅性。另外，储运包装条码属于零售包装条码的延伸，并不需要支付额外的费用进行重新申请。因此，有关印制储运包装条码需要额外支付一笔不菲费用的说法，与实际不符。

储运包装条码对现代零售物流至关重要，是储运包装设计时不容忽视的部分。更多关于商品包装条码的内容，请查阅相关国家标准。

4.2.3　物流设计步骤：按图索骥

商品的储运包装是流通过程中的重要单位。在供应链一体化的背景下，储运包装的设计，除了需要考虑商品保护、易于搬运等传统功能，还应考虑它的物流功能，目的是促使商品在端到端供应链中流通更为顺畅，以此带来整体效率的提高和成本的降低。

储运包装的物流设计，应考虑储运包装的类型、模数、高度、重量、包装含量和条码等多个要素。如何将这些要素整合成一个整体，最终落实到企业的实际应用中呢？首先，供应链的参与企业，应对此给予足够的重视。改善储运包装的物流设计，供应链效率和成本都可能随之得到优化，参与其中的企业自然能共同获益。其次，储运包装的物流设计，不仅要求从业人员具有包装设计方面的专业技能，还要求其掌握一定的物流知识。为便于应用，接下来对储运包装的物流设计步骤展开探讨。

商品储运包装的物流设计，应从确定包装类型开始。经过比较分析后，当决定采用一次性储运包装时，读者可参考图4-8，按图索骥，便不致顾此失彼，无从下手了。

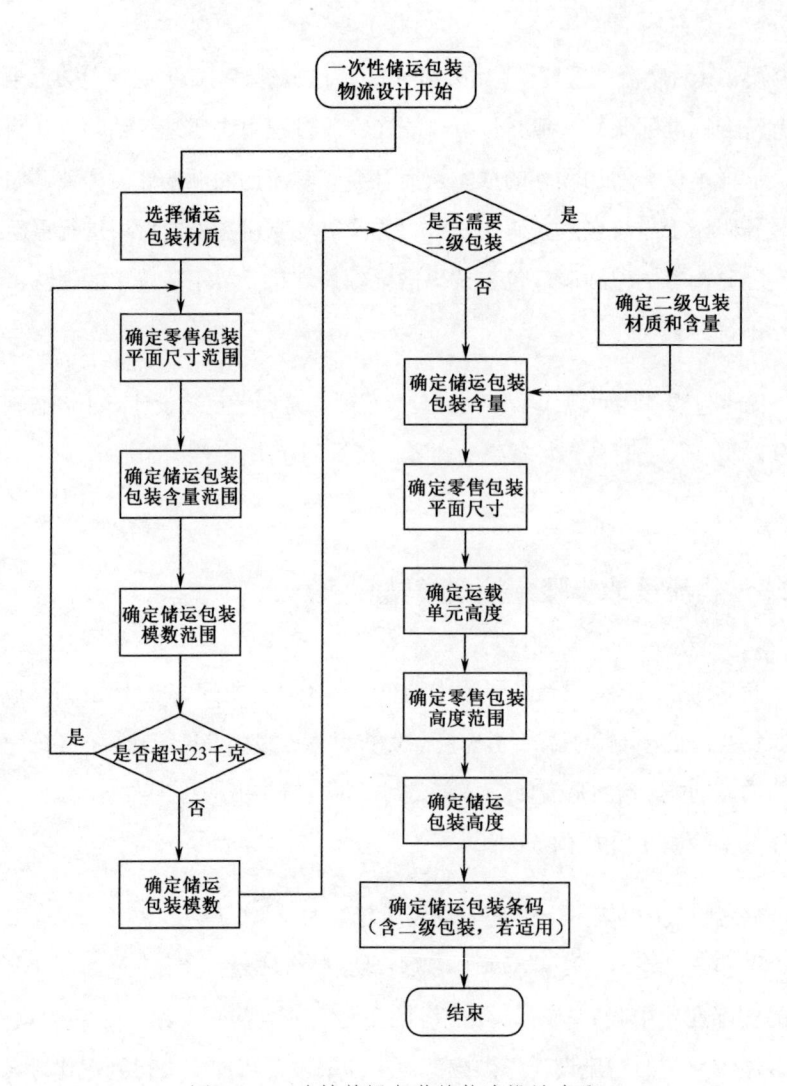

图 4-8　一次性储运包装的物流设计步骤

在供应链一体化的理念下，企业对传统的"始于零售包装"的储运包装设计方法，必须予以重新审视。图 4-8 展示的设计步骤，是从供应链的角度对储运包装的设计过程进行的梳理。储运包装的规格，并不直接由零售包装决定，而是综合考虑物流功能、零售商品特性等要素后得出的结果，其目的是保障端到端的供应链效率。以上设计步骤，不仅适用于新产品包装的设计，还适用于现有储运包装的改进。

4.3 "单元化"下的物流载具

现代零售物流，区别于传统零售物流的标志之一是，以托盘单位化为代表的机械化作业方式。标准平板托盘是托盘单元的载体，其重要性不言而喻。除了平板托盘，为了实现端到端供应链过程中的物流作业机械化，还需要辅以其他形式的工具，这些用以承载商品的辅助工具，统称物流载具。与一般辅助工具不同，物流载具具有以下几个特点：

（1）标准化。标准化是物流载具的基本特点。无论跨企业的载具流转还是单个企业内部的载具使用，都需要制定或应用相应的载具标准，否则难以实现高效的物流作业。

（2）可循环使用。在正常情况下，物流载具都可被循环使用。正是因为这一特点，与使用一次性辅助道具相比，使用物流载具，一般具有更大的成本优势。

（3）流程化。在通常情况下，物流载具并不用于某个单一的物流动作，而是贯穿于物流过程中的一个或多个流程。物流载具的合理使用，能够保障流程执行的效率，反之，则可能增加流程执行的成本。因此，在不同流程中应该使用怎样的物流载具，是每个物流经理人必须认真思考的问题。

（4）体系化。为了实现高效的循环使用，物流载具在大批量使用之前，应进行系统性的规划。物流载具的系统性规划，不仅关系到物流载具本身，还涉及与之配套的辅助设备、运输车辆、应用环境等其他因素。另外，系统化的管理，对物流载具的循环运转十分重要。在信息数字化的背景下，利用信息系统对载具进行跟踪和管理，在很大程度上能够提高载具管理的效率和准确性。可以说，物流载具的系统性规划和管理水平，从一个侧面反映出零售物流的发展程度。

随着物流载具在零售物流中的推广，"载具单元化"概念随之产生。与托盘单元化类似，载具单元化将物流载具和商品视作一个运载单元，以此作为基本单位，完成搬运、装卸、运输等物流过程。载具单元化通常需要辅以专业搬运设备，并结合物流作业流程才能顺利推进。本节重点介绍物流载具本身的特点，有关物流载具循环运转的内容，将在第 8 章中展开。

不同企业在不同流程中，选择的载具类型不尽相同。总体来看，按照流转的范围，物流载具可分为行业标准物流载具和企业级物流载具两大类，接下来分别进行介绍。

4.3.1　行业标准托盘：20 世纪两大关键性物流创新之一

行业标准物流载具是指在国家或行业层面制定有明确标准的物流载具。这类载具具有通用性较强的特点，经常需要在不同企业之间进行流转。制定国家或行业标准，能够规范物流载具在行业内的流通，以达到节省整体物流成本、优化社会公共资源的目的。现代零售行业广泛使用的行业标准物流载具，包括联运平板托盘、托盘衍生载具、塑料周转筐等。

联运平板托盘

联运平板托盘，简称"托盘"，是目前使用最为广泛的行业标准物流载具。有趣的是，托盘的行业标准，各个国家并不相同。国际标准化组织制定的托盘标准多达六种，分别为 1200 毫米×1000 毫米、1200 毫米×800 毫米、1219 毫米×1016 毫米（48 英寸×40 英寸）、1140 毫米×1140 毫米、1100 毫米×1100 毫米、1067毫米×1067毫米（42英寸×42英寸）。全球六种托盘规格共存的现状并不理想，是不同地区、不同国家的利益在托盘标准问题上存在矛盾的直接体现。举例来说，欧洲的托盘标准为1200毫米×800毫米，美国等一些惯用英制的国家，采用的托盘标准为48英寸×40英寸，日本、韩国等国大力推行的托盘规格为1100毫米×1100毫米，而澳大利亚等国通用的托盘标准则为42英寸×42英寸。中国现代物流起步较晚，在2007年出台的中华人民共和国国家标准（GB/T 2934—2007）中明确规定，1200毫米×1000毫米的托盘平面尺寸，为国家优先推荐尺寸。自此，这一尺寸正式成为中国零售行业的行业标准，开始在零售及其相关企业中推行。

国际托盘标准的不统一，反映出不同国家和地区之间存在的经济利益矛盾，这些不同的规格，在短时间内难以相互妥协。不同国家（地区）对本国（本地区）托盘标准的坚持，同时也体现出托盘在物流流通领域的特殊地位。它在物流过程中的搬运、存储、运输等环节，具有无可替代的衔接功能。以托盘标准化的程度作为判断某国家或地区现代化物流发展水平的依据，亦不为过。尽管统一联运平板托盘标准对节约全球物流成本具有积极意义，是国际物流界的共同愿望，但要实现这一愿望，就必须解决不同国家或地区之间在托盘问题上存在的分歧，这在短时期内几乎是不可能完成的。因此，国际标准化组织只能采取兼容并蓄的态度，将六种规格的托盘并列为全球通用的国际标准。

托盘的高度尺寸，在中国国家标准中并没有明确规定。原因可能是：第一，托盘的高度对供应链效率的影响并不明显；第二，若规定托盘高度，则存在潜在妨碍托盘新材料创新的风险。

在现代零售物流中，托盘的形式多种多样。按照是否有横向底板，托盘可分为封闭式托盘（田字底托盘）和开放式托盘（川字底托盘）；按照材质的区别，可分为木质托盘和塑料托盘；按照叉车进叉方向的不同，又可分为四向进叉托盘和双向进叉托盘。

托盘标准化程度是衡量一个国家或地区物流发展水平的标尺。在物流发展领先的国家或地区，零售行业的托盘标准化程度非常高，以此为基础的托盘单元化是供应链上跨企业之间进行货物装卸和交接的主要物流方式。在这样的背景下，平板托盘不再是某一家企业的资产，而是属于社会的公共资源。因其具备的社会公共属性，托盘一般由一家或多家第三方企业进行统一管理和运营，通过租赁的方式，租借给零售供应链的参与企业，实现循环流转。

中国现代零售物流起步较晚，托盘的社会公共属性尚未被充分认识。因此，大多数企业依旧选择自行购买和管理托盘，这不仅加大了企业的资金负担，而且在一定程度上增加了托盘标准化的难度。近年来，在中国物流行业中，已经出现具有一定规模的专业提供托盘租赁的企业。可以预见，伴随供应链一体化理念的深入，零售行业的托盘标准化程度必将变得越来越高。

托盘衍生载具

在托盘标准化的大背景下，以标准平板托盘为原型的物流载具相继出现，这类载具统称托盘衍生载具。托盘衍生载具的种类丰富多样，常见的包括半托盘、1/4托盘、箱式托盘、托盘笼、滑板托盘等。虽然托盘衍生载具的种类很多，但多数是在标准平板托盘的基础上加以改造的，以适用于更多不同的应用场合。在现代零售物流中，半托盘的使用较为广泛，接下来进行重点介绍。

顾名思义，半托盘是指以标准托盘一半的尺寸制造而成的托盘。由于国际托盘标准包含六种不同规格的托盘尺寸，加之其中的一些规格由长边和短边组成，由此衍生出来的半托盘尺寸更多。表4-1列出几种常见的半托盘尺寸。

表 4-1　常见的半托盘尺寸

国际标准托盘尺寸	半托盘尺寸
1200 毫米×800 毫米（欧洲标准）	600 毫米×800 毫米
48 英寸×40 英寸（美国标准）	（1）24 英寸×40 英寸 （2）48 英寸×20 英寸
1200 毫米×1000 毫米（中国标准）	（1）600 毫米×1000 毫米 （2）1200 毫米×500 毫米

半托盘是零售企业和供应企业（简称零供企业）不断追求供应链效率的产物。虽然标准托盘能够很好地匹配上游流通环节，但是，对处在供应链下游的部分零售终端而言，标准托盘的尺寸偏大，不利于零售终端进行直接陈列和内部移动。另外，相对较小的零售终端，无法一次性消化标准托盘单元上的所有商品，因而订货数量往往小于托盘单元。基于这些原因，在很多情况下，一个标准托盘单元无法直接进入下游流通环节，需要进行运载单元的商品重组，供应链效率因此受到影响。为了缓解供应链上下游存在的矛盾，半托盘进入人们的视野。

在原有标准尺寸的基础上减半，半托盘能够与标准托盘实现混合运输和共同存储；此外，与标准托盘配套的物流设备，也能直接对半托盘进行操作。这些特性说明，半托盘的使用对供应链上游的物流效率影响甚微。视线转到供应链下游，由于尺寸减半，半托盘在零售终端相对狭小的通道中的移动变得更为灵活和机动；同时，一个半托盘容纳的商品数量相应减半，零售终端一次性订取的概率增大。作为结果，在一定条件下，半托盘单元得以直接参与装卸、存储、运输等物流过程，供应链效率因此得到提高。

半托盘以其独特的优势，在零售供应链较为发达的地区得到越来越广泛的应用。需要注意的是，半托盘是在标准托盘的基础上发展而来的，标准托盘的普及是半托盘得以广泛应用的前提。与此同时，半托盘的有效运用，必须建立在零供企业的供应链协同之上，属于物流一体化阶段的应用。因此，对于零售物流发展尚未成熟的地区，半托盘虽然具有广泛的应用前景，但我们不宜操之过急,否则可能事与愿违。

4.3.2 循环包装周转筐:生鲜单元化物流的基础

塑料周转筐,是一种以塑料为原材料制成的物流容器,简称周转筐或胶筐。作为现代零售物流的重要载具之一,塑料周转筐之所以带有"周转"二字,是因为它具有可循环使用的特点,与一次性塑料筐有着本质的区别。周转筐既是一种物流载具,又是一种可循环储运包装。与一次性储运包装不同,可循环储运包装的运作方式和特点更接近物流载具,因此更多时候,周转筐被当作一种载具进行使用和管理。

按照循环流转的范围,塑料周转筐可分为外部循环周转筐和内部循环周转筐两类。外部循环周转筐也称循环包装周转筐,一个典型的应用场景是,农产品装筐后,从上游的生产基地,经由流通环节最后配送至零售终端。由于需要在整个供应链上进行流转,循环包装周转筐行业标准的制定和推广,对促进农产品的单元化物流具有重要意义。

当塑料周转筐作为企业内部载具被使用时,应更多地考虑如何与作业流程和应用场景相匹配。内部循环周转筐具有较强的个性,本书不再展开,接下来重点介绍循环包装周转筐。

在零售物流中,循环包装周转筐主要用于啤酒、饮料、蔬菜水果、肉制品、面包等类别的供应链过程。按照周转筐的物理结构,循环包装周转筐可分为刚性直立周转筐、反转套叠周转筐、翻臂周转筐、折叠周转筐等,如图4-9所示。

不同物理结构的周转筐,具有不同的优缺点。笼统地说,在选择周转筐的物理结构时,必须充分考虑行业的特性和循环体系的运行特点。循环包装周转筐的选择,一般贴有明显的行业标签。不同零售商品所属的细分行业,基本上都有约定俗成的周转筐使用习惯。随着零售物流的发展，我们应对这些习惯加以重新审视。

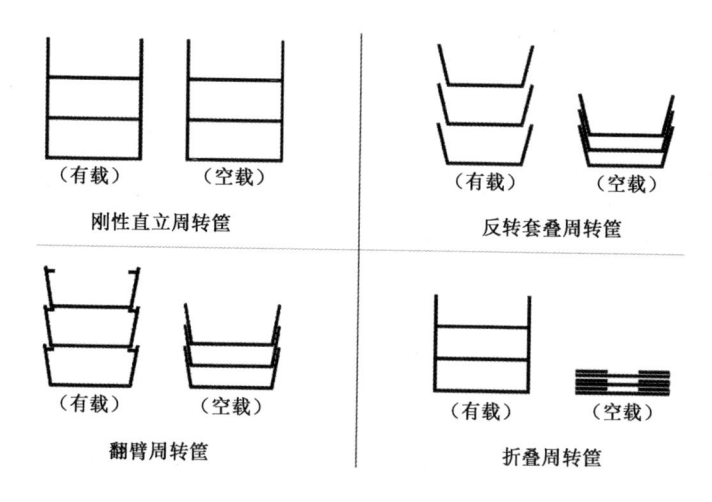

图 4-9　不同物理结构的循环包装周转筐

　　循环包装周转筐，在零售物流发展领先的地区，已经形成相当高的行业标准化。与托盘类似，周转筐的标准化程度，同样反映出物流发展的整体水平。在中国，零售物流尚处于发展阶段，一些细分行业对循环包装周转筐的选择，往往还是"习惯成自然"。近年来，随着供应链理念的兴起，越来越多的零售企业认识到，原有的周转筐规格和运作模式，已经越来越难满足企业和社会对零售物流日益精进的要求。

　　在此背景下，零售企业使用标准化循环包装周转筐的意愿与日俱增。尤其在农产品领域，为了满足消费者对新鲜食品和食材的日常需求，同时应对电子商务对传统零售的冲击，以蔬菜和水果为代表的生鲜商品正在变得越来越重要。传统的一次性储运包装（纸箱、泡沫箱等），不仅会造成生鲜商品流通成本的增加，还会产生大量的包装废弃物，增加垃圾处理和环境治理的负担。使用循环包装周转筐，是改变这一状况的有效手段。一方面，循环周转筐能够减少一次性包装材料的使用，在一定条件下，有利于提高物流效率和降低流通成本；另一方面，由于循环周转筐可以循环使用，几乎不会产生包装废弃物，这无疑能够减少后续垃圾的处理压力，对环境保护起到积极作用。因此，研究循环包装周转筐在生鲜商品流通中的应用，对发展现代零售物流具有重要意义。

循环包装周转筐在零售生鲜供应链中的效益实现，必须具备两个基本条件。一是始于供应源头的标准化尺寸和规格，二是周转筐循环体系的有效运作。接下来对周转筐的标准尺寸和规格加以论述，关于周转筐循环体系的运作，将在第 8 章中展开。

与平板托盘不同，循环包装周转筐并不存在统一的国际标准，而是在各自对应的行业范围内实施行业推荐标准。针对生鲜商品在零售行业中的流通，虽然不同国家在具体的周转筐类型上有着不同的使用习惯，但总体来看，600 毫米×400 毫米的平面尺寸是应用最为广泛的基础模数。600 毫米×400 毫米能够成为诸多国家（如德国等欧盟国家）零售行业推荐的标准尺寸，主要原因有两个：

（1）与 ISO 国际托盘标准尺寸中的欧洲标准 1200 毫米×800 毫米完美匹配，与 48 英寸×40 英寸的美国标准基本匹配。

（2）大小适中，便于单人进行搬运和堆叠等手工操作。以常用的高度 230 毫米为例，装满一筐蔬果的重量在 20 千克左右，符合人体工程学要求的最大重量限制。

中国的平板托盘标准为 1200 毫米×1000 毫米，600 毫米×400 毫米的平面尺寸同样能够完美与之匹配，因此正在被越来越多的中国零售企业所接受。此外，与托盘类似，以 600 毫米×400 毫米为基本模数，还可以衍生出 300 毫米×400 毫米的半框尺寸。部分类型的半筐，能够直接堆叠在 600 毫米×400 毫米的标准周转筐之上，从而扩大生鲜商品单元化物流的适用范围。

高度方面则显得更为灵活，主要根据生鲜商品本身的特点加以选择，常见的高度尺寸包括 120 毫米、160 毫米、230 毫米等。循环包装周转筐的高度不宜过高,在一般情况下不应超过 260 毫米,否则容易造成底层商品挤压破损及单筐重量过重。另外,值得一提的是,在一个闭环周转系统中,不宜存在过多不同高度的周转筐,否则可能造成运营和管理成本的大幅增加。一般来说,高度不宜超过 3 种。

除了上述因素,循环包装周转筐的选择,还需要考虑其他因素,包括周转筐堆叠结构、周转筐的材质、底面和四壁的质地和纹理、颜色、条码固定方式等。具体选择哪种参数,需要根据行业特性和应用环境加以判断,很难一概而论。在选择过程中,尤其需要留意的是周转筐堆叠结构。所谓周转筐堆叠结构,是指周转筐在互相堆叠时的固定方式。以折叠周转筐为例,当一个周转筐直接叠在另一个周转筐之上时,其底部应与下方周转筐的顶部稳定卡接,否则可能在搬运和运输过程中倾倒,这种稳定卡接的方式,称为堆叠结构。不同类型周转筐的堆叠结构可能完全不同。如折叠周转筐的堆叠结构,多为底部与顶部卡接,而反转套叠周转筐的堆叠结构则为满载时卡接,空载时套叠。周转筐的堆叠结构,对周转筐的选择十分重要。即使周转筐的尺寸相同,但因其堆叠结构不同,也可能造成无法直接码垛的后果,进而影响物流效率。

在理想情况下,除了尺寸标准化,周转筐的堆叠结构也应满足统一的标准。但是,在实际应用中,不同类型的周转筐具有不同的优缺点,结果是在一个循环体系内,不同类别的商品可能使用不同类型的周转筐。即使尺寸均为标准的 600 毫米×400 毫米,不同堆叠结构的周转筐,也难以直接相互兼容。针对这一情况,目前并没有完美的解决办法。相对合理的做法是,在细分行业内,推行周转筐类型的标准化,如蔬果行业采用折叠周转筐,肉制品行业采用反转套叠周转筐等。在此基础上,制定相互兼容的周转筐产品标准,以此减少因不同的堆叠结构造成的兼容问题。

综上所述,随着供应链一体化的发展,越来越多的零售企业开始追求供应链效率的最大化。通过选择合适的循环包装周转筐,可以实现商品以整筐的形式在供应链上进行流通，从而大幅提高端到端的物流效率，减少流通过程中发生的商品损耗。针对生鲜商品，这种以周转筐单元作为基本单位的物流方式，称为"生鲜单元化物流"。在此基础上，一些物流发展领先的企业，甚至开始尝试蔬果商品在供应链全链条上的"零触碰"，即直接将蔬果种植在周转筐内，并以周转筐为单位进行收割。这些应用和创新都说明，标准化的循环包装周转筐对推动现代零售物流，尤其是生鲜物流的发展，具有重要意义。

中国零售物流正处在发展阶段，一些领先的零售企业，已经意识到循环包装周转筐对供应链，尤其是对生鲜供应链的价值。近年来，相关的应用案例层出不穷。然而，总体来看，由于发展初期采取相对粗放的管理方式，以及从业人员现代物流理念的缺乏，循环包装周转筐在中国零售物流中的应用和推广仍然任重道远。尽早出台循环包装周转筐的行业标准，无疑能够为中国零售物流的可持续发展助力。当然，行业标准只是基础，循环包装周转筐的推广，还需要建立在科学的运作和管理方法之上，这部分内容将在第 8 章展开。

4.3.3　企业级物流载具

除了行业标准物流载具，零售物流过程的高效完成，还需要另一类物流载具，这类载具统称企业级物流载具，仅在企业内部或小范围内的企业之间进行流转。企业级物流载具虽然仅在小范围内流转，但同样需要经历装载、运送、卸载、暂存等物流过程；当其在企业内的不同场所（如配送仓库和零售门店）之间或合作企业（如加工中心和加盟店）之间进行流转时，还需要经历装车、运输、交接、回收、清洗等额外的过程。无论在单个场所内还是在多个场所之间，企业级物流载具的流转，最终也需要形成一个封闭的循环。因此，内部标准的制定和科学的管理依然重要。

企业级物流载具种类繁多，不一而足，常见的包括内部周转托盘、物流笼车、塑料周转筐、塑料周转箱等。本节接下来重点介绍物流笼车，关于其他企业级物流载具的资料，读者可自行查阅。

物流笼车

物流笼车是一种广泛应用于零售物流过程中的物流载具，简称"笼车"，如图 4-10 所示。物流笼车底部带有滑轮，一般情况下为四个。与平板托盘相比，笼车不需要借助任何辅助设备，便可由单人完成操作；同时，平面尺寸相对较小，具有更强的可通过性。由于这些特点，笼车在零售物流发达的地区，应用十分广泛。近年来，它也正在被越来越多的中国零售企业所接受。

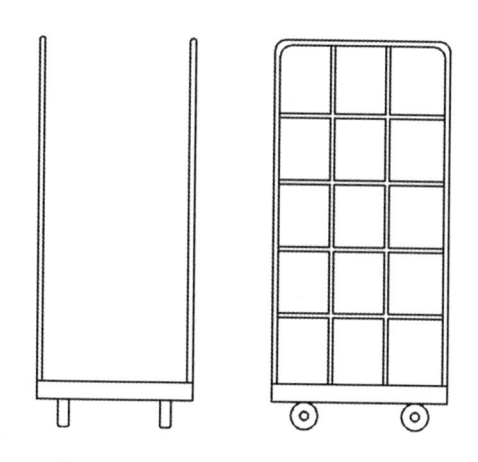

图 4-10　双侧栏物流笼车示意图

物流笼车通常在企业的单个场所内或多个场所之间使用。笼车的使用，主要以满足企业内部的物流需求为主，目前并不存在国际通用的标准。虽然没有通用标准，但是，在一个封闭的循环体系之内，设定统一的笼车标准是十分有必要的。原因如下：

（1）统一的笼车标准能够大幅提高笼车的管理效率。

（2）当笼车需要在多个场所之间进行流转时，统一的笼车标准，有助于提高运输卡车的空间利用率，降低因使用笼车对运输成本造成的影响。

（3）当笼车设计为可叠放时，统一的笼车标准，有利于减少空笼车存放所占用的空间，提高场所的空间利用率。

目前，市场上物流笼车的类型繁多。按照底盘的不同材质，可分为塑料底盘笼车和金属底盘笼车；按照侧栏的不同数量，可分为无侧栏笼车、双面侧栏笼车、三面侧栏笼车和四面侧栏笼车；按照空载时的叠放方式，可分为固定式笼车、叠套式笼车、折叠式笼车；按照是否具有保温性能，又可分为常温笼车和保温笼车。

合理地使用物流笼车，对提高零售物流效率、减少工作强度、降低物流成本，都具有积极意义。需要强调的是，只有经过系统化的评估和设计后，物流笼车才能发挥真正的作用，这一点在笼车跨场地流转时显得尤为重要。

本章小结

在端到端的供应链过程中，零售物流的开展，离不开储运包装和物流载具。托盘单元化是现代零售物流的标志之一。

零售供应链的发展对储运包装的设计提出新的要求。除了商品保护、易于搬运等传统功能，我们有必要重新审视储运包装的物流功能。本章的中间部分从储运包装的类型、模数、高度、重量、包装含量和条码等维度，对储运包装的物流功能加以梳理。总结来说，储运包装的物流功能，是保障商品在零售供应链上高效流通的必要条件。

本章的后半部分，着重介绍了现代零售物流广泛使用的几种物流载具。

物流载具的使用，对现代零售物流的发展具有重要意义。因为可循环使用，物流载具不仅有助于降低物流成本，在环境保护方面，也能发挥积极作用。需要强调的是，物流载具的高效使用，必须建立在系统化的评估和设计之上，否则可能适得其反。

本章重点关注物流载具本身具有的特点。关于循环运转体系的内容，将在本书第 8 章中进行深入介绍。

2

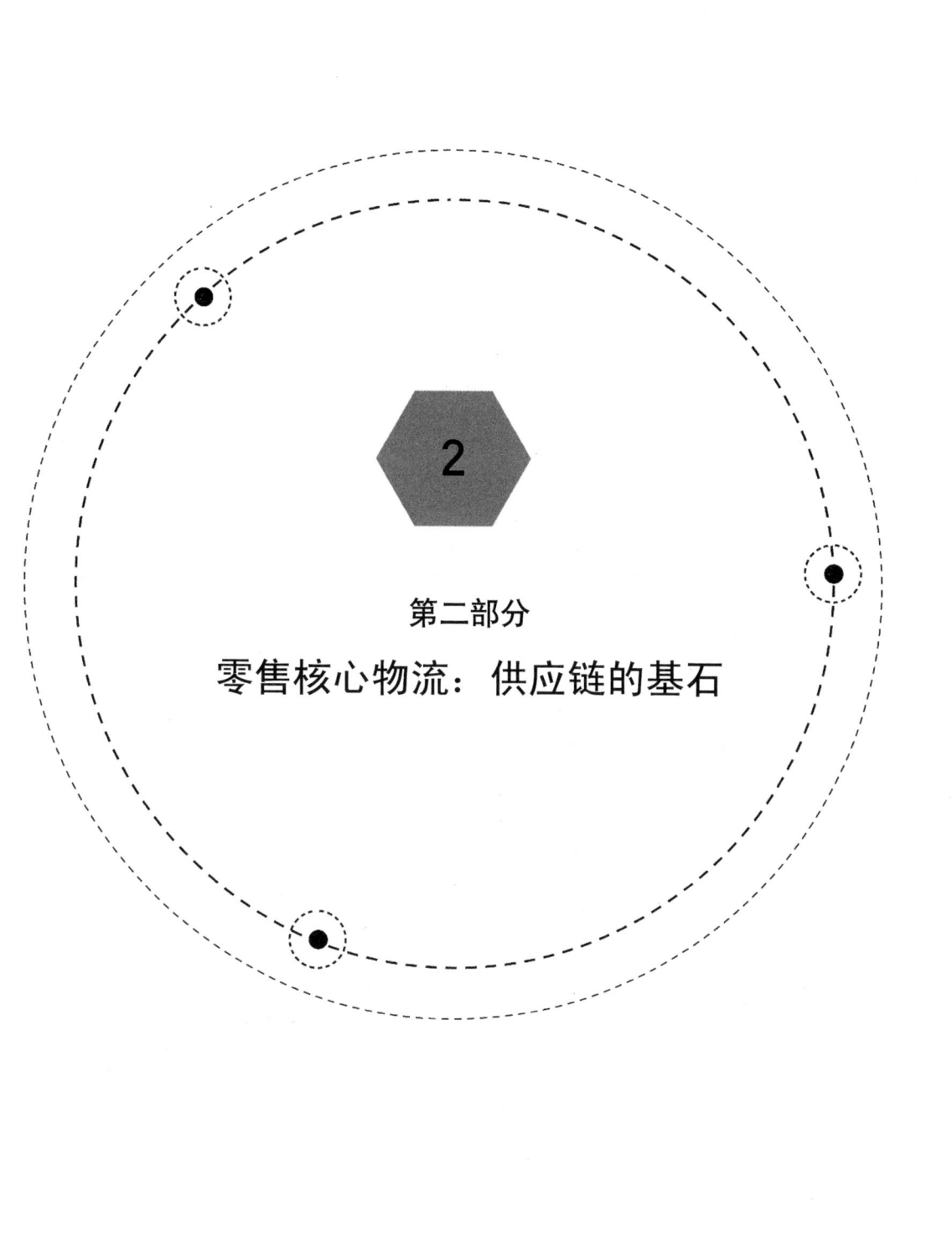

第二部分

零售核心物流：供应链的基石

第 5 章
现代零售物流总体框架

现代零售物流的两大标志是：以"托盘单位化"为代表的机械化作业方式，以"信息数字化"为代表的系统化管理方式。机械化作业将劳动密集型的传统人工搬运，转变为利用设备进行的单元化搬运，物流效率和准确度得以大幅提高。系统化管理将过去依赖经验和纸张的分散管理方式，转变为现在依靠信息系统和终端设备的网络化管理方式，管理效率和精度得到质的飞跃。

本书的第一部分，旨在介绍现代零售物流解析的准备工作，自本章开始进入第二部分零售核心物流。自 20 世纪 70 年代开始，伴随科学技术的发展，现代零售物流取得了巨大进步。近年来，移动电子商务的盛行，促进中国零售行业呈现出多样化、多渠道并行的态势。尽管其中存有各种不足，但是，经过市场竞争的大浪淘沙，现代零售的发展模式已然渐渐清晰。全渠道、数字化和供应链，被越来越多的零售企业认定为未来发展的重点方向。"供应链一体化"理念，诞生于零售物流较为发达的背景下，其在原有物流理论的基础上加以延伸，为零售物流的发展注入全新的动力。因此可以说，在通往供应链一体化的道路上，零售物流是基石。

零售物流应当如何发展呢？关于这个问题的回答，仁者见仁，智者见智，并不存在放之四海而皆准的标准答案。既然如此，零售物流的发展是否有规律可循呢？答案是肯定的。从表面上看，零售的外在形式纷繁缭乱，从上万平方米的大卖场到几十平方米的便利店，从传统的实体门店到网上电子商城，从线上线下融合到如今的全渠道零售，零售的外在形式在过去的二十余年内不断发生着变化。可以预见，这种变化仍将持续下去。

然而，就零售的本质而言，它一直都是商业的一种基本形式，属于社会经济中的流通领域，连接生产和消费领域。零售的本质是，通过一定的形式，为消费者提供符合其需求的商品或服务。零售企业本身并不生产商品，而是将商品进行组合后，经由销售终端出售给消费者，同时组织这一过程中的商流、物流、信息流和资金流。生产企业的价值，在商品完成终端销售时，得以最终实现；零售企业则在供应链过程中，实现商品的流通增值。这一增值的过程可以看作供应链价值的创造过程。虽然零售的形式不断变化，但零售的本质始终如一。围绕这一不变的本质，研究零售物流的运转规律成为可能。

现代零售物流总体框架

根据第 3 章中的描述，现代零售物流始于生产企业的工厂或仓库，终于零售终端或消费者的住处，这一过程中发生的物流及其相关活动，均属于现代零售物流的研究范畴。以生产企业为始、以消费者为终的整个物流过程，可以分为上游物流、下游物流和终端物流三个子过程。前两者以配送中心为界，后两者则以零售终端为界。从商品流动的方向来看，自生产企业开始，到零售终端结束的所有物流过程，合称"正向物流"；反之，则称为"逆向物流"，如图 5-1 所示。

完成上游和下游物流过程的主体有所不同。前者由生产企业及其分销网络完成，后者则由零售配送企业完成。"零售配送企业"是站在物流角度上生成的概念，其主体可能是零售企业本身，也可能是与零售企业或零售终端具有长期合作关系的商品和物流服务的提供商。上游与下游物流过程的最终目标是，将正确的商品，在正确的时间、以正确的成本和正确的形式送至零售终端。实现这一目标的前提是，上游与下游物流过程成为一个统一的整体。而如何结合，便是零售供应链面对的根本问题之一。

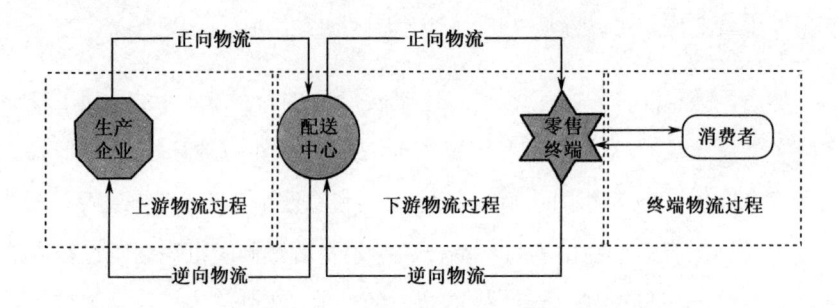

图 5-1　现代零售物流的概念图解

推动型供应链模式和拉动型供应链模式是两种基本的零售供应链模式。如前文所述，在供应充足的市场，拉动型供应链模式比推动型供应链模式具有更大的优势。因此，零售行业发展越成熟，拉动型供应链模式的占比往往越高。拉动型供应链模式的有效开展，必须依赖高效的现代物流网络，站在零售终端的角度来看，现代物流网络实际上就是零售配送网络。配送中心是零售配送网络中的关键物流设施。一方面，配送中心本身的运营水平是决定配送网络能力的关键；另一方面，利用配送中心，整合上游和下游物流过程，是解决零售供应链多方矛盾的有效手段。当零售配送企业的规模和服务范围不断扩大时，以配送中心为基础的配送网络，需要具备可复制和可扩展的能力，最终形成有机整合的现代零售物流网络，为迈向供应链一体化铺平道路。

终端物流过程，是 21 世纪逐渐发展而成的全新物流过程。在 21 世纪前的实体零售时代，消费者购买商品的主要渠道是零售门店。在门店选购后，消费者将商品自行带回住处，到家配送的服务虽然存在，但仅作为一种辅助形式。21 世纪后，随着互联网商城和移动支付的盛行，到家配送也得到极大的发展。零售终端与消费者之间的物流过程，在原来消费者自行完成"到家配送"的基础上,增加了由零售终端送货到家的物流过程。与此同时,一些实体零售企业,也开始提供"到店提货"的服务,即事先为消费者准备好其在网上订购的商品,消费者直接前往门店将商品带回家,从而节省了消费者在门店挑选和结账的时间。可以预见,在互联网,尤其是移动互联网的推动下,终端物流过程将变得越来越多样和复杂。

虽然终端物流过程已经成为研究现代零售物流不容忽视的组成部分,但是,我们同样应该看到,终端物流过程依赖的是零售终端自身的物流能力,对零售供应链上游和下游物流过程的影响有限,因此可以将其视作零售企业基于终端布局提供的一项物流增值服务。

上游、下游和终端物流过程,构成现代零售物流的主体结构。在三个物流过程中,均包含正向物流和逆向物流两个方向。将过程中的关键节点相互连接,便可组成现代零售物流总体框架,如图 5-2 所示。

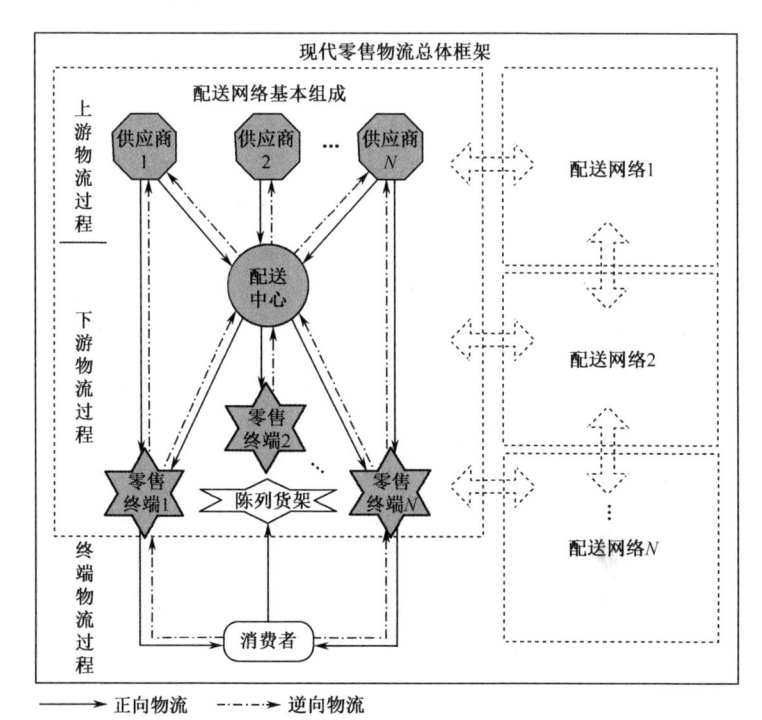

图 5-2 现代零售物流总体框架

现代零售物流总体框架的一个基本组成单位是配送网络。配送网络是以零售终端为服务对象,通过组织上游的供应商,将商品经由配送中心送至零售终端的物流网络。随着零售配送企业规模和服务范围的扩大,单个配送网络可能无法满足所有零售终端的需求,因此出现了复合配送网络。

以单个配送网络为基础,复合配送网络通过调整和复制,得以覆盖更广、更深的终端范围。复合配送网络的内部,也可能存在交互的物流过程,目的是最大化整体物流网络的性能。无论整体物流网络多么复杂,都可以看作基本配送网络的组合。对现代零售物流的研究,也就转化为对基本配送网络的研究。

一个基本配送网络,包含上游物流和下游物流两个过程。上游物流过程连接供应商和配送中心。从商流的角度来看,供应商是直接与零售配送企业开展贸易的企业,其可能是生产企业本身,也可能是生产企业的分销商。从物流的角度来看,最终执行物流过程的主体,未必是供应商本身,也可能是为供应商提供服务的第三方物流企业。因此,参与上游物流过程的企业,可能包含生产企业、分销企业、第三方物流企业和零售配送企业等。研究上游物流过程,实质上就是研究这些企业之间发生的商流和物流活动,并探索如何以最高效的方式组织这一过程。

在下游物流过程中,商品在配送中心内,经过存储、拣选、集货、运输、装卸等作业环节,被送至零售终端。零售终端是消费者获得商品之前最后一个交易或配送场所。随着现代零售行业的发展,零售终端的类型趋于多样化,以下略举几例进行说明。

(1)按照营业面积的大小,零售终端分为5000平方米以上的超级大卖场、3000~5000平方米的紧凑型大卖场、1500~3000平方米的综合性超市、800~1500平方米的社区超市、300~800平方米的生活超市、300平方米以下的便利店等不同形态。

（2）按照经营的商品品类，零售终端分为全品类门店、跨品类门店、品类专卖店等不同类别。

（3）按照是否具有线上销售渠道，零售终端分为纯线下门店、O2O（线上到线下）门店和纯线上零售等不同渠道。

从物流的角度来看，零售终端的分类则精简得多，可分为线下实体门店、线上配送终端和融合型终端三大类。对于线下实体门店，商品通过陈列在销售货架上，完成销售；下游物流过程结束的地点应为陈列货架，而非门店收货区。对于线上配送终端，商品的销售全部通过线上实现，但商品的到家配送，则由距离消费者较近的配送终端完成。最后，融合型终端是以上两种类型的混合体。零售终端虽然类型各异，但经营的商品都需要经历自生产企业到零售终端的物流全过程。从这个角度来看，零售终端背后的供应链体系具有相当强的共性。

上游物流和下游物流过程，构成一张基本配送网络。显而易见的是，配送中心是配送网络中连接上下游的关键设施。零售商品在此完成仓储、拣选、集货、运输等物流活动，并最终被送至零售终端。

"配送中心"是一个现代名词。区别于其他物流设施，配送中心最显著的特征在于"配送"二字。"配送"在不同语境下，意义有所不同，具有广义和狭义两个范畴。根据中华人民共和国国家标准（GB/T 18354—2006）中的定义，配送是指"在经济合理区域范围内，根据客户要求，对物品进行拣选、加工、包装、分割、组配等作业，并按时送达指定地点的物流活动"。从该定义中可以看出，配送主要包含两个环节的物流活动，一是配送仓库作业，二是送达指定地点的运输，即为广义上的配送。配送中心是围绕"广义配送"建设而成的现代化物流设施，既包含配送仓库，也包含以零售终端为目的地的末端运输。在一些场合下，末端运输也被简称为"配送"，这里的配送，便属于狭义范畴。

配送仓库是配送中心的主体物流设施。一个配送中心可能包含一个或多个配送仓库。在很长一段时间内，配送仓库和末端运输，被认为是配送网络的两大组成部分。但是，随着现代零售物流的发展，零售企业对配送网络的关注，不再局限于这两者，而是延伸至上游物流过程。正是这一关注的延伸，催生"供应链一体化"的理念，即如何围绕消费者需求，将生产端和零售端作为一个整体进行研究。供应链一体化理念，为现代零售物流的发展注入全新的动力。虽然配送中心仍然是零售物流的核心组成部分之一，但对其进行的研究，应从传统的"四面墙"之内延伸至如何在零售供应链上创造更大的价值。

末端运输和配送仓库的运营过程，都包含逆向物流活动。但是，由于其与正向物流相对独立，同时，逆向物流中的各个过程之间联系更为紧密，因此，宜对逆向物流进行单独研究。

综上所述，末端运输、配送仓库和逆向物流，构成现代零售物流的三大核心，三者之间虽相对独立，却又密不可分。末端运输是与零售终端交接的最后一个物流过程，以终为始，本书第二部分自此出发，随后介绍配送仓库运营体系，最后以逆向物流作为结尾。

第 6 章
末端运输体系：以终为始

道路运输，是现代物流必不可少的组成部分。随着科技的进步，运输方式发生了巨大的变化。这些变化在短短不到两百年的时间内完成，从人类历史发展的角度来看，不可谓不伟大。在五种基本运输方式中，道路运输是零售物流中使用最为广泛的一种。若无特别说明，本书中提及的运输，均为道路运输。

道路运输的执行工具主要是载货卡车。卡车的发明，显著提高了道路运输效率，对现代物流的发展起到至关重要的推动作用。

在现代零售物流中，末端运输是一种特殊的运输类型，专指以零售终端作为目的地的运输过程，简称"配送"。运输和配送，都是通过交通工具，将货物从一个地点送达另一个地点。两者主要的区别如下：

（1）"配送"特指商品送往零售终端的末端运输过程，类似于我们常说的"最后一公里"。在此之前的其他运输过程，统称"运输"。

（2）配送的目的地是零售物流的终端客户；运输的目的地则以物流设施为主。

（3）运输的方式主要是道路运输，但也可能是其他方式，如铁路运输、水路运输等。配送的运输方式，在绝大多数情况下均为道路运输。

（4）运输的发运方和接收方，多为"一对一"；配送则多为"一对多"。

末端运输是下游正向物流的最后一个环节，也是直接与零售终端进行交接的物流活动。当零售终端的数量越来越多、跨度越来越大时，配送过程也会变得越来越复杂。如何系统性地设计和管理这一过程，是本章重点阐述的内容。

遵循现代零售物流的研究方法论（见图6-1），本章分为末端运输体系规划、末端运输流程设计和末端运输执行管理几节，最后以末端运输的信息化和数字化作为结尾。

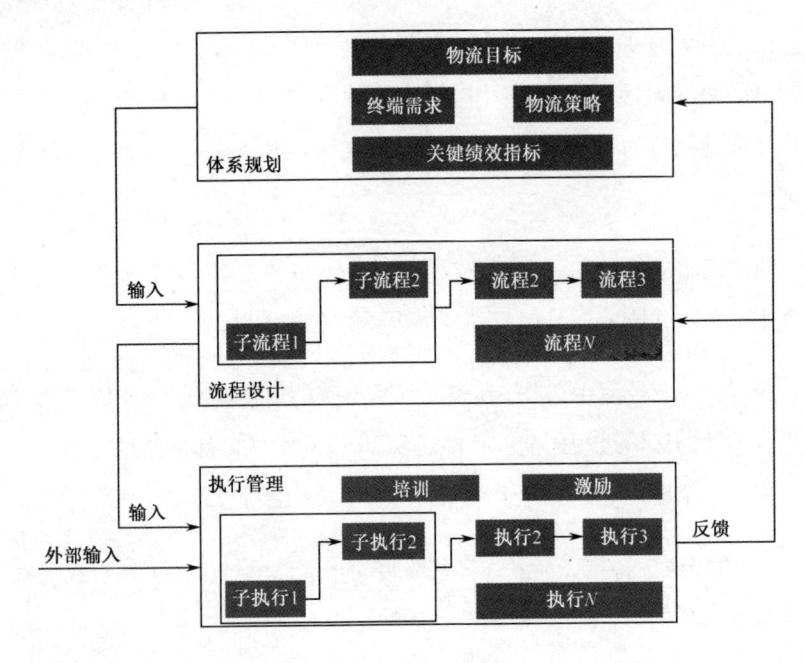

图 6-1 现代零售物流的研究方法论

6.1 末端运输体系规划：从需求到策略

作为下游正向物流的最后一个过程，末端运输始于配送中心的发货区，终于零售终端的收货区。据不完全统计，在一个典型的零售配送中心中，末端运输成本约占下游物流总成本的30%~35%，在零售终端距离较远（如单程平均距离大于250千米）的情况下，末端运输成本可能占到下游物流总成本的60%，甚至更高。由此可见，末端运输是影响零售物流整体成本的关键领域之一。

末端运输也是直接与零售终端进行交接的物流活动，交接效率直接影响零售终端的运营效率，因此，末端运输体系的规划，还应同时考虑为零售终端提供服务。于是问题出现了，当末端运输成本和零售终端服务无法兼得时，我们应该如何取舍？事实上，这是物流领域内一种常见的二律背反现象。当过度追求末端运输的低成本时，必将影响物流对零售终端的服务程度；反之，追求更好的服务，则会带来末端运输成本的增加。所以，研究零售物流末端运输，不仅是研究如何提升物流水平，更是探讨如何在运输成本和终端服务之间找到平衡点。根据不同的企业、不同的市场环境、企业发展的不同阶段，这个平衡点可能有所不同。然而，探寻平衡点的方法却大致相同，都可以从末端运输的体系规划开始，经由流程设计，最后实施执行和管理。

末端运输的体系规划，包含需求分析、目标设定、策略制定和关键绩效指标设计四个方面，接下来分别进行阐述。

6.1.1 以终为始：零售终端的需求

在现代零售物流中，末端运输服务的对象为零售终端。不同的终端类型，对末端运输的需求并不相同。如自身具有一定存储能力的零售终端，对配送及时性的要求较低，相反则更高；如位于市中心区的零售终端，对配送时间段的要求一般高于郊区的终端。零售终端对末端运输的需求，是否有规律可循呢？要回答这一问题，我们首先需要明确，零售终端对末端运输的需求具体有哪些。表 6-1 对这些需求做出汇总和说明。

表 6-1 零售终端对末端运输的通用需求汇总

末端运输需求项目	说　　明
订单响应时间	订单响应时间是针对一批终端设置的交货时间，即零售终端订货截止时间与到货时间之差。较快的订单响应时间，有助于终端更好地进行订货量预估，进而有助于终端的库存控制
配送频率	配送频率，是指在一周内，配送仓库对零售终端进行的送货次数，例如，"7 次/周"代表 1 周内送货 7 次；"1 次/周"代表 1 周内送货 1 次。在通常情况下，配送频率越频繁，越有利于零售终端的库存管理
到货时间	合适且有规律的到货时间，有助于零售终端合理有效地安排工作人员
终端逗留时间	配送车辆到达与离开零售终端之间，所花费的时间称为终端逗留时间。逗留时间越短，占用零售终端收货时间越短
货物完好	货物在运输过程中是否保持完好，它的反面是货物破损状况
温度控制	对于需要温控的商品，如低温奶制品、冷冻商品等，在运输过程中，商品的温度控制情况
卸货工作负荷	卸货工作负荷越小，零售终端收货效率越高
卸货准确度	卸货产生的差错，不仅影响终端的库存准确性，还会产生诸如投诉、赔偿等一系列后续问题
交接单据	清晰易查的交接单据，有助于收货效率和准确度的提高
收货后零售终端的内部物流效率	站在零售终端的角度，收货完成仅意味着单据和库存的交接完成，收货后的终端内部物流效率，同样应予以关注。若终端为零售门店，内部物流主要指货物补入销售货架的过程；若终端为线上配送终端，内部物流则指货物补入拣货区域的过程
送货车辆形象	形象良好的送货车辆，有助于改善终端工作人员的收货感受，同时有利于提升配送方的整体形象
配送司机专业友好	专业友好的配送司机，有助于提升零售终端对配送服务的满意度

表 6-1 汇总了零售终端对末端运输的通用需求，现稍做归纳。零售终端对末端运输的需求，可分为配送时间、物流效率、物流质量和直观感受四大象限，如表 6-2 所示。

表 6-2　末端运输的需求象限

配送时间	物流效率
- 订单响应时间	- 终端逗留时间
- 配送频率	- 卸货工作负荷
- 到货时间	- 终端内部物流效率
物流质量	直观感受
- 货物完好	- 配送车辆的形象
- 温度控制（若适用）	- 配送司机的表现
- 卸货准确度	
- 交接单据质量	

表 6-1 和表 6-2，针对的是零售终端关于末端运输的通用需求，具体到不同类型的终端，需求是否有所不同？

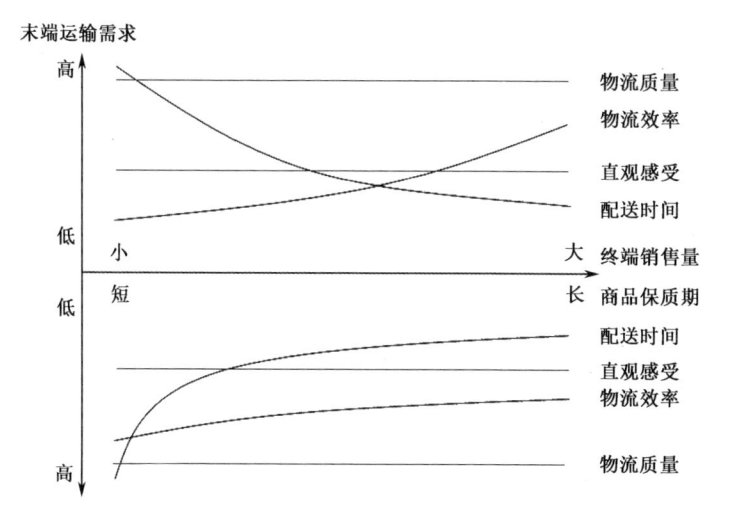

图 6-2　零售终端类型与末端运输需求的关系

图 6-2 显示出零售终端类型与末端运输需求之间的关系。末端运输需求与终端销售量、商品保质期这两个参数，关系最为紧密。从销售量参数来看，零售终端的销售量越大，其对末端运输的时间需求越低，对物流效率需求越高；反之，销售量越小，对时间的需求越高，对收货效率的需求越低。无论销售量如何，零售终端对物流质量和直观感受的需求是一样的。

从保质期参数来看，商品保质期越短（如 7 天），零售终端对配送时间和物流效率的需求越高，反之则越低。保质期的长短，并不影响零售终端对直观感受和物流质量的需求。

通过上述分析可以看出，零售终端的销售量和商品保质期，是影响末端运输需求的两个关键参数。事实上，这两个参数，基本能够表明零售终端的类型，由此带来的差异化配送需求，为缓解服务与成本之间的矛盾提供了切入点。

明确零售终端对末端运输的需求后，下一个需要探讨的问题是，物流应该如何满足这些需求？是满足所有的需求，还是满足其中的一部分需求？思考这一问题的过程，实际上就是设定末端运输目标的过程。

6.1.2　二律背反：末端运输目标设定前的准备

二律背反，是物流领域中普遍存在的现象。理解末端运输过程中的二律背反，是设定合理运输目标的前提。

首先，在末端运输目标设定的几个方向中，运输成本与零售终端的需求是两个最为明显的背反源。站在配送方的角度来看，满足零售终端的需求，等同于物流服务程度。在很多情况下，运输成本和服务程度犹如天平的两端，寻找相对的平衡点，显得尤为重要。

末端运输中产生的直接或间接成本，合计为"末端运输成本"。按照成本的性质，末端运输成本分为物流投资成本和经营成本两大类。投资成本是一次性投入的成本，如车辆、制冷机组等设备的购置。在财务分析上，投资成本通常以折旧的形式计入运营成本。经营成本是与日常运营直接相关的成本，如人力成本、能耗成本、日常开销等。

如前文所述，零售终端的需求，包含配送时间、物流效率、物流质量、直观感受四个坐标点。那么，这四个坐标点与运输成本之间存在怎样的关系呢？如果将运输成本中的物流投资成本和经营成本作为两个单独的坐标轴，四个坐标点在成本坐标系中的位置，如图 6-3 所示。

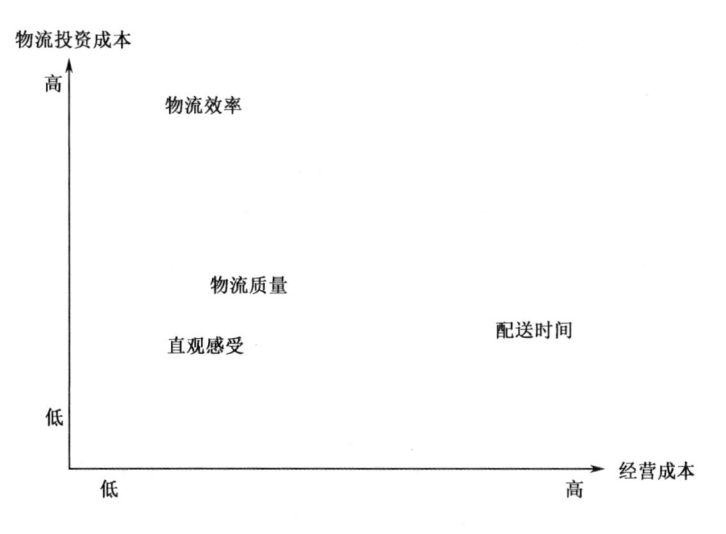

图 6-3　末端运输成本与终端需求的背反关系

图 6-3 显示出需求的四个坐标点与末端运输成本之间的关系。定性来看，物流效率的提高，需要较大的物流投资成本，但可能带来经营成本的降低；配送时间正好相反，提高末端运输在时间上的表现，增加的物流投资成本并不高，但是会带来经营成本的大幅上涨；物流质量位于两者之间；直观感受对物流投资成本和经营成本的影响都不明显。明晰末端运输成本与终端需求之间的背反关系，是目标设定的第一步，也是关键一步。接下来就各组关系，进行进一步分析。

末端运输成本与配送时间的关系

如图 6-3 所示，提高末端运输在响应时间上的表现，会带来经营成本的大幅上涨。根据表 6-2，零售终端在配送时间上的需求，具体体现在订单响应时间、配送频率、到货时间三个方面。

（1）订单响应时间。订单响应时间也称交货周期，是指零售终端订货截止时间与到货时间之间的时间差。由于不同零售终端真实的订货时间千差万别，为有效组织零售供应链的日常运转，配送仓库与零售终端之间，通常会约定统一的订货截止时间。在现代零售物流中，典型的订单响应时间包括 18 小时、24 小时、36 小时、48 小时等。

影响订单响应时间的因素，并不仅仅在于末端运输。在一般情况下，当配送仓库距离零售终端较近时，末端运输对订单响应时间的影响远小于供应链上的其他环节的影响。但是，在订单响应时间中，留给末端运输的时间（末端运输剩余时间）与运输成本之间有着密切的关系。笼统地说，剩余时间越长，运输成本越低，如图 6-4 所示。从图 6-4 中可以看出末端运输剩余时间与末端运输成本之间呈曲线关系，8～12 小时可以看作这一曲线的分界点。当剩余时间小于该区间时，运输成本呈指数级上升，剩余时间若低于 4 小时，上升幅度尤为明显；相反，当剩余时间大于 8～12 小时区间时，成本变化则趋于缓和。

出现这一现象，主要有两个原因：一是当末端运输剩余时间低于 8 小时后，运输资源（车辆、人员、场地、设备等）需要在短时间内进行调动，过度集中的资源调动，会导致所需资源总数的增加，而这些资源在其余时间段内，往往很难得到充分利用，这便导致资源的浪费及运输成本的陡增。二是过度集中的资源调动，还会影响运输计划的合理性。制订合理的运输计划需要充足的时间，不合理的运输计划会导致运输成本的再次上升。

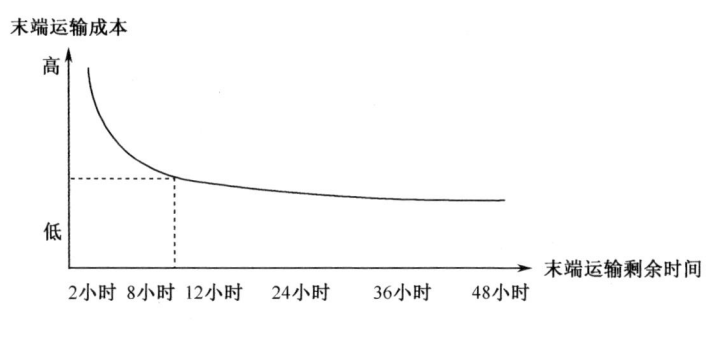

图 6-4 末端运输成本与订单响应时间关系

另外，8~12 小时是日常作业中的一个班次。当末端运输剩余时间大于或等于这一时间段时，运输资源能够在一个班次内得到相对均衡的分配，从而提高运输资源的利用率。同时，运输计划也能在相对充裕的时间内完成。这些益处，将最终转化为运输成本的降低。

（2）配送频率。零售配送企业在一周内，为某一零售终端送货的次数，称为"配送频率"。配送频率是影响末端运输成本的又一重要因素。配送频率对末端运输成本的影响，并不体现在单次送货上，而是体现在一段时间内。为便于理解，接下来对此加以举例说明。零售配送中心 S，每周为零售门店 A 进行商品配送，有以下四种模式可供选择，如表 6-3 所示。

表 6-3 配送频率对末端运输成本的影响示例

配送参数	模式 1	模式 2	模式 3	模式 4
配送频率	6 次/周	3 次/周	2 次/周	1 次/周
送货箱数	130 箱	260 箱	390 箱	780 箱
送货车辆满载箱数	400 箱	400 箱	400 箱	400 箱
单次车数	1 车	1 车	1 车	2 车
往返距离	100 千米	100 千米	100 千米	100 千米
总里程数	600 千米	300 千米	200 千米	200 千米
单位平均运输成本	4 元/千米	4 元/千米	4 元/千米	4 元/千米
运输总成本	2400 元	1200 元	800 元	800 元

如表 6-3 所示，在四种不同模式下，一周内配送的总箱数均为 780 箱，其他参数也都相同，配送频率是唯一的变量。在"模式 1"下，780 箱商品通过 6 次进行配送，配送所需的总里程数为 600 千米；在"模式 2"下，780 箱商品通过 3 次进行配送，总里程数为 300 千米；在"模式 3"下，780 箱商品通过 2 次进行配送，需要 200 千米完成配送；在"模式 4"下，780 箱商品通过 1 次进行配送，但由于单次箱数已经超出一辆卡车可以容纳的最大箱数，必须分为两车才能完成配送，因此总里程数也为 200 千米。运输总成本与总里程数直接相关。假设每千米的运输成本为 4 元，那么，四种模式下产生的运输总成本，分别为 2400 元、1200 元、800 元、800 元。由于总货量均为 780 箱，装卸成本上的差异可以忽略不计（在实际情况下，多次配送所需的装卸总时间更长）。在该示例中，当货车容量不起作用时，末端运输成本与配送频率呈线性关系，如图 6-5 所示。

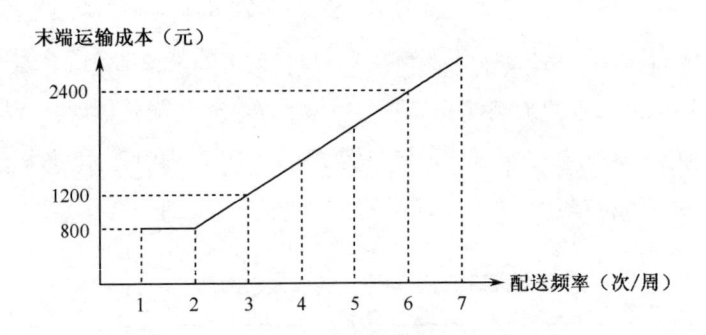

图 6-5 运输成本与配送频率关系（基于表 6-3）

显而易见的是，一周内同样完成 780 箱的配送，"模式 1"产生的运输总成本是"模式 2"的 2 倍，是"模式 3"和"模式 4"的 3 倍。诚然，在实际场景中，由于拼车配送的存在，"模式 1"的配送成本未必正好是"模式 3"和"模式 4"的 3 倍。但可以确定的是，在同等货量的情况下，多次到店产生的运输总里程数远高于单次到店的运输总里程数，对应的运输成本也就越高。值得注意的是，虽然"模式 3"和"模式 4"的配送频率不同，但由于"模式 4"单次配送的货量超出货车的最大容量，必须分成两趟才能完成送货,因此,最终产生的总里程数和运输成本并没有差别。

从上例中可以看出,配送频率对运输成本产生很大的影响。这一影响体现在完成同等货量的配送所需的总里程数上。当配送频率的增加带来总里程数的增加时,运输成本会相应地上涨。货车容量是另一个影响因素。当单次配送的货量大于货车容量时,降低配送频率,并不会带来总里程数的减少,因此也就无法节省运输成本。

末端运输的实际场景复杂得多,配送频率未必与配送成本呈线性关系。但可以确定的是,配送频率对一定周期内,完成相同货量运输所需的总里程数产生重大影响。

(3)到货时间。到货时间是指配送车辆抵达零售终端的时间,在实际运营中,通常为一个时间段,如上午9~12点。在到货时间之上,还存在一个更宽泛的概念:到货日。

零售终端的销售,大多具有一定的规律性,因此,终端的商品需求,也具有规律性。这种规律性,在实际运营中表现为双方约定的固定到货日。固定到货日,通常设置为一周中的某几天,如每周一、每周三、每周五。这样的约定,对配送企业和零售终端均有益处。一方面,配送企业得以平衡一周的工作量,从而使物流资源得到更有效的利用;另一方面,零售终端得以根据约定好的到货日,安排日常的收货、订货、库存管理等工作,提升自身的运营效率。

固定到货日是现代零售物流广泛使用的概念。随着物流管理的日益精进,固定到货日的概念,逐渐演变为固定到货时间。在这一背景下,零售终端可能实现更精准的人员安排,进一步提升内部运营效率。所谓固定到货时间,是指在原有固定到货日的基础上,配送企业与零售终端之间约定的到货时间段,如每周一、周三、周五的上午9~12点。固定到货时间的约定,能够帮助零售终端更精准地进行人员安排,这对人力成本较高或人力资源匮乏的地区，显得尤为重要。

固定到货时间对末端运输成本有影响吗？答案是肯定的。固定到货时间对末端运输成本的影响源于两个方面：一是针对所有终端设定的到货时间总跨度；二是固定到货时间段的间隔。一天的配送任务，一般包含为几十家甚至几百家终端送货。如果所有终端都要求在同一个时间段内到货，如清晨5～7点，势必会引发运输资源需求的过度集中，从而导致运输成本的增加，如图6-6所示。当到货时间总跨度越宽时（最宽为24小时），物流资源的利用率、车辆调度的灵活性也就越高，最终可能节省运输成本。

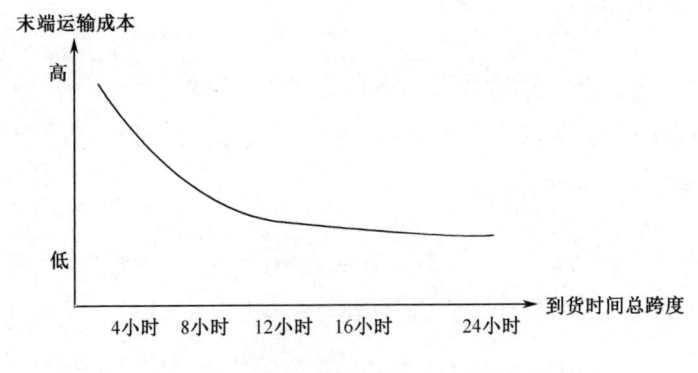

图6-6 末端运输成本与到货时间总跨度的关系

影响运输成本的第二个方面是固定到货时间段的间隔。与到货时间总跨度不同，固定到货时间段的间隔对运输成本的影响并不明显。以8～12小时的到货时间总跨度为例，若将其细分为多个时间段（如每两小时为一个时间段），虽然会加大运输计划的难度，但如果计划合理，并不会对运输成本造成明显的负担。当然，前提是细分时间段处于合理范围内。由于运输过程中存在交通堵塞等不可控因素，细分时间段的设置，应留有一定的余量，常见的余量包括加减1小时，加减2小时等。

综上所述，零售终端在时间上的需求，对末端运输成本产生显著影响。其中尤以短时间内物流资源需求集中和配送频率的影响最为明显。

末端运输成本与物流效率的关系

与配送时间相比,物流效率在末端运输成本背反关系图(见图 6-3)中处于完全不同的位置。总体来看,物流效率的提高,需要较大强度的投资,作为回报,可能带来经营成本的降低。零售终端对末端运输物流效率的需求,体现在终端逗留时间、卸货工作负荷和终端内部物流效率三个方面。

(1)终端逗留时间。配送车辆抵达和离开终端的时间差,称为终端逗留时间。终端逗留时间的长短,反映出末端运输在抵达终端后的物流效率,逗留时间越短,则效率越高。根据终端逗留过程中发生的物流活动,逗留时间可分为停靠时间、卸货时间、交接时间、回收时间、驶离时间五种时间。表 6-4 分别列出这五种时间及相应的影响因素。

表 6-4 终端逗留时间的构成与影响因素

终端逗留时间构成	影响因素
停靠时间	停靠时间主要由零售终端的卸货区条件决定。合理设计的终端卸货区,有助于大幅减少停靠时间。此外,固定送货时间段和中央配送对减少停靠时间也有一定帮助
卸货时间	卸货时间由卸货作业的工具和设备决定。在零售物流相对发达的地区,人工散箱卸货方式几乎已经消失,取而代之的是物流载具和设备的配合。物流载具的使用,有助于大幅提高卸货效率,缩短卸货时间
交接时间	商品送达零售终端并完成交接后,库存责任移交至终端。交接时间的长短,由两个因素决定:一是交接流程的设计,二是配送准确率。流程设计越合理,配送准确率越高,交接所需时间越短
回收时间	在零售物流中,配送方与终端完成交接后,通常需要进行载具或商品的回收。回收所需时间同样由两个因素决定:一是回收流程的设计,二是零售终端的配合
驶离时间	配送车辆关闭车门后,驶离终端的时间称为"驶离时间"。在多数情况下,驶离的过程快速且直接,驶离时间很短

我们对表 6-4 稍加总结,终端逗留时间受到以下四项内容的影响:① 零

售终端物流交接区域的设计；② 卸货效率；③ 交接和回收流程的设计；④ 配送准确率。

在以上四项内容中，卸货效率和配送准确率的提高，都涉及物流投资成本的增加。其中，物流载具和设备的使用，需要较大的一次性投入。当然，这些投入带来的产出同样明显。

举例来说，如果一家配送中心原本采用人工散箱卸货方式，每月的运输费用为 100 万元。假设在物流载具和设备上投入 500 万元，评估运输成本、装卸成本、终端逗留时间和其他管理成本后，预计每个月末端运输成本能够节省 20%，投资回收期约为 2 年，这对于追求效率的零售企业来说是极具吸引力的。

配送准确率的提升，也需要较大的一次性投入。这是由于只有采用现代化的技术，配送准确率才可能拥有大幅优化的空间。与效率不同，由配送准确率的提高节省的成本，很难直接计算，具有隐匿性。另外，它带来的益处，不仅直接体现为成本的节省，还体现为物流水平的整体提高。决定配送准确率的环节主要在配送仓库，末端运输过程能够影响卸货准确率。使用物流载具卸货的准确率，一般高于人工散箱卸货。当一辆货车配送多家零售终端时，载具卸货的优势更为明显。

总体来看，卸货效率和配送准确率的提升，都是以高投入为前提的，其带来的直接收益是节省末端运输成本，间接收益是物流整体质量及其管理水平的改善。

另外两项内容，零售终端物流交接区域的设计，以及交接和回收流程的设计，更多考验的是零售企业的规划与设计能力，与物流投资成本之间并没有直接关系。

综上所述，终端逗留时间的缩短，需要较大的一次性投资，由此带来的卸货和交接效率的提高，是降低末端运输经营成本的重要手段。

（2）卸货工作负荷。卸货时的工作负荷，直接影响卸货效率，工作负荷越大，卸货效率越低。此外，卸货工作负荷还与作业人员的安全健康有关。高强度的工作负荷，易造成长期潜在的安全和健康隐患。使用符合人体工程学的物流载具和设备，不仅能够大幅提高卸货效率，还有助于减少员工因长期高强度工作而产生的安全和健康隐患。

（3）终端内部物流效率。对于配送企业而言，终端收货的完成是末端运输过程的结束，然而，对于零售终端来说，收货完成只是内部物流过程的开始。长期以来，零售企业的销售终端多是实体门店，随着超市购物的普及，实体门店的陈列货架成为商品实现销售前的最后一个目的地。所以，如何更高效地完成从门店收货区到陈列货架之间的物流过程，逐渐也被纳入零售物流的统筹规划中。

另外，随着全渠道零售概念的出现，零售企业开始在原有实体门店的基础上，拓展越来越多的新型业务，到家配送便是其中一个代表。换言之，销售终端开始具备到家配送的功能，在一些地区随之出现了纯粹用作"宅配"的"前置仓"或"暗门店"。从物流的角度来看，无论商品最终的目的地是陈列货架还是前置仓，其在零售终端内部的物流过程，都是一个不应被忽视的环节。

终端内部物流效率，由商品在终端所需的搬运次数决定。使用合适的物流载具，有助于减少搬运次数，物流效率因此得到提高。

总而言之，满足零售终端在物流效率上的需求，涉及较大的物流投资。物流效率的提高，能够带来经营成本的降低，降低的幅度随着人力成本的增加而增加。能否达到预期的投资回报，只有根据实际情况进行测算和分析后才能得出结论。毋庸置疑的是，现代零售物流的发展是建立在正确的物流投资之上的。要想做出正确的物流投资，不仅需要理性的分析，更需要投资者具备着眼于全局的洞见力及观察力。

末端运输成本与物流质量的关系

物流质量在不同的物流过程中，具有不同的内涵。在末端运输中，物流质量体现为货物完好、温度控制、卸货准确度和交接单据质量四个方面。

（1）货物完好。货物完好是末端运输质量最基本的体现。由于在行驶过程中的异常情况多发，如紧急刹车、天气恶劣、急速转弯等，导致运输过程中货物破损时有发生。尽可能减少货物在运输过程中的破损，是每个运输经理不得不面对的挑战。虽然运输货损很难完全避免，但科学的管理和必要的防护措施，可以在一定程度上起到防范作用。这些措施有时需要增加一些成本，但由此带来的货损降低，通常能产生更大的收益。故而，采取适当的防护措施减少货物破损，对降低末端运输成本具有积极意义。

（2）温度控制。低温类别的零售商品，必须进行温度控制。如低温牛奶普遍的温度要求为 $2\sim6℃$，速冻水饺则要求在 $-18℃$ 的环境中进行运输。对于低温商品而言，温度控制的优劣，是反映物流质量的重要窗口。末端运输是商品抵达零售终端前必经的物流过程，使商品温度始终保持在要求范围内，是运输方应尽的责任。商品的温度控制存在多种方式，不同的控制方式所增加的配送成本各不相同。笼统地说，在其他条件不变的情况下，与常温商品相比，低温商品的配送成本更高。关于温度控制的更多内容，将在后续章节中继续展开。

（3）卸货准确度。卸货准确度直接体现末端运输的质量。关于卸货准确度与末端运输成本的关系前文已有提及，此处不再赘述。

（4）交接单据质量。当配送企业与零售终端进行货物交接时，通常伴随着单据确认。根据不同的交接流程，单据的形式和内容不尽相同。交接单据的质量，既会影响交接的效率，也会影响零售终端收货之后的货物清查，应当引起足够的重视。

交接单据的质量，体现在两个方面。第一个方面是，配送货物是否与配送单据同步"到达"。当使用信息系统时,"到达"的含义,不仅代表纸质单据与货物同时出现,还代表在配送系统中,电子单据及时进入零售终端的信息系统,即所谓的"货单同行"。第二个方面体现在单据的设计和打印质量上。清晰易查的单据,能够提高交接效率,改善零售终端对配送服务的印象。值得一提的是,一些创新的零售企业,开始尝试电子交接单据,既节省打印成本,又促进环境保护。电子交接单据除了载体不同,其功能与纸张单据并无二致,合理的设计和显示质量依然重要。

综上所述,零售终端在物流质量上的需求,与末端运输成本之间具有一定的关系,但比配送时间和物流效率的关系弱。同时,物流质量的提升,有利于商品损耗的降低、物流效率的提高、配送形象的改善,虽然涉及一定投入,但往往收益颇丰。

末端运输成本与直观感受的关系

零售终端的直观感受,来源于其对配送企业的印象。在日常运营中,末端运输交接是配送企业与零售终端之间"面对面"接触的唯一机会。零售终端对物流服务的整体感受,在很大程度上来源于这一过程,具体包含两个方面:一是配送司机的表现,二是配送车辆的形象。

(1)配送司机的表现。配送司机是直接与零售终端接触的送货人员,代表着配送企业的形象和专业度。配送司机的表现,可以通过以下两种措施来改善:一是标准着装,二是专业化培训。此外,如果物流管理人员定期追踪配送司机在零售终端的表现,则能够让企业有的放矢地制定改进方案。上述措施虽然会增加一定的经营成本,但与其他成本相比,几乎可以忽略不计,不失为直接有效的直观感受改善方法。

(2)配送车辆的形象。第二个影响零售终端对配送服务印象的因素是配送车辆的形象。在零售物流发达的地区,配送企业对车辆的形象十分重视,体现在车厢的外观设计和清洁程度两个方面。配送车辆的形象，不仅影响零售终端的直观感受，还具有一定的品牌宣传效果。

零售终端的直观感受，尽管无法直接产生效益，却与物流配送和企业品牌的形象密切相关。直观感受需要进行科学的设计和维护，由此产生的成本，在末端运输整体成本中占比非常小。

至此，零售终端的需求与末端运输成本之间的背反关系，已经全部阐述完毕。其中，零售终端在配送时间和物流效率上的需求，与末端运输成本之间存在明显的背反关系；在物流质量和直观感受上，矛盾则缓和得多。物流质量的提高，在一定程度上对节省末端运输成本有促进作用。

6.1.3　末端运输的目标多维图

明确末端运输过程中的二律背反关系，是目标设定前的必要准备。随着社会经济与文明的发展，末端运输的目标设定，除了要考虑商业范畴内的零售终端需求，还应关注它对社会和环境造成的影响，具体表现在"健康安全"和"环境保护"两个方面。

健康安全

执行末端运输的人员，包括司机和装卸员，因而这里的"安全"，主要指"驾驶安全"和"装卸安全"，其中，驾驶安全备受关注。驾驶安全与司机培训、作息安排、车辆状况等多个因素皆有关联，是这些因素相互叠加后，共同作用的自然结果。装卸安全是指车辆停靠、货物装卸等活动中的人员安全。人性化的运输管理及必要的安全措施，会对预防事故的发生起到积极作用。同样，合理的作息安排与符合人体工程学的作业条件，有助于减少因长期进行体力劳动而产生的人员健康隐患。

环境保护

近年来,环境保护在全球范围内,得到越来越广泛的关注,其意义无需赘述。20世纪90年代初,西方物流学术界提出绿色物流的概念,这一概念很快得到众多国家和企业的高度重视。绿色物流,致力于实现环境的可持续发展。高效的运输配送体系,有助于降低能源消耗和减少尾气排放,是实现绿色物流目标的重要领域之一。在现代零售物流中,末端运输是耗费燃料并产生尾气排放的过程,提高这一过程中的能源利用率、减少尾气排放,对推动绿色物流具有重要意义。

末端运输过程中的能源利用率和尾气排放与运输效率密切相关。什么是运输效率呢?概括来说,运输效率就是完成一定货量、一定距离的运输任务所耗费的能源。在同等货量、同等距离的前提下,运输能源消耗越大,则运输效率越低,对环境产生污染的可能性也就越大。因此,提高运输效率,是减少末端运输对环境造成污染的重要手段。

除了运输效率,清洁能源的开发,成为一些国家重点研究的方向。所谓清洁能源,是指替代传统石油产品(汽油、柴油等)的新型能源。目前,可用于卡车运输的清洁能源包括生物燃料、电力、氢能源等。清洁能源的开发,是一项复杂的工程,确保能量转化过程的清洁环保,更是难上加难。它不仅涉及能源使用过程中的无污染,还包含能源载体的生产和废弃处置全过程的无污染,是一项极其复杂的系统性工程。清洁能源卡车的应用,在全球范围内是一门前沿科学。目前看来,兼具经济性和环保性的清洁能源卡车,要想在零售物流中广泛应用,仍需要一段较长的时间。在真正的"卡车零排放时代"到来之前,提高运输效率,成为减少末端运输对环境造成污染的有力手段。

末端运输目标的设定

零售终端的需求、末端运输成本、健康安全和环境保护,揭示了末端运输目标设定的主要方向。由于二律背反现象的存在,这些方向并非完全一致,有时甚至背道而驰。末端运输的目标设定,实际上就是在这些互为背反的目标中寻求平衡,找到既适合企业现状,又兼顾行业趋势和未来发展的过程。

如前文所述,零售终端对末端运输的需求,包括配送时间、物流效率、物流质量和直观感受四点,末端运输成本分为投资成本和经营成本,加上健康安全和环境保护,末端运输目标的八个维度,就此形成。每个维度分成五个刻度,便可绘制出末端运输目标设定图,如图6-7所示。

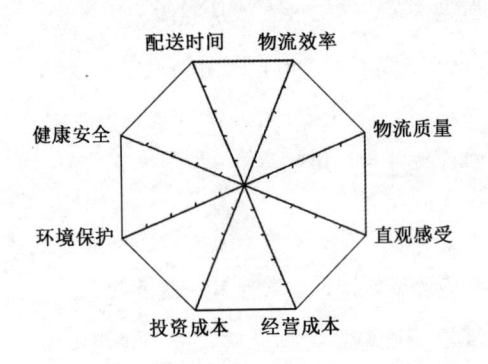

图6-7 末端运输目标设定

在图6-7中,零售终端四点需求,分别位于目标设定图的右上方。经营成本与配送时间互为背反,位于对侧;同理,投资成本位于物流效率的正对面。其他几个维度之间,并不存在明显的背反关系,分列于图的两侧。在每个维度上,目标设定得越高,落在该维度上的点位就越靠外侧。如配送时间目标很高,对应的点位落在配送时间线的最外侧。这时,由于经营成本与配送时间互为背反,经营成本维度上的点位,则必定落在最内侧,即经营成本很高,这一维度上的表现欠佳。

目标设定图能够直观地显示企业对末端运输的定位和期待。接下来通过四个不同企业设定的目标图（见图 6-8），对此做进一步说明。

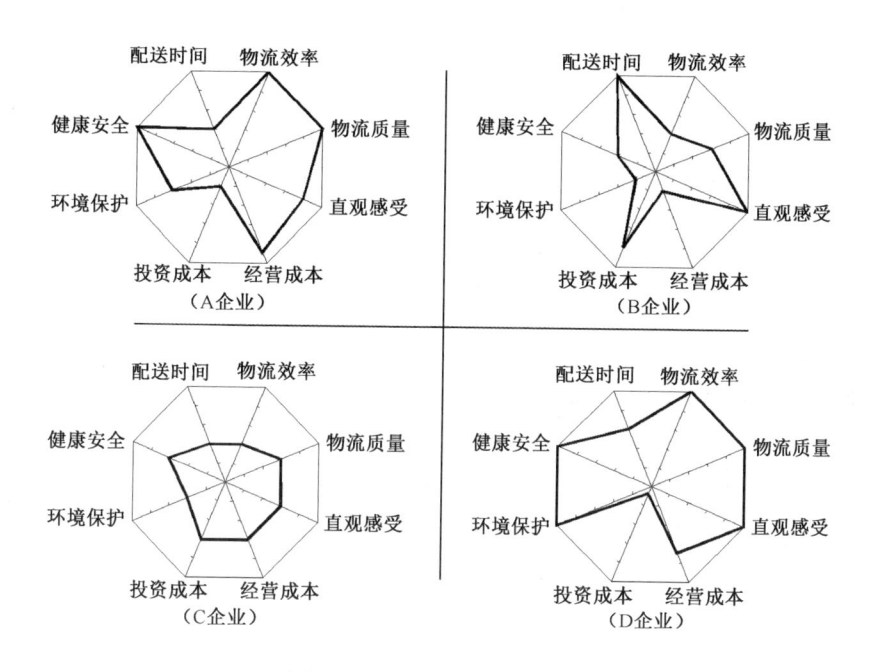

图 6-8　不同企业的末端运输目标设定举例

通过图 6-8 可以看出，当不同企业处于不同的市场环境和发展阶段时，设定的末端运输目标，可能出现较大的差别。除此之外，零售终端的销售量和商品保质期，是另外两个影响目标设定的因素。

零售终端的销售量，基本反映出零售终端的面积大小。以大卖场为主营业态的零售企业，与以便利店为主营业态的零售企业，两者设定的末端运输目标通常差异较大。如图 6-9 所示，E 企业是一家以大卖场为主营业态的零售企业，尽可能降低运输经营成本是首要目标，物流效率与该目标方向一致。为了达到这一目标，E 企业可以接受很高的投资成本，也同时接受很低的配送时间目标。F 企业是一家以便利店为主营业态的零售企业，它设定了较高的配送时间目标，可以接受较高的经营成本，但不希望进行过多的投资，因此接受较低的物流效率目标。

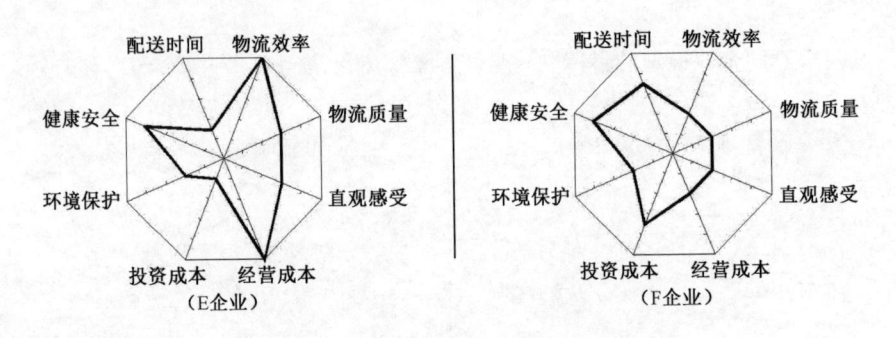

图 6-9 不同终端类型的末端运输目标设定举例

图 6-10 展示的是商品保质期对末端运输目标设定的影响。由于商品保质期的影响，即使在同一企业内部，针对不同的商品类别，设定的末端运输目标也可能差异较大。

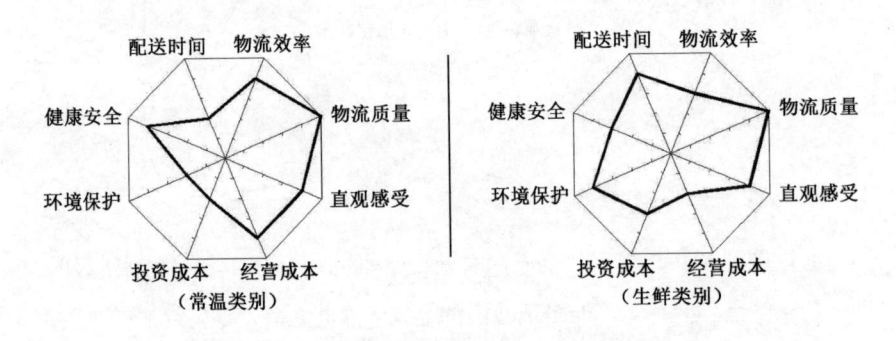

图 6-10 不同商品类别的末端运输目标设定举例

如图 6-10 所示，该零售企业针对常温类别和生鲜类别的商品，定下不同的末端运输目标。由于常温类别商品的保质期远远比生鲜类别商品的保质期长，因此针对常温商品，在配送时间维度上，设置的目标低于生鲜类别，相应地，经营成本目标较高。在物流效率维度上，针对常温类别设置的目标，略高于生鲜类别，意味着该企业在常温类别上愿意接受更高的投资成本。最后，该企业针对生鲜类别，设置更高的环境保护目标，希望通过更环保的方式进行生鲜商品的配送。其他维度上的目标则大同小异。

总而言之，设定合理的末端运输目标，需要综合考虑市场环境、企业自身的发展阶段、零售业态需求和商品保质期等多个因素。目标的设定并非一成不变，需要根据业务发展情况进行回顾和调整。末端运输的目标设定，切忌盲目或粗糙，只有经过详细分析和谨慎权衡后，才可能具有现实意义。

参照现代零售物流的研究方法论，末端运输的目标设定，是第一层面体系规划中的关键一步。实现目标的路径不只一条，要想找到最优路径，需要科学选择，需要制定切实可行的运输策略，这些策略也将成为第二层面流程设计和第三层面执行管理的指导方针。

6.1.4 末端运输策略之一：配送商品篇

末端运输策略的构成

围绕末端运输目标制定的方针和采取的措施，构成末端运输的策略。如上节所述，不同企业设定的末端运输目标不尽相同，为了实现目标，制定的策略也存在区别。那么，这些差异化的策略是否具有共性呢？答案是肯定的。末端运输的执行过程，都是利用配送车辆，将零售商品从配送仓库送至零售终端。这一运输过程涉及商品、车辆、管理三个不同领域的内容，分别对应商品策略、车型策略和管理策略，如图 6-11 所示。

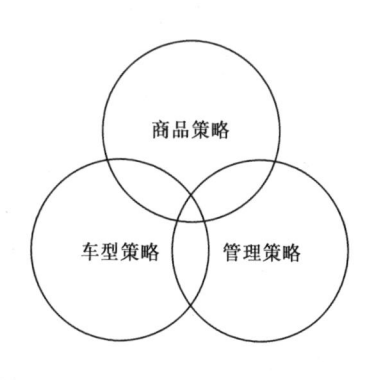

图 6-11　末端运输策略三个分支

末端运输的商品策略是指根据配送商品的不同特性设置的针对性配送策略。车型策略通过配送工况的分析，确定合适的配送车型，以寻求运输效率与运输灵活性之间的平衡。管理策略则重点关注配送路线规划和运输执行管理。

末端运输的三个分支策略各有侧重点，既相对独立，又彼此联系。只有将三者有机地结合在一起，才能组成一套完整的末端运输策略。接下来围绕这三个分支策略，分别进行阐述。

末端运输策略的制定：配送商品篇

在现代零售物流中，配送的对象是零售商品，配送的目的地是零售终端。零售商品种类繁多，按照不同的存储条件，可分为常温商品、蔬果商品、冷藏商品、冷冻商品四大类；按照保质期的长短，可分为普通商品和易腐商品；按照周转速度，可分为快速周转商品、中速周转商品、慢速周转商品；按照能否食用，可分为食品、快消非食品、慢消非食品。快消非食品包括个人洗护用品、家用清洁用品等，慢消非食品包括厨房用具、体育用品、办公用品、玩具等。

不同类型的零售商品对末端运输的要求有所不同，体现在时效性和温度控制两个方面。如前文所述，末端运输成本与订单响应时间存在背反关系。由于不同类型的商品对时效性的需求不同，如普通商品对时效性的需求远低于易腐类商品，针对性地制定不同的运输策略，能够有效地缓解运输成本与时效需求之间的矛盾。温度控制，是另一个体现商品差异性的方面。如常温商品对温度控制的要求较少，而冷冻商品在运输全过程中，商品温度必须控制在一定范围内。针对不同温度要求的商品，采取合适的配送方式，能够在保证食品安全的基础上提高运输的经济性。

再来看零售终端。不同类型的零售终端，经营的商品类别存在较大区别。以不同存储条件的商品为例，一些零售终端仅经营常温商品一种类别，一些零售终端仅经营蔬果商品一种类别，还有一些零售终端则经营全部类别。零售终端对末端运输需求的差异，在很大程度上来自其所经营的商品类别对末端运输的不同要求。当零售终端经营的商品类别较为单一时，末端运输的策略相对简单；而当零售终端经营的商品类别跨度较大时，对应的末端运输策略则较复杂。以下仍以前面图 6-8 中的案例为基础，对末端运输中可能采取的不同策略进行举例说明。

末端运输策略：案例一

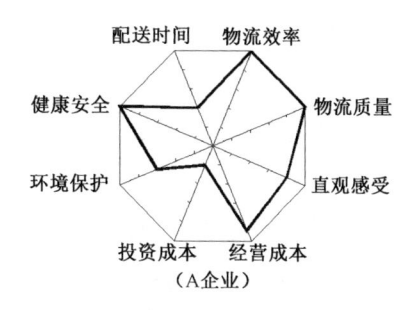

A 企业的零售终端类型较为复杂，有 5000 平方米以上的超级大卖场，也有 300～800 平方米的生活超市。零售终端经营的商品范围跨度较大，包含常温商品、生鲜商品、冷冻商品等。A 企业关于末端运输目标的设定见上图。图中，配送时间目标设置为中低，表明它希望实现较低的经营成本。为了实现这一目标，A 企业针对不同类别的商品，制定不同的末端运输策略，如表 6-5 所示。

表 6-5 不同类别商品的末端运输策略举例（一）

商品类别	配送频率	配送时效	配送方式	经营成本
常温商品	2～6 次/周，具体由终端订货量确定	较低，48 小时以内	单独配送	相对较低
生鲜商品	3～6 次/周，具体由终端订货量确定	较高，24 小时以内	单独配送	相对较高
冷冻商品	1～3 次/周，具体由终端订货量确定	较低，48 小时以内	单独配送+混合配送	相对较低

为实现较低的末端运输成本，A 企业针对不同时效要求的商品，采取差异化的配送策略。常温商品和冷冻商品都属于保质期较长的普通商品，故采用延长配送响应时间、减少配送频率的策略。延长配送响应时间，能够留出

更长的末端运输剩余时间,减少配送频率,有助于运输效率的提升。在两者的综合作用下,较低的运输成本成为可能。为进一步降低冷冻商品的配送成本,冷冻商品实行单独配送与混合配送相结合的运输方式。所谓混合配送,是指通过具有保温性能的物流载具(如保温笼车),将冷冻商品与其他温层的商品进行混合装车和同车配送的运输方式。在一定条件下,混合配送是实现降本增效的有效手段。

生鲜商品大多属于易腐类商品,保鲜、保质期短,且通常需要控制温度。针对此类商品,A企业采取提高配送时效、加快配送频率的策略。采取这一策略,势必会产生更高的运输成本。但是,这样既能够较好地满足生鲜类商品本身的配送要求,又可以为零售终端创造更强的商品竞争力,因此可以说,"好钢用在刀刃上"。

我们稍做总结,针对不同商品对配送要求的差异性,制定针对性的末端运输策略,能够有效地平衡运输成本与终端需求之间的矛盾,有助于整体配送目标的实现。

末端运输策略:案例二

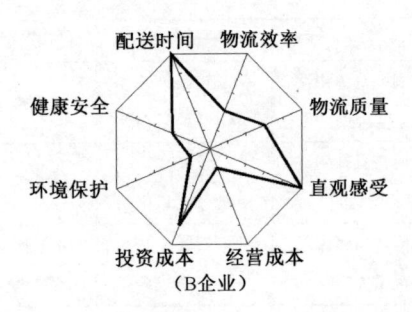

B企业的零售终端为线上配送终端,即根据线上订单,进行到家配送。B企业经营的商品类别以生鲜商品为主,面积多在500平方米以下。由于以生鲜商品为主,配送时效性的要求很高,相应地,末端运输成本也处于高位。

由于商品时效性的要求,配送成本在 B 企业始终居高不下。尽管依靠生鲜商品的精准化定位、到家配送等便利服务,零售终端可能获得一部分的溢价机会,但是,高企的末端运输成本,仍然对企业整体经营造成不小的负担。故而,B 企业的可持续发展之路,始终面临市场的严峻考验。

表 6-6　不同类型终端的末端运输策略举例(一)

商品类别	配送频率	配送时效	配送方式	经营成本
生鲜商品	6 次/周	较高,24 小时以内	单独配送	相对较高

末端运输策略:案例三

E 企业的零售终端,主要为 5000 平方米以上的超级大卖场,市场定位是提供物美价廉的日常生活品。商品类别覆盖常温商品、生鲜商品、冷冻商品等,此外,还包括相当丰富的百货类商品,如服装、鞋类、运动用品等。为了实现价格优势,同时保持效益,E 企业定下非常高的末端运输经营成本目标,其他目标都是在这一基础上设定的。基于成本目标,E 企业采取了一系列与之相适应的末端运输策略。

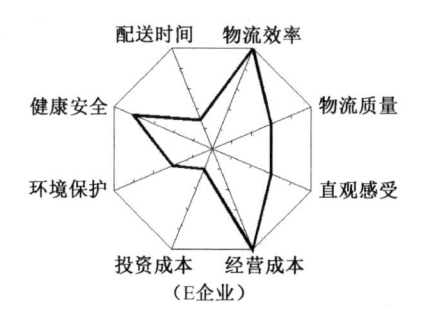

(E 企业)

表 6-7　不同类别商品的末端运输策略举例(二)

商品类别	配送频率	配送时效	配送方式	经营成本
常温商品	不固定,以装满卡车为一次配送	不固定,最长可能 1 周	单独配送	相对很低

续表

商品类别	配送频率	配送时效	配送方式	经营成本
生鲜商品	3～6 次/周，具体由终端订货量确定	较高，48 小时以内	单独配送	相对较高
冷冻商品	1 次/周	较低，1 周以内	单独配送	相对较低

从表 6-7 不难看出，E 企业的末端运输策略，几乎完全是为最小化运输成本而生的。尤其关于常温商品，以装满一辆卡车作为配送频率，目的是最大化运输效率。生鲜商品和冷冻商品的配送策略，也是朝着尽可能降低运输成本的方向而制定的。末端运输是连接配送端和零售端的最后一个物流过程，对运输成本的极致追求，也意味着对零售终端自身的库存管理能力及运营水平有很严苛的要求。

末端运输策略：案例四

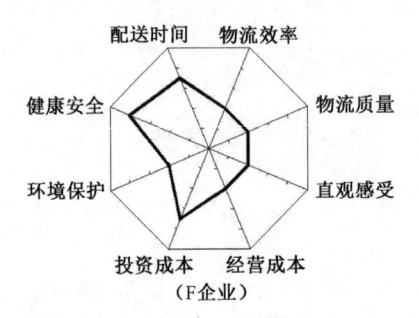

（F企业）

F 企业的零售终端以 300 平方米以下的便利店为主。F 企业经营的商品类别，主要是常温商品，以满足消费者的即时需求和生活便利作为经营定位。销售价格虽然重要，但是，消费者对价格的敏感度比大型超市降低许多。基于以上背景，F 企业制定了较为平均的末端运输目标。由于零售终端的面积较小，配送时间的目标设定得相对较高。

表 6-8　不同类型终端的末端运输策略举例（二）

商品类别	配送频率	配送时效	配送方式	经营成本
常温商品	2 次/周	48 小时以内	单独配送	相对较高

与大型零售终端相比，单个便利店的销售量较低，单次配送的商品量也就相应较少，配送效率自然很难与之相提并论。但是，在同为便利店的环境下，F 企业设定的配送频率和时效策略，已然充分考虑零售终端的配送时间与末端运输成本之间的平衡。

通过以上案例可以看出，根据不同类型的配送商品和零售终端制定差异化的末端运输策略，是现代零售物流的重要思想。差异化的根本目的是，寻求末端运输成本与终端需求之间的平衡，以期用尽量少的运输资源，创造尽可能大的价值。

6.1.5　末端运输策略之二：配送车辆篇

末端运输任务的执行工具主要是载货卡车，简称"货车"。选择何种类型的货车及如何配置货车，是一个重要的问题，这直接影响末端运输的运输效率和成本。不同国家的零售物流行业，使用的运输货车类型和配置各有不同。参照中华人民共和国国家标准（GB1589—2016）的规定，中国零售物流中常见大型货车的外廓尺寸和最大允许总质量限值，如表 6-9 所示。

表 6-9　中国零售物流中常见的大型货车类型

货车类型	允许总质量	长度	宽度	高度
二轴仓栏/厢式货车（常温）	18 吨	12 米	2.55 米	4 米
二轴厢式货车（冷藏）	18 吨	12 米	2.60 米	4 米
三轴仓栏/厢式货车（常温）	25 吨	12 米	2.55 米	4 米

续表

货车类型	允许总质量	长度	宽度	高度
三轴厢式货车（冷藏）	25 吨	12 米	2.60 米	4 米
三轴半挂车（常温）	40 吨	13.75 米	2.55 米	4 米
三轴半挂车（冷藏）	40 吨	13.75 米	2.60 米	4 米

除了上述车型，值得一提的还有货车列车。货车列车是一辆货车与另一辆挂车组合而成的卡车类型。参照中华人民共和国国家标准（GB1589—2016）的规定，货车列车的外廓尺寸和最大允许总质量，如表 6-10 所示。

表 6-10 货车列车的尺寸和质量限值

货车类型	允许总质量	长度	宽度	高度
货车列车（常温）	36～49 吨（4～6 轴）	20 米	2.55 米	4 米
货车列车（冷藏）	36～49 吨（4～6 轴）	20 米	2.60 米	4 米

货车列车在一些西方国家的零售配送领域中，应用十分广泛。它最大的特点在于，兼顾长距离配送时的运输效率与城市配送时的运输灵活性。目前，在中国零售物流中，货车列车的应用并不多。但是，随着零售企业对运输效率重视度的加强，货车列车在未来将拥有十分广阔的应用前景。

货车选型是末端运输策略制定时面临的重要抉择。遗憾的是，当下没有哪种货车类型，能够适合所有的运输任务。如何在五花八门的货车车型中，选择合适的配送车型，是一项颇具挑战的工作。关于这一问题，后文会展开介绍。

运输效率与运输灵活性之间的二律背反

在进行车型选择之前，明晰运输效率与运输灵活性之间的背反关系是十分必要的。运输效率包含"司机效率"和"里程效率"两层含义。所谓司机效率，是指在单位时间内，一名司机运送货物的数量；里程效率是指在单位距离上，一辆货车装载货物的数量。这里所说的数量，既可能指代箱数，也可能指代重量或体积等其他计量单位，视实际情况而定。

运输效率主要由货车车厢的容量所决定。在一般情况下，容量越大，运输效率越高。举例来说，从配送仓库配送 780 箱商品，前往单程距离 100 千米的零售终端，平均车速为 60 千米/时。现有两种方案，A 方案使用 1 辆 7.6 米的厢式货车，一次送完；B 方案使用 1 辆 4.2 米的厢式货车，分两次送完。两种方案对应的运输效率分别为：

（1）A 方案，司机效率为 234 箱/时，里程效率为 3.9 箱/千米。

（2）B 方案，司机效率为 117 箱/时，里程效率为 1.95 箱/千米。

不难看出，A 方案的司机效率与里程效率，均比 B 方案高，单从运输效率的角度来说，A 方案明显优于 B 方案。

运输效率对现代物流具有极其重要的意义。运输效率不仅直接影响运输成本等经济指标，而且对环境保护也产生重要影响。不夸张地说，运输效率的高低，在很大程度上体现出一个地区的物流发展水平。

运输灵活性同样包含两个层次的含义。第一个层次是指车辆的可通过性，即车辆在配送过程中所受限制的多少。所受限制越少，说明通过性越好，灵活性越强。运输限制包含交通限制、终端收货条件限制等。显然，配送车型越大，所受的限制越多，运输灵活性也就相应越弱。第二个层次是指在一定经济范围内，配送方可以承受的最低起运量的大小。能够承受的最低起运量越小，说明运输灵活性越强。同样，配送车型越大，运输灵活性越弱。

总体来说，运输效率与运输灵活性互为背反，配送车型越大，运输效率越高，但运输灵活性越弱。末端运输车型的选择，实际上就是在运输效率与运输灵活性之间寻求平衡。

配送车型选择路径图

配送车型的选择需要考虑众多因素，遵循一定的步骤有助于有效整理思路，避免遗漏和疏忽，从而达到事半功倍的效果。图 6-12 对车型选择应遵循的步骤加以梳理，即为"配送车型选择路径"。

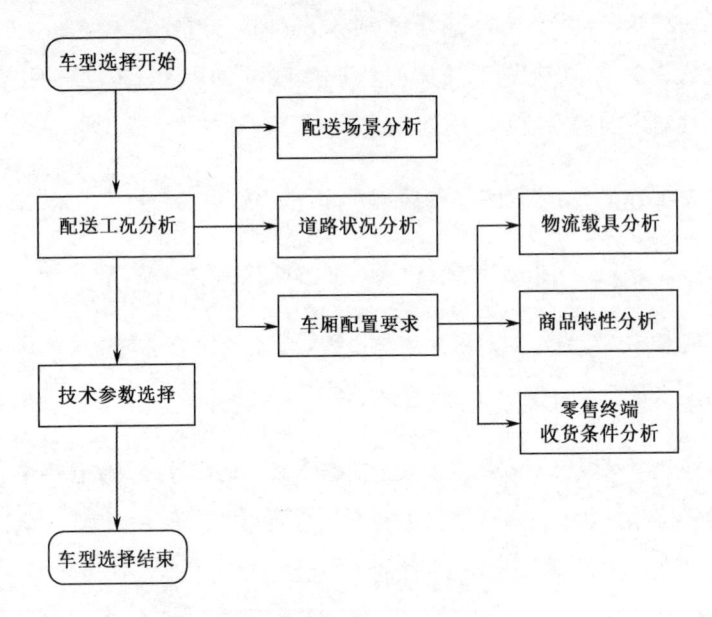

图 6-12　配送车型选择路径

配送工况分析：配送场景分析

选择配送车型的关键，是明确配送车辆的工作环境状况，即配送工况。配送工况包含配送场景、配送路线和车厢配置要求三个方面。现代零售物流的配送场景，可分为长距配送、区域配送和城市配送三种，如图 6-13 所示。不同的配送场景，对运输效率和运输灵活性的要求有所不同，接下来进行详细说明。

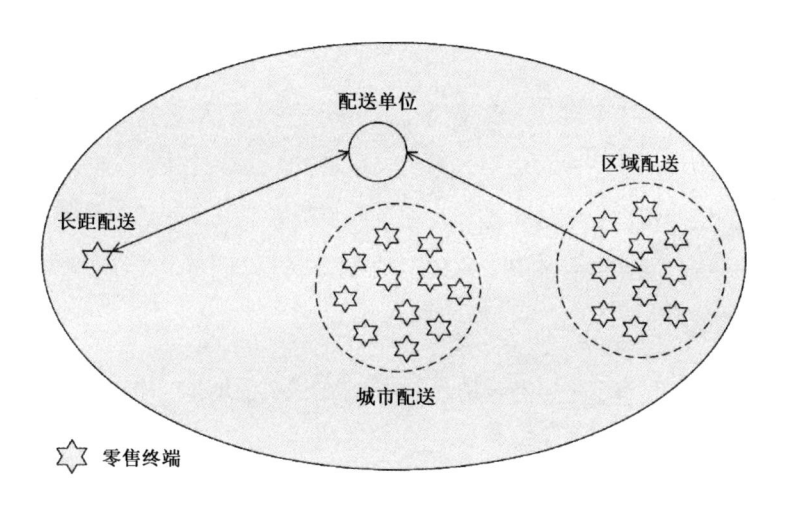

图 6-13 末端运输三大配送场景

顾名思义，长距配送是指单一零售终端距离配送仓库较远的运输。一般来说，单程距离超过 250 千米，即可视为长距配送。长距配送对运输效率的要求很高。这是由于在距离因素的叠加下，运输效率上的差距，会产生十分明显的成本差。在零售市场竞争愈发激烈的今天，几乎没有企业愿意承担这样的成本差。因此，在长距配送场景下，重型货车、半挂车等大型货车成为企业最优先考虑的车型。但是，由于选择了大型货车，运输的灵活性相对较低。为了平抑运输灵活性降低带来的负面效应，在零售终端选址时，周边的道路基础设施情况及自身的收货条件变得尤为重要。如果无法满足大型车辆的送货需求，就只能承受运营中居高不下的末端运输成本，在市场竞争加剧的环境下，这无疑是多数企业不愿接受的。

在城市配送场景下，配送目的地多是一座城市中分布较为密集的多家零售终端。这些零售终端距离配送企业较近，典型的距离为单程 100 千米以内。与长距配送相反，城市配送对运输灵活性的要求更高，主要原因有两个。一是由于城市交通负荷的增加，不少城市对允许通行的货车车型都有严格的限制。如只允许分时段、分区域、总质量 12 吨以内的货车通行。二是由于位于城市市区的零售终端，附近的道路情况通常比较复杂，只有具有一定通过性的车辆，才能抵达零售终端的收货区域。在追求运输灵活性的同时，势必会带来运输效率上的妥协，体现为在城市配送时，可以选择的车型十分有限，以重型偏中型货车、中型货车、轻型货车为主。此外，不同城市的交通限制和道路情况存在较大差异，这进一步加大了城市配送的复杂性。在诸多限制中，找到尽可能高效率的运输方式，是每个物流经理不得不面对的严峻挑战。

区域配送集合了上述两种场景的特点，配送目的地是一个区域内较为密集的多家零售终端，该区域距离配送仓库较远，如平均距离大于 250 千米。换言之，区域配送是长距离的城市配送。区域配送对运输效率和运输灵活性的要求都很高，选择重型货车可以很好地顾及运输效率，但因此丧失的灵活性，可能导致货车由于各种限制无法抵达零售终端。这一矛盾很难完美解决，但是，可以通过一些方法予以缓和，常用的方法包括选用折中车型、分段配送、接力配送三种。

选用折中车型最为简便，就是选择既能够进行城市配送，又相对较大的车型。然而，折中车型能够起到的作用通常并不大。城市配送中的各种限制，致使折中车型的选择面狭窄，由此能够提升的运输效率十分有限。分段配送是末端运输中常见的一种方式。利用重型货车、半挂车等大型车辆，货物从配送仓库运送到距离零售终端较近的中转场所，在此更换灵活性更强的车型后，最终到达零售终端。接力配送则是利用货车列车本身具有的特性，将两个车厢的货物，同时运送至距离零售终端较近的场所；分离车厢后，再将各个车厢的货物分别送至零售终端。分段配送和接力配送的操作方式有所不同，但都是综合长距配送和城市配送的特点，以达到兼顾运输效率和灵活性的目的。

综上所述，长距配送、城市配送和区域配送，是三种主要的零售末端运输场景。不同的场景，对运输效率和运输灵活性的要求有所不同，因此适合的车型也存在区别，表 6-11 对这些内容予以汇总。

表 6-11　末端运输的三大配送场景

配送场景	运输效率要求	运输灵活性要求	适用货车类型或方式
长距配送	很高	较低	重型货车，半挂车等
城市配送	较低	很高	中/偏中型货车，轻型货车等
区域配送	很高	很高	中/重型货车等，分段配送，接力配送

配送工况分析：道路状况分析

配送场景描绘出末端运输任务的基本轮廓，道路状况分析则对其纹理做进一步的勾画。配送车辆驶离仓库后，可能面对各种各样的道路状况，这些道路状况直接影响配送车型的选择，主要包括道路交通限制、道路路况和地形特征。

随着城市交通负荷的增加，道路交通限制成为选择车型时不得不优先考虑的因素。准确地掌握配送途中的道路交通限制情况，是一项耗时、但必要的工作。城市道路交通限制十分复杂，尤其是针对货物运输，不同城市、不同区域，都存在不同程度的限制，再加上特殊活动的影响和政策的变化，探明配送途中的道路交通限制，已然成为选择车型时的首要任务。

配送沿线的道路路况，是选择车型，尤其是选择车胎的重点考虑因素。道路路况可分为高速路况、公路路况、特殊路况三大类，其中特殊路况包含泥路、碎石路、雪地等。正如没有一种车型能适合所有运输任务一样，也没有一种车胎，能够适应所有的路况。事先了解配送途中的主要路况，针对性地进行车胎的选择，对提升运营过程的稳定性、安全性、经济性，都能起到积极作用。

配送路线所在的地形特征，对车型的选择，尤其是对发动机动力的选择，提出特定要求。中国的地形较为复杂，从宏观来看，平原、丘陵、山地、高原等不同海拔的地形，决定了配送道路的基本特征；从微观来看，在一种地形特征中，配送途中经过的坡道陡缓程度和数量，是影响货车动力选择的主要因素之一。需要注意的是，在末端运输过程中，载重的情况会随着配送任务的进展而发生变化，满载阶段的道路地形分析，通常具有更大的参考价值。

最后，配送道路状况与配送场景存在一定的内在联系，将两者进行结合，可以得出车型选择的基本配送工况。表 6-12 是一个基本配送工况分析的示例。

表 6-12　基本配送工况分析的示例

配送路线	配送场景		
	长距配送	城市配送	区域配送
交通限制	较少	高峰时段限制较多，闲时限制一般	长距较少，城市较多
交通拥堵情况	轻微	严重	长距轻微，城市一般
卸货次数	很少	很多	较多
巡航速度（千米/时）	80～85	40～70	70～80
平均速度（千米/时）	65～70	40～50	50～60
道路路况	高速路为主	公路为主	高速路+公路
宏观地形特征	丘陵	丘陵	丘陵
微观地形特征	坡度少且缓	坡度多且缓	坡度少，局部陡
理想货车载重（吨）	16～18	9～10	12～13

配送工况分析：车厢配置要求

基本配送工况，为配送车辆的选型框出一个大致的参考范围。具体选择怎样的配置，则需要进行更详细的分析。从结构来看，卡车由动力总成、底盘、车身、电子电器系统四部分组成，车身主要包含驾驶室和车厢。在卡车构成中，真正产生运输效益的部分是车厢的容量（核定载质量或容积）。对于应用层面而言，车厢尺寸和容量，是确定配送车型的关键参数。

车厢的尺寸和容量与货车类型直接相关。不同类型的货车，车厢容量相差悬殊，即使是同一种类型的货车，车厢容量也可能存在较大区别。表 6-13 列出中国零售物流中几种常见的车厢尺寸和容量。

表 6-13 常见的货车车厢参数

货车类型	车厢限载（吨）	车厢内尺寸 长（米）×宽（米）×高（米）	车厢容积（立方米）
轻型厢式货车	1.5	3.7×1.7×1.7	10.7
	1.9	4.2×1.9×1.9	15.2
中型厢式货车	3.9	4.2×2.1×2.1	18.5
	8.9	5.2×2.4×2.4	30
重型厢式货车	9.9	6.8×2.46×2.6	43.5
	7.9	7.6×2.45×2.6	48.4
	7.5	7.6×2.3×2.4	42
	13.5	9.6×2.5×2.5	60
半挂车	33.6	13.6×2.5×2.8	95.2

车厢容量能否充分利用，直接影响运输效率，在同等条件下，利用率越高，运输效率越高。值得一提的是，车厢的载重量和容积这两个指标，未必总是和车长成正比。如表 6-13 中，5.2 米长的车厢限载为 8.9 吨，容积为 30 立方米；而 7.6 米长的车厢限载为 7.9 吨，容积为 48.4 立方米。这种载重量和容积的非正比性，恰好为优化运输成本提供可能。

卡车市场上的车型可谓五花八门，表 6-13 中所列的车厢参数，仅是冰山一角。此外，车厢配置一旦确定，在运营过程中几乎没有更改的可能，因此，更值得进行系统性的分析和谨慎决策。除了常用的载重和容积，车厢参数的选择，还与物流载具、商品特性、零售终端收货条件等其他因素有关，以下分别进行说明。

1. 物流载具分析

使用物流载具作为末端运输的基本单位，是提高配送效率的有效手段。

在目标多维图中，物流效率目标较高的企业，无一例外地使用"载具单元化"的配送方式。物流载具的使用，对车厢的配置提出新的要求。首先，物流载具直接影响车厢尺寸的选择。第 4 章中提及，现代零售物流中常用的载具包括平板托盘、笼车、周转箱等。以标准平板托盘为例，中国零售行业托盘的标准尺寸为 1200 毫米×1000 毫米。若使用表 6-13 中列出的同为 7.6 米长的厢式货车，不同的车厢尺寸，将产生不同的结果（见图 6-14）。

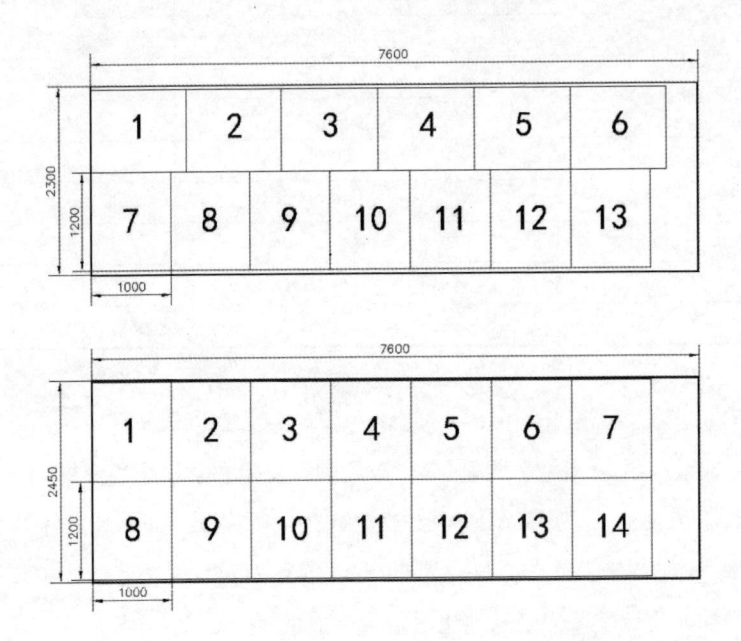

图 6-14 平板托盘与车厢尺寸（尺寸单位：毫米）

如图 6-14 所示，两种车厢的长度同为 7.6 米。若使用托盘作为运输载具，在不超过车厢容量的前提下，2.45 米宽的车厢内，单层能够容纳 14 个托盘，而 2.3 米宽的车厢内，仅能容纳 13 个托盘。理论上说，运输效率因此损失 7.1%。所以，当使用物流载具作为末端运输的基本单位时，必须考虑它与车厢尺寸之间的匹配关系。除了托盘，笼车和周转箱是另外两类常用的物流载具，笼车的容量小于托盘，周转箱的容量则小于笼车。一般来说，零售终端的销售量越大，则适合选用越大的物流载具。

在使用物流载具时，还应考虑车厢的地面形式和内部稳固措施。车厢地面是一个容易被忽视，但十分重要的部分。按照材质的不同，车厢地面可分为铝合金板地面、钢板地面和木制板地面三种。与钢板和木制板相比，铝合金板具有自重轻、牢固、不易变形、易清洁等优点，越来越多地被应用于零售配送车厢。另外，铝合金板可以很好地与保温车厢兼容，这进一步拓宽了它的使用范围。

除了材质，车厢地面的纹理形式，同样值得关注。地面纹理，有助于降低物流载具的搬运难度，增加运输过程的稳定性；但同时，地面纹理也容易导致在搬运过程中产生摩擦噪声。因此，相对静音的地面纹理，能够适用于更多的装卸场合。载具在运输过程中的稳定性，虽然可以通过地面纹理稍微改善，但是，当配送道路处于山地等崎岖地形时，还需要依靠车厢内部的辅助稳固装置，常见的稳固装置包括棘齿绑带、撑杆等。

物流载具的使用，还应考虑辅助设备的配置。常见的辅助设备包括卡车尾板和叉车两种。卡车尾板是一种安装在车厢尾部的升降装卸设备，当使用托盘、笼车等较大物流载具时，必须通过卡车尾板的辅助，才能高效地完成以载具为单位的装卸任务。正因如此，在零售物流发达的地区，卡车尾板几乎是配送车辆的标准配置。作为固定在车厢尾部的附加装置，卡车尾板的轻量化，一直是运输行业追求的方向，于是，以尾板代替传统车厢门的新型应用应运而生。这种方式不仅有助于减轻整车的总质量，而且能够进一步提升货物的装卸效率，在配送任务包含多次卸货的场合下，效果尤为明显。

叉车是另一类常见的装卸辅助设备。当使用托盘作为物流载具时，除了需要卡车尾板的配合，还必须使用叉车。应用于末端运输装卸货的叉车，多为手动液压叉车，如果零售终端无法提供此类叉车，则需要在车厢中另行配备。

物流载具的合理使用，是提升末端运输装卸效率及交接效率的关键。同时，物流载具自身的重量和体积对车厢容量的充分利用，会产生一定的影响。只有将物流载具、车厢尺寸、辅助设备作为一个整体进行规划，才有可能达成通过载具单元化改进末端运输效率的目的。

2. 商品特性分析

货车装载的商品特性，是影响车厢配置的第二个因素。零售商品的范围跨度很大，不同特性的商品，对末端运输的要求不同。其中，商品的物流密度和温度要求是影响车厢配置的两个显著特性。

商品的物流密度，是指储运包装单位体积对应的质量。如一箱饮料的物流密度约为1000千克/立方米，一箱卫生纸的物流密度仅为135千克/立方米。运输中直接产生效益的部分是车厢的容量，车厢容量分为载重和容积两个衡量指标。货物的平均物流密度，决定这两个指标的综合利用率。以表6-13中"7.6米×2.45米×2.6米"的车型为例，若货物的平均物流密度为800千克/立方米，按照车辆的核定载质量7.9吨计算，其可以最多容纳约9.9千克/立方米的货物，容积利用率仅为20%，显然，该车厢配置并不合适。若货物的平均物流密度为200千克/立方米，情况则大为改观，车厢最多可容纳39.5立方米的货物，容积利用率达到82%，该车厢配置较为合适。由此可见，提前测算配送车辆所载货物的平均物流质量，对车厢参数的选择具有重要指导意义。零售末端运输涉及的货物类别多样，基本属于混合装载，既有物流密度较大的商品，也有物流密度较小的商品，典型的平均物流密度为180~400千克/立方米。

温度要求，是另一个影响车厢配置的商品特性，它主要影响车厢类型和制冷机组的选择。零售商品的温度要求跨度很大，常见的包括常温、冷藏（典型温度要求0~5℃）和冷冻（典型温度要求-18~-15℃）。不同温度要求的商品，适用的车厢类型不同，表6-14对此予以汇总。

表 6-14　不同温度要求下适用的车厢类型

车厢类型		商品温度范围		
		常温商品	冷藏商品	冷冻商品
栏板式		×	×	×
仓栅式		✓*	×	×
侧帘式		✓**	×	×
厢式（全密闭）	飞翼侧开	×***	×	×
	单层金属材质	✓	×	×
	复合保温材质	✓	✓	✓

* 仓栅式车厢仅在配备防雨帆布的情况下，方才适用。
** 侧帘式车厢仅在使用托盘等物流载具，并妥善防护的情况下，方才适用。
*** 飞翼式车厢虽可用，但因额外装置而多出的成本并无必要，故不适用。

表 6-14 列举出常见的车厢类型及其适用的商品温度范围。在同一种车厢类型中，还存在多种不同的材质可供选择。如单层金属材质有瓦楞铁、彩钢板、铝合金等；再如，不同的复合保温材质，对应的车厢传热系数有所差异。更多关于材质对比的内容，读者可查阅相关资料，此处不再展开。值得一提的是，若采用保温型载具（如保温笼车）进行冷藏或冷冻商品的配送，在一定条件下，也可使用常温货车。

当配送具有严格温度要求的商品时，温度控制是在选择车型时必须考虑的因素。温度控制的目的是使商品温度始终保持在要求的范围内。温度控制的过程，是维持商品温度，而非改变商品温度的过程。商品温度的控制方式包括主动式温控和被动式温控两种。

主动式温控，利用安装在车辆上的制冷系统，实现温度控制的目的；被动式温控，则通过车厢或物流载具本身的保温性能，使商品温度在一定时间内，维持在要求的范围内。在零售末端运输中，温度控制在绝大多数情况下是保持低温，如之前提到的 0～5℃、-18～-15℃。对于一些冬季严寒的地区，在-10℃以下的环境温度中，有时需要使商品温度保持在零度以上的相对高温。表 6-15 对主动式温控和被动式温控的优缺点略加总结。

表 6-15　两种温控方式的对比

不同特点	温控方式		
	主动式温控	被动式温控（车厢保温）	被动式温控（载具保温）
运输投资成本	较高	较低	较高
运输经营成本	较高	较低	较低
配送应用范围	较广	极窄	较窄

主动式温控，除了必须配备保温型车厢，还需要投入一套制冷设备。采用载具保温的被动式温控，则需要投入具有保温性能的物流载具和辅助设备。两者的投资成本孰高孰低，只有通过实际分析，才能得出结论。采用车厢保温的被动式温控，虽然投入最低，但灵活性也非常低，在零售末端运输中可应用的场合十分有限。因此，除非特别说明，下文中的被动式温控，均指载具保温。

主动式温控与被动式温控，最大的差别在于经营成本和适用范围。因为没有制冷设备的燃油消耗和维修保养成本，在一般情况下，被动式温控的经营成本低于主动式温控。但是，被动式温控的应用范围较窄，主要有三个原因：一是保温时间有限，且受环境温度影响较大；二是保温载具本身有一定的质量和体积，需要占用部分车厢容量；三是保温载具是一个密闭的空间，中途打开会导致保温效果的急剧下降，所以在一个载具内，只能容纳一家零售终端的商品。这可能导致载具内部空间的使用率不高，进而影响车厢容量的有效利用。这些局限性，造成被动式温控的应用范围不如主动式温控的应用范围宽。幸运的是，零售末端运输中的一些场合，恰巧能够弱化这些限制，若再加以合理的规划设计，便能有效地规避限制，达到事半功倍的效果。

主动式温控是零售末端运输中应用最为广泛的一种温度控制方式。车载制冷机组是实现主动式温控的关键设备。按照是否具备独立动力源，车载制冷机组可分为非独立式和独立式两类。非独立式制冷机组本身没有动力源，用于制冷的压缩机由车辆的发动机直接驱动。非独立式制冷机组的制冷功率普遍较小，一般应用在中小型冷藏车上。独立式制冷机组，与之最大的区别在于，自身拥有动力源，完全依赖自带的动力系统驱动压缩机进行制冷。由于无须依靠车辆发动机，独立式制冷机组的制冷功率相对大得多，常用于重型车、半挂车等大型车辆。独立式和非独立式制冷机组的特点，详见表 6-16。

表 6-16 独立式和非独立式制冷机组的特点

不同特点	机组类型	
	独立式制冷机组	非独立式制冷机组
购入成本	较高	较低
维保成本	较高	较低
适合车厢尺寸	大型车辆，一般 7 米以上	中小型车辆，一般 7 米以下
车辆熄火时能否制冷	能	不能
适合的配送场景	长距配送	城市配送

一般来说，在零售末端运输长距配送的场景下，由于距离和车型的关系，多采用独立式制冷机组，而在城市配送中，则多采用非独立式制冷机组。需要注意的是，配送过程中的每一次开门卸货，对车厢温度都有明显的影响。当一次配送任务需要多次卸货时，这一影响尤为突出。"载具单元化"的卸货方式，在此能够再次发挥作用，减少因开门造成的冷量损失。

在选择车载制冷机组时，与零售末端运输相关的另一项配置是备电驱动。所谓备电驱动，是指制冷机组除了可以使用燃油作为动力源，还可以通过外接电源直接驱动。这一配置，对车厢的预冷起到重要作用，能有效地节省因预冷产生的发动机油耗。如前文所述，末端运输温度控制的目的是维持商品温度，因而在进行装车之前，车厢的预冷是必要的。当制冷机组配有备电驱动时，预冷过程可以直接通过连接电源完成；反之由发动机驱动的，运输的整体油耗随之增加。

制冷机组的选择，还应综合考虑车厢容量、温度范围、安装位置、电子控制系统、维护保养等其他要素，这些要素需要结合市场情况进行周详的调研，很难一概而论。总而言之，针对配送工况，找到合适的温度控制方案，是冷藏或冷冻车型选择的重要一步。

3. 零售终端收货条件分析

零售终端的收货条件，是选择车厢时必须考虑的第三个因素。一些零售终端位于市区或居民区附近，除了之前所说的道路限制，其自身的收货条件，也会直接影响车厢的选择，主要包括周边及收货区对车厢尺寸的限制与低噪声的要求两方面。

零售终端收货区域允许的最大车厢尺寸，是一个容易被忽视的限制条件。长度、宽度、高度中的任意一个或多个，都可能造成限制。

以图 6-15 为例，收货区域位于零售终端的后方，收货区域的空间应能够使货车在内进行倒车、停靠、卸货等作业。若空间不足，则只能使用长度更短的车型进行送货。在通往收货区域的途中，若存在一些狭窄的通道，便对车辆的宽度形成约束。对于处在地下或封闭空间内的收货区域，高度经常成为另一个限制条件。

图 6-15 零售终端与收货区域示意图

这些限制条件导致的后果是，配送企业不得不使用容量更小的车型进行送货，这无疑会在运输效率上打上一个不小的折扣。

零售终端收货区域对配送车型的限制，已经引起部分零售企业的重视，"终端物流整合"的概念随之产生。以实体门店为例，终端物流整合，是指在进行门店的选址和规划时,将收货等与物流相关的区域,作为门店的一部分进行设计,以确保其在经营过程中的物流优势。这能够有效地避免因设计不当而造成的物流效率损失,值得所有的零售企业及相关设计方借鉴。

在零售终端的设计过程中,相关人员除了要考虑为消费者带去便利优质的生活,还应思考如何减少自身运营对周围环境产生的影响。在物流领域,这一问题的回应主要涉及尽可能进行低噪声的操作和搬运。

在末端运输过程中,噪声的来源主要有两个:一是车辆运行时自身的噪声,如发动机噪声、鸣笛噪声等;二是抵达零售终端后,卸货和装车过程中产生的噪声。鸣笛噪声,可以通过司机培训加以减少;车辆运行时自身的噪声,则无法直接予以干预。所幸,随着卡车制造技术的进步,高质量发动机产生的噪声已经很小了。

卸货和装车过程中产生的噪声,是影响附近居民的主要原因,需要引起足够的重视。配送车辆停靠收货区域后,装卸货的全过程,应尽可能保持安静。当使用物流载具进行装卸货时,应保持作业过程的低噪声操作,相应的措施包括采用尽可能低噪声的设备、使用平顺抗噪的车厢地面及铺装平顺的卸货区地面等。噪声污染,已经成为一个全球性的城市问题,减少末端运输过程中的噪声,具有积极的社会意义。

在配送场景和道路状况分析的基础上,物流载具、商品特性和零售终端收货条件三个因素,决定了配送车辆的车厢容量与配置。作为直接输出运输效益的部分,配送车辆车厢的配置,值得进行详细的调研和分析。不当的车厢配置,对末端运输运营所造成的影响是长期且持续的。

配送车辆的技术参数选择

配送车型选择的最后一步是货车技术参数的选择。末端运输的配送工况,基本框定出货车车型的选择范围。如在长距配送场景中,多使用重型货车或半挂车；在城市配送中，多使用中型货车或偏中型货车。货车的基本类型，决定货车的主要技术参数。

货车是现代工业技术集成产物，几乎每个部件都可以衍生出不同的技术分支和参数。本书的重点并不是介绍这些技术和参数，接下来仅从货车用户的立场，围绕与零售配送最直接相关的部分，进行必要的说明。

首先，发动机被誉为货车的心脏，自然是零售配送车型选择时首先要考虑的部件。为了适应不同的工况，货车制造厂商一般提供多种不同的发动机配置。发动机的参数众多，最常用的是发动机最大功率、最大扭矩、全负荷最低燃油耗率。发动机最大功率，决定货车的最大载货质量；最大扭矩，决定货车的加速和爬坡能力；全负荷最低燃油耗率，则表明货车在最大载货质量下的油耗水平。配送工况对发动机配置的选择影响重大。如在城市配送中，车辆多采用300马力以下的发动机；长距配送车辆，则多采用300马力以上的发动机。又如，在同等工况下，配送路途中的平原地形和山地地形所需的发动机配置，可能相去甚远。需要强调的是，比发动机本身的性能更重要的是发动机配置是否适应末端运输的配送工况。只有与工况匹配，才能充分发挥发动机的性能，实现运输的高经济性。

除了经济性，另一项影响发动机选择的重要参数是环保性，具体表现为机动车的尾气排放标准。尾气是指燃料在发动机内燃烧所产生的有害气体，这些气体随着汽车的行驶，被排放到空气中，造成空气污染。随着人们对环境保护的重视，许多国家都制定了相应的尾气排放标准，并逐年实施越来越严格的政策。全球范围内的汽车排放标准，由欧美国家主导。中国的排放标准与欧洲接近，目前分为国一、国二、国三、国四、国五和国六六个，严格程度递增。中国汽车尾气排放标准的执行，仍在不断推进。在经济允许的范围内，选用最新排放标准的发动机，无疑能为货车的长期稳定运营增添一份保障。

虽然，发动机的重要性无以复加，但货车作为一个整体，其在零售末端运输中的综合表现，才是配送司机或运输管理者真正关心的，油耗更是重中之重。影响油耗的因素有很多，如发动机与工况是否匹配、轮胎的配置是否合理、配送道路的地形、货车的整体性能等。除了这些技术和客观因素，司机的主观驾驶行为，对货车的油耗也会产生显著的影响。有关司机的管理和培训，将在后文予以阐述，这里先对与驾驶直接相关的一项货车配置稍做展开，这一配置便是变速箱。

总体来看，货车变速箱可分为手动变速箱（MT）、机械式自动变速箱（AMT）、全自动变速箱（AT）三大类。手动变速箱将动力的分配和选择完全交给司机。司机通过对油门、离合器踏板和排挡杆的操控，实现不同行驶条件下的驾驶。在不同的行驶条件下，能否选择最佳挡位，是影响运输燃油经济性的关键因素之一，司机的驾驶习惯和个人经验，在此显得尤为重要。除此之外，不良的驾驶习惯，还会造成离合器和变速器的过早失效，从而导致运输成本的上升。手动变速箱虽然十分依赖驾驶员的经验和能力，但它具有结构相对简单、成本较低等优点，故而得到十分广泛的应用。

机械式自动变速箱，在手动变速箱的基础上，增配一套电子控制系统，车载电脑根据行驶情况，自动完成挡位的切换。机械式自动变速箱，不仅能够大幅降低驾驶员的操作强度，而且，驾驶员得以将更多的注意力放在行驶道路及周边状况的观察上，驾驶安全性随之增强。此外，由于减少了司机在换挡过程中由于操作失误带来的影响，离合器和变速器的使用寿命也能得到较大幅度的延长。机械式自动变速箱的这些优点，使它成为在欧洲等零售物流发达地区应用最为广泛的货车变速箱类型。在中国，由于技术、成本、市场推广等多方面的原因，配备机械式自动变速箱的货车，在零售末端运输中并不多见，其拥有相当广阔的应用前景。

与上述两种类型相比，配备全自动变速箱的货车，在零售末端运输中寥寥无几。全自动变速箱的传动结构与机械式自动变速箱完全不同。它没有摩擦式离合器，发动机与变速箱之间采用液力变矩器连接，齿轮传动结构也大不相同。一言以蔽之，全自动变速箱的结构更为复杂和精密。全自动变速箱货车的优点在于，换挡平顺，方便操控。在堵车时，由于车辆需要频繁低速启停，全自动变速箱的优点显得尤为突出。因而，在一些零售物流发达地区的城市配送中，偶尔也能看到全自动变速箱货车的身影。

发动机和变速箱，是货车最核心的组成部件，基本决定一辆货车的性能及所用技术的先进程度。当然，这里并不是说货车的其他部件不重要，整体性能与配送工况的匹配度，仍然是车型选择时的重中之重。有关货车的其他技术参数和配置，本书便不再继续展开叙述。

配送货车的细分市场版本和个性化定制是两个值得关注的概念。所谓细分市场版本，是货车生产厂商针对不同的运输场合，推出的具有不同配置的标准货车产品。常见的细分市场版本包括城市物流版本、高原长途版本、大型城市土方运输版本等。细分市场版本的目的是简化货车选购流程，并提供相对标准的产品选型，以适合不同的行业和应用场合。然而，细分市场版本，只能提供一个比较宽泛的范围，无法精确匹配某个行业特定的需求。即使针对同一个行业，不同企业适合的配送车辆，也可能完全不同。例如，同为零售企业，使用物流载具与散箱运输所适用的配送车型，就可能相差甚远。在这样的背景下，个性化定制的概念应运而生。

个性化定制，是货车生产商或服务商提供的一项专业化货车定制服务。通过更为精确的运输工况分析，专业人员针对货车的车厢、发动机、驱动桥等部件进行合理设计和搭配，从而实现最佳的整体运输效能。货车个性化定制，在物流发达的地区十分普遍，尤其受到具有一定规模的零售配送企业的欢迎。在中国，个性化定制虽然刚刚起步，但是我们有理由相信，随着零售物流行业的发展，这项专业服务将得到越来越多的推广和应用。

在结束本节之前，最后要提一下车型的标准化理念。货车车型的个性化定制，并不意味着所有的货车都具有不同的参数和配置；恰恰相反，现代零售配送管理，有效的方法之一是标准化的管理。对于配送车辆而言，标准化的含义是使用尽可能统一的车型和配置。标准化的管理，为末端运输带来两大好处：第一，管理效率大幅提高。管理 100 辆相同配置的车辆，比管理 100 辆不同配置的车辆，显然更为高效。第二，配送路线规划较为灵活。在进行配送路线规划时，车厢容量是主要的约束条件之一，车厢容量类型越多，路线规划则越困难、越低效。由于零售配送企业可能存在多种不同的配送工况，针对性地设置一种或几种标准化的货车配置，不失为利弊平衡之策。

配送车型的选择，是末端运输策略的重要组成部分。选择配送车型，既不应一味地追求"高级"的技术参数，也不应只注重车辆首次购入的成本，而是应该针对配送工况进行详细分析，针对货车配置和市场情况进行充分调研，将配送车型作为运输策略的重要一环加以对待，方能从容应对不断变化的物流环境和零售市场。

6.1.6　末端运输策略之三：计划管理篇

末端运输是现代零售物流的主要运营活动之一。从成本角度来看，末端运输一般占据整体物流成本的 30%～60%；从过程角度来看，末端运输需要经历配送仓库、运输路途、零售终端等多个场所；从技术角度来看，末端运输涉及机动车相关技术、信息技术、通信技术、能源技术等多个不同领域；从里程角度来看，一家中型配送中心的月里程数，可以轻易超过 20 万千米；从车队角度来看，一个车队的车辆总数，经常在 100 辆以上。所以，无论从哪个角度来看，末端运输过程都可以被看作现代零售物流中最复杂的过程之一。如何有效地管理这一复杂过程，是每个零售配送企业面对的挑战。

现代零售末端运输管理的基本思想是，配送路线规划与运输执行的分离。信息技术的应用，大幅提高了末端运输管理的效率、精度和实时性，对配送路线规划与运输执行都产生重大影响。"是否使用信息系统？使用怎样的信息系统？如何使用信息系统？"成为制定末端运输管理策略时必须回答的问题。根据这些问题的回答，大致描绘出末端运输管理的策略方向。

配送路线规划策略

配送路线是指配送车辆从仓库出发，完成全部运输任务所经历的过程。按照配送车辆是否回到出发点，配送路线可分为开放式和封闭式两种。在一般情况下，零售物流中的配送路线属于后者。开放式配送路线仅在一些特殊场合使用，如突发状况导致的运力不足、紧急配送等。如无特别说明，下文所述的配送路线，均指封闭式配送路线。

封闭式配送路线，又称为"循环配送"，其过程是，车辆从配送仓库出发，将货物送至一个或多个零售终端后，最终返回出发仓库，形成一个闭环。在配送车辆驶离零售终端前，经常需要从终端装取退回仓库的物资，如物流载具、退货商品等。

配送路线，是末端运输任务的一个基本单位。配送仓库每天的运输任务，可以分解为多条配送路线。配送路线的合理性，是影响末端运输成本的重要因素，在同等条件下，配送路线规划得越合理，末端运输成本越低。以下通过一个简单的模型，对此略加说明。

如表 6-17 所示，配送 5 家零售终端，配送车型的满载容量均为 30，存在两种截然不同的路线安排方式。从中可以看出，路线方案二，仅需要 3 条路线即可完成所有配送任务，而路线方案一，则需要 4 条路线。相应地，路线方案二的总里程数，比路线方案一减少 30 千米。单从运输成本的角度来看，路线方案二的运输成本，理论上比路线方案一低 10%。

表 6-17　配送路线合理性的示例

终端	配送量	路线方案一		路线方案二	
1	20	路线 1	终端 1	路线 1	终端 1+3（10）
2	15	路线 2	终端 2＋5	路线 2	终端 2＋5
3	20	路线 3	终端 3	路线 3	终端 3（10）+终端 4
4	20	路线 4	终端 4	—	—
5	15	—	—	—	—
总里程数		300 千米		270 千米	

通过这一模型可以得出，在同等条件下，不同的配送路线安排，可能产生截然不同的运输成本。当然，运输成本，并不是零售配送追求的唯一目标，实际运营中的情况也比该模型复杂得多。首先，当零售配送企业达到一定规模时，配送点的数量少则上百个，多则上千个，且通常分布不均。其次，配送路线的安排，需要考虑众多约束条件，如车厢尺寸和容量、到货时间窗口、道路限制等。最后，配送量每天都会发生变化，路线安排并非一成不变。规划出高质量的路线，是末端运输管理的重点工作，这一工作即为"配送路线规划"。

配送路线规划，将零售末端运输分成两个大的过程，一个是路线规划本身，另一个是运输执行。现代零售末端运输管理的基本思想是，将路线规划过程与运输执行过程分离，对其分别进行管理。这样做的原因主要有三个：一是两者涉及的专业知识不同，路线规划主要依靠的是物流分析能力，而运输执行主要依靠的是车辆驾驶能力。二是路线规划具有较强的复杂性，将其进行单独管理，有利于技术和经验的集中和积累，为优化配送路线创造条件。三是运输执行过程变得更为灵活，配送车队的职责是执行配送任务，而非配送路线的制定，因此，企业可以根据实际情况，决定是使用自有车队还是外部车队。

基于这一思想，配送路线规划，决定了路线的数量和分布，以及每一条配送路线中包含的运输任务。典型的运输任务包括配送仓库的货物装车、一家或多家零售终端的送货、终端交接、可循环物资的回收等。除此之外，路线规划的过程，还应包含对运输执行结果的跟踪，即配送人员是否按照预先安排的路线完成运输任务。配送路线的规划并不简单，加上零售末端运输本身具有的复杂性，可以说，制定高效合理的配送路线，是整个末端运输管理中最具挑战的一项工作。现代信息技术的发展，为应对这一挑战助力，并由此衍生出多种不同的配送路线规划方式。

按照是否使用计算机，配送路线规划可分为手工规划和计算机规划两类。毫无疑问，计算机规划比手工规划效率更高，并更易于管理和追踪，因此成为现代零售配送路线规划的首选方式。

按照路线规划的范围，配送路线规划可分为全局路线规划和运营路线规划两类。全局路线规划，也称"战术路线规划"，是针对所有零售终端做出的整体规划，包括配送分区、配送周天、物流载具类型等，其中，配送周天是指一周内固定的到货日，如每周一、每周三和每周五。全局路线规划的主要目的是平衡每天的配送工作量，避免配送量过于集中造成的运输资源浪费。全局路线规划的输出是针对所有终端的配送计划。全局路线规划一般每隔一个周期开展一次，如每月或每周。运营路线规划，是针对当天所有的配送任务进行的日常规划。运营路线规划是一般意义上的配送路线规划，若无特别说明，下文提及的配送路线规划，均默认为运营路线规划。运营路线规划的结果是具体的配送路线。配送路线除了包含零售终端的基本信息，通常还包含与运输任务相关的其他信息，如预计到货时间、配送车辆、配送司机、装车完成进度等。

按照路线规划的时间点，配送路线规划可分为预规划和执行规划两类。预规划是指在配送仓库完成货物准备之前，根据历史经验或订单数据进行的提前规划。预规划是在仓库作业开始之前进行的规划，主要目的有两个：一是预估当天配送任务的总量及对应的运力需求；二是为配送仓库提供库内作业排序的依据，从而实现运输资源的更高效利用。执行规划是在仓库完成作业后进行的规划，这时，需要发运的货物已经全部准备就绪，路线规划员根据实际货物情况，进行最终的线路安排和资源分配。在许多场合中，执行规划也被称为"运输调度"。在现代零售物流中，预规划对提高物流资源的利用率及降低物流总成本，都具有重要意义。但同时我们需要认识到，有效地进行预规划，需要多方面的支撑，尤其需要来自信息技术的支撑。只有利用信息系统提供的较为准确的预估信息，才有可能将预规划有效地结合到末端运输的日常工作中。

按照是否运用系统自动生成的配送方案，配送路线规划可分为人工规划和系统辅助规划（自动规划）两类。在人工规划方式下，路线规划员根据当天的配送任务，以及配送点的位置和个人经验，进行配送路线的制定。在系统辅助规划方式下，计算机系统根据事先设定的参数和输入的信息，基于一定的算法，自动生成当天的配送路线方案。人工规划和系统辅助规划各有优缺点。人工规划投入成本低，简单易操作；但同时，非常依赖路线规划员的个人经验，这些经验需要较长时间的积累才能获得，并且不易交接和转移。系统辅助规划正好相反，投入成本高，不仅需要进行大量的系统参数设置，还需要保证输入信息的准确性；但同时，一旦具备以上条件，自动路线规划系统就能够在极短的时间内，生成当天所需的所有配送路线，路线规划员仅需在此基础上进行微调和确认，便能完成规划。自动路线规划系统将规划员的经验转化为系统中的参数和算法，通过计算机技术，糅合输入信息后，生成具有可行性的路线方案。经过一段时间的磨合后，自动路线规划系统能够很好地辅助路线规划员的日常工作，既能提高效率，又能减少因个人经验不足对规划质量造成的影响。这些优点使自动路线规划系统受到越来越多的零售配送企业的青睐。

按照路线是否固定，配送路线规划又可分为静态规划和动态规划两类。静态规划中的配送路线相对固定，即一条配送路线中包含的零售终端及其对应的配送车辆和司机，在一段时间内保持不变。动态规划则完全以实现最佳运输效能为目标，动态排布零售终端的组合、动态匹配配送车辆和司机。当配送规模和复杂度较大时，动态规划只有在自动路线规划系统的辅助下才能实施。这是因为，唯有如此，路线规划员才可能在较短的时间内，制定出合理的动态路线方案。同样，静态规划和动态规划之间，也不存在绝对的优与劣。静态规划简单易操作，由于路线相对固定，配送司机对路况更加熟悉，也更容易与零售终端工作人员建立友好互信的关系。动态规划则复杂得多，但优点是可能提高运输资源的利用率，从而降低运输成本。从零售物流的发展趋势来看，动态规划开始被越来越多的企业认可和应用，由此看来，它在零售物流中的应用前景，依然可期。

围绕配送路线规划方式做出的选择，便形成配送路线规划策略。表 6-18 通过不同企业的不同选择，对配送路线规划策略进行总结。

表 6-18 配送路线规划策略举例总结

配送路线规划策略		零售配送企业					
		A	B	C	D	E	F
手工规划	执行规划			✓			
计算机规划	预规划	✓			✓	✓	
	执行规划	✓	✓		✓	✓	✓
	人工规划		✓			✓	✓
	自动规划	✓			✓		
	静态规划	✓	✓			✓	✓
	动态规划	✓			✓		

在现代零售物流中，配送路线规划所采用的方法和技术，仍在不断发展之中。只有及时掌握最新的发展方向和技术，并立足于当下，才能找到既适合企业现状，又符合未来趋势的配送路线规划策略。

末端运输执行策略

配送路线规划完成后，末端运输进入执行过程。因为路线规划和运输执行的分离，执行过程得以拥有相当强的灵活性。这种灵活性带来的结果是，零售末端运输具有多种执行模式，归纳为自营模式、合约模式和混合模式三种。

在自营模式下，用于运输执行的配送车辆，为配送企业自行购置；配送司机，为配送企业雇用的员工。在一些场合中，配送任务的完成，还需要借助装卸人员，这些人员可能是企业员工，也可能是外部人员。零售配送企业对自营模式下的车辆配置，拥有完全的控制权，也就是说，配送企业可以直接选择车型，在有条件的情况下，可进行车型的个性化定制。个性化定制的范围，除了货车的技术配置，还包括统一的车厢外观。统一的车厢外观，是一种相对低成本、但效果显著的零售/配送品牌的宣传手段。自营模式的局限性在于，首次投入较大，主要是配送车辆的投入。因此，自营模式的开展，通常需要企业达到一定规模，或拥有强有力的资金支持。为了缓解首次投入带来的资金压力，在市场允许的条件下，一些企业选择采用合约模式。

在合约模式下，末端运输的执行方，并非配送企业的自营车队，而是具有合约关系的外部运输个体或企业。零售末端运输中的合约模式，与一般意义上的第三方物流既有联系，又有区别。两者都是通过与外部企业的合作来完成物流过程的执行的。但是，末端运输中的合约模式，仅针对运输这一单一的物流过程，执行运输的个人或企业在很多情况下是"第二方"。一般所说的"第三方物流"，涵盖的范围则相对宽得多。合约模式弥补了自营模式首次投入资金大的不足，投资由执行运输的个体或企业承担。由于配送车辆的所有权并不属于配送企业，因此，配送企业对合约模式中车辆的控制权弱于自营模式。这种控制权的减弱可能使配送车型无法充分匹配配送工况，产生负面效应。

为了抑制以上负面效应的影响,合约模式衍生出紧密型合约模式和松散型合约模式两个分支。在紧密型合约模式下,配送企业与运输执行方的合作十分深入,运输执行方完全按照配送企业的运输要求,进行货车车型的配置。作为"回报",配送企业承诺运输执行方长期稳定的合同约定,一般期限在五年以上,甚至直至货车报废。在松散型合约模式下,运输执行方虽然也可能按照配送企业的要求进行车型配置,但这主要是出于对自身运输成本的考虑;而其他方面(货车形象、终端服务等),则取决于合约的细则。显而易见,松散型合约模式的最大优势是合作灵活。合约签订的期限相对较短,一般为一年,双方可以在合约期满后,根据实际情况选择是否续约。紧密型合约模式和松散型合约模式的这些特点,决定了它们所适用的场合有所不同。一般来说,紧密型合约模式适用于零售发展成熟稳定且配送企业具有一定规模的场合;反之,松散型合约模式则更为合适。

自营模式和合约模式的并用,称为混合模式。采用混合模式的主要目的是,兼得两种模式的优点,不断通过比较与评估,相互促进。当仅采用一种模式时,配送企业的运输管理人员,很难判断自身所采用的运输执行模式是否较为合理、是否有提升空间及提升空间在哪里。混合模式为回答这些问题,指出了一个方向。当合约车队的一些表现强于自营车队时,运输管理人员可以对自营车队进行相应的评估和调整,反之亦然。混合模式的这一优点,受到不少零售配送企业的欢迎。于是,按照各自车队的规模和配送量占比,混合模式又衍生出自营为主、合约为主、平均模式三种不同类型。

混合模式也并非没有缺点,它为末端运输管理带来额外的挑战,主要体现在两个方面:一是如何管理两种不同模式下的车辆和司机;二是如何确保在两种模式下,司机的运输任务得到公平分配。面对这些挑战,不同的配送企业采取不同的应对之策,常见的包括差异管理和统一管理两种。顾名思义,差异管理是指对自营车队与合约车队单独进行管理的方式;统一管理则是指将两种模式下的车辆和司机,纳入统一的管理体系之中进行管理的方式。

在统一管理方式下，虽然车辆的所有权、司机的组织归属、报酬的支付方式有所不同，但在日常运营过程中，并不将其区别对待。如两者配备相同的车辆和设备，采用相同的配送任务分配规则，司机身着相同的工作制服等。与差异管理相比，统一管理更有助于提高运输管理效率，营造公平和谐的工作氛围。

值得一提的是，混合模式下的自营车队与合约车队并非一成不变，在一些情况下，存在相互转换的需求。如某合约司机因个人原因离职，希望将合约车辆转交给配送企业；抑或是配送企业雇用的司机，希望承包企业的自营车辆。当出现这种转换需求且需求合理时，统一管理显示出更强的灵活性。

末端运输执行模式的选择，与企业的状况和当地运输市场的情况密切相关。不管采取何种模式，配送企业自身的末端运输管理能力，都不应被忽视。只有自身具备较高的运输管理水平，才可能在不同的执行模式中，做出恰当的选择。以下通过几家零售配送企业的选择，对末端运输执行策略进行总结（见表 6-19）。

表 6-19 末端运输执行策略的举例总结

末端运输执行策略		零售配送企业					
		A	B	C	D	E	F
自营模式					✓		
合约模式	紧密型	✓	✓				✓
	松散型			✓		✓	
混合模式类型	自营为主						✓
	合约为主		✓	✓		✓	
	平均模式	✓					
混合模式管理方式	差异管理			✓		✓	
	统一管理	✓	✓				✓

末端运输策略的三个分策略的介绍——商品策略、车型策略、管理策略,至此告一段落。现代零售末端运输的体系规划,经过需求分析、目标设定、策略制定之后,最后进入关键绩效指标体系的设计环节。

6.1.7 末端运输关键绩效指标体系的设计

作为现代零售物流的核心过程之一,末端运输的表现和所处水平几乎是所有零售配送企业关注的焦点。要想评估和判断末端运输的状态,不仅需要客观专业的态度,而且需要根据事实和依据,关键绩效指标体系在此发挥重要作用。在末端运输管理中,应该设计怎样的关键绩效指标体系呢?本节将围绕这一问题展开探讨。

参考第3章中的零售物流方法论,关键绩效指标体系的设计过程,可分为体系结构设计、指标项目选择、原始信息获取、数据加工整理四个步骤。在理解路线规划与运输执行分离这一零售末端运输管理的基本思想后,末端运输关键绩效指标体系结构便十分清晰了,如图 6-16 所示。

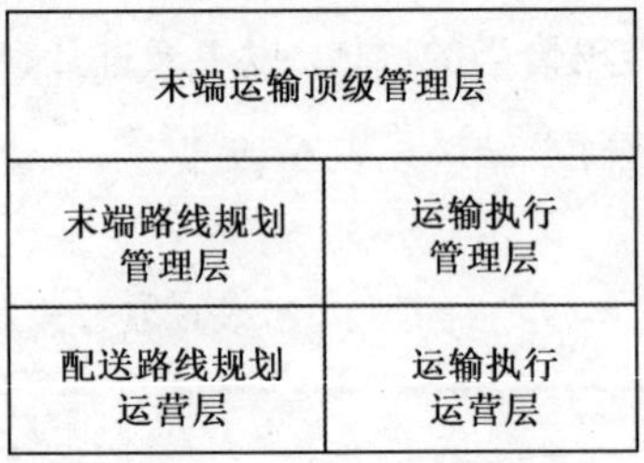

末端运输顶级管理层	
末端路线规划管理层	运输执行管理层
配送路线规划运营层	运输执行运营层

图 6-16 末端运输关键绩效指标体系结构

在明确关键绩效指标体系的结构之后,进入指标项目选择这一步骤。这一步骤的主要任务是,将指标项目分配到各个不同的层级中。分配之前,首先需要回答的是,有哪些指标项目可供选择?在现代零售物流的发展过程中,形成了大量针对末端运输管理的指标项目,部分指标在一定范围内具有通用性,而另一部分指标则仅适用于某些特定的场合。经过甄别筛选后,下面将部分经典的指标,列于表 6-20 中,供读者参考。为了便于查看,将这些指标按照末端运输的八个目标维度,进行分组归纳。

指标项目的选择，体现出关键绩效指标体系设计的精髓。这一过程可分为范围确定和层级匹配两个子过程，其结果是将选定的指标项目，分配到各个指标层级中。以表 6-20 为例，是选择所有的 24 个指标项目？还是选择其中的一部分？若选择一部分，应该选择哪些部分？每个指标应该被分配到哪个层级？寻找这些问题的答案，可以从两个方面入手：一是末端运输的目标设定，二是零售配送企业的信息获取和数据加工能力。

表 6-20　末端运输管理的经典关键绩效指标

目标维度	序号	指标项目	单位	说明
时间需求维度	1	配送准时率	%	配送车辆按照约定的时间窗口，抵达终端的次数占比。该关键绩效指标不仅涉及末端运输，还涉及仓库运营
	2	订单响应时间	小时	订单截止与终端到货之间的时间差。该关键绩效指标不仅涉及末端运输，还涉及仓库运营
效率需求维度	3	车辆利用率	%	一定时间内，车辆有效利用时间的占比
	4	车辆满载率	%	实际装载货量*与车厢总容量之间的比例，用来衡量车厢容量的利用率
	5	装车/卸车效率	数量/时	单位时间内，装车/卸车的货量*
效率需求维度	6	司机效率	数量/时	司机每小时配送的货量*，整体衡量司机的运输效率
	7	里程效率	数量/千米	单位里程内，车辆配送的货量*，用来整体衡量车辆的运输效率
物流质量需求维度	8	运输破损率	%	破损商品占全部配送商品的比例
	9	装车/卸车差错率	%	装车/卸车过程中发生差错的比例
直观感受需求维度	10	标准车厢外观车辆占比	%	所有配送车辆中，涂装标准车辆外观（如品牌商标）车辆的比例
	11	标准着装率	%	配送过程中，人员身着标准制服的比例
	12	车厢清洁周期	天	车厢进行清洁的间隔天数
经营成本	13	运输成本占比	%	运输成本占配送商品总价值的比例
	14	单位运输成本	金额/单位	商品的单位数量**运输成本
	15	百千米运费	元/百千米	车辆每行驶 100 千米的运输成本
	16	百千米油耗	升/百千米	车辆每行驶 100 千米消耗的燃油升数
	17	里程维修成本	元/百千米	车辆每行驶 100 千米的维修成本

续表

目标维度	序号	指标项目	单位	说明
投资成本	18	投资回报周期	月	购入一辆卡车所用资金在多少个月后,能够通过节省运费,与投入资金持平,通常用于与合约模式的对比
	19	投资收益率	%/年	合约方进行车辆投资时,计算收益与投资的比例
环境保护	20	每千米CO_2排放量	克/千米	车辆每行驶1千米排放的CO_2质量
	21	CO_2排放平衡率	%	采取各种方式(如植树造林),吸收CO_2量与运输排放CO_2量的比例
	22	尾气排放标准车辆占比	%	所有车辆中,各种不同排放标准车辆的占比,如国五车占比等
健康安全	23	标准工时占比	%	一定时间(如一周)内,符合法定标准工作时间的员工比例
	24	日均工作时长	小时	一定时间(如一周)内,员工每天的平均工作时长

*货量可能指货物的箱数,也可能指货物的重量、体积等其他计量单位。
**单位数量可能指商品箱数,也可能指载具数量、重量、体积等计量单位。

关键绩效指标的选择与末端运输的目标设定,具有紧密的关联性。不同的目标设定,基本决定指标的范围和分级。以A企业为例,下面对此加以说明。

A企业的关键绩效指标选择

A企业针对末端运输设定的目标如图6-8所示。八个维度上的目标,可分为三种不同程度。物流效率、物流质量和健康安全,属于最高程度;经营成本、直观感受和环境保护,属于中等程度;配送时间和投资成本,属于最低程度。在这样的目标设定下,关键绩效指标的选择和层级匹配,如表6-21所示。

表 6-21　末端运输关键绩效指标项目选择和分级的举例

关键绩效指标层级		指标项目
末端运输顶级管理层		行驶时间占比，司机效率 里程效率，装车/卸车差错率 标准工时占比，运输成本占比 单位运输成本
配送路线规划	管理层	车辆利用率，车辆满载率 每千米 CO_2 排放量
	运营层	配送准时率，车辆周转率
运输执行	管理层	装车/卸车效率，运输破损率 标准车厢外观车辆占比，车厢清洁周期 里程维修成本，日均工作时长
	运营层	标准着装率，百千米油耗

除了末端运输的目标，关键绩效指标的选择还应综合考虑零售配送企业的信息获取及数据加工处理能力。数据的基础是原始信息，如果原始信息无法做到真实可靠，以此得出的关键绩效指标数据，不但无法为运输管理提供支持，还有可能产生误导，甚至造成严重的管理事故。

在获取原始信息与得出指标数据之间，还应进行关键绩效指标计算公式的精确定义。关键绩效指标计算公式的定义，不应存在任何歧义。以运输成本占比为例，成本占比 = 运输总成本/配送商品总价值×100%，其中，配送商品总价值，便可能存在歧义。这是因为它既可能指代商品最终的销售价值，也可能指代配送价值，还可能指代商品的采购价值，具体使用哪个数值，应予以精确定义。

精确定义关键绩效指标的计算公式，是数据对比的前提。数据对比可分为纵向对比（与历史数据的对比）和横向对比（与其他企业的对比）两种方式。无论采用哪种方式，只有在计算公式清晰明确、数据口径一致的前提下，才有意义。

计算公式得到精确定义后，将原始信息代入，就可以得出相应的指标数据。关键绩效指标体系设计的最后一个步骤是数据的整理和呈现。在计算机技术的辅助下，数据整理的效率得以大幅提升，呈现的方式也多种多样。根据 KPI 的应用场合（更新周期、阅览对象等），呈现方式应予以区别对待。无论采用何种呈现方式，使关键绩效指标报表简洁易读，都是一个基本原则。

末端运输关键绩效指标体系的设计，既需要全面深入地理解这一过程，也需要丰富的实践经验。只有将两者有机结合，才能使关键绩效指标体系与末端运输管理融为一体，成为连接体系规划、流程设计和执行管理三个层面的纽带。

本节小结

在现代零售物流的研究方法论中，目标设定位于第一层面体系规划的中心。在零售配送体系中，它体现为末端运输的目标设定。如何进行末端运输的目标设定呢？在回答这一问题之前，必须理解末端运输中普遍存在的二律背反现象。正因如此，本节从分析这些现象开始。

末端运输中的二律背反现象，决定目标的设定必须有所取舍。取舍的结果，可以通过目标多维图予以呈现。目标多维图，旨在展示末端运输过程中可能存在的目标方向，以及这些方向之间的矛盾和联系。本节的中间部分通过几组案例，对目标多维图的绘制和含义加以阐述。

设定目标后，如何达成这些目标呢？一言以蔽之，就是要制定相应的末端运输策略。本节继而围绕末端运输策略的制定展开探讨，将其分为商品策略、车型策略、管理策略三个分支。在探讨策略制定的同时，再次引用介绍目标设定时的案例，进一步论述不同目标下的差异化应对之策。

末端运输关键绩效指标体系的建立，是本节最后介绍的内容。参考第 3 章中的零售物流方法论，关键绩效指标体系的建立分为体系结构设计、指标项目选择、原始信息获取和数据加工整理。

末端运输的体系规划，是认识和管理这一物流过程的第一层面。体系规划的结果，作为第二层面流程设计的输入，对整个末端运输体系的运转产生重要影响。

6.2　末端运输流程设计：路线规划与运输执行的分离

第一层面体系规划，设定出末端运输的目标和策略。那么，如何围绕目标，将策略转变为现场作业呢？实现这一转变的关键在于中间层面的流程设计。通过这一层面，末端运输过程被分解为多个不同内容、不同层级的流程，对每个流程的执行，便形成末端运输的现场作业。

根据第 3 章中的零售物流方法论，现代零售物流的流程设计，分为框架设计、细化设计和排列组合三个步骤，应用在末端运输过程中，则分别对应末端运输流程的框架设计、细化设计和排列组合。

末端运输过程可以分解成多个不同层级的流程，这些层级分别为顶级流程、一级流程、二级流程、三级流程等。将这些流程进行分类汇总，则可归纳为末端运输的基本流程和增值流程两大类。基本流程由末端运输的特性所决定，是完成现代零售配送过程必不可少的组成部分；增值流程是不同企业根据自身情况和市场环境增设的流程。增值流程往往能够为企业创造额外的附加价值,故而称之为"增值"。基本流程和增值流程共同构成末端运输的流程结构,本节首先从前者开始介绍。

6.2.1 末端运输的基本流程

现代零售末端运输的基本流程包含仓库交接流程、在途行驶流程和终端交接流程等,如图 6-17 所示。

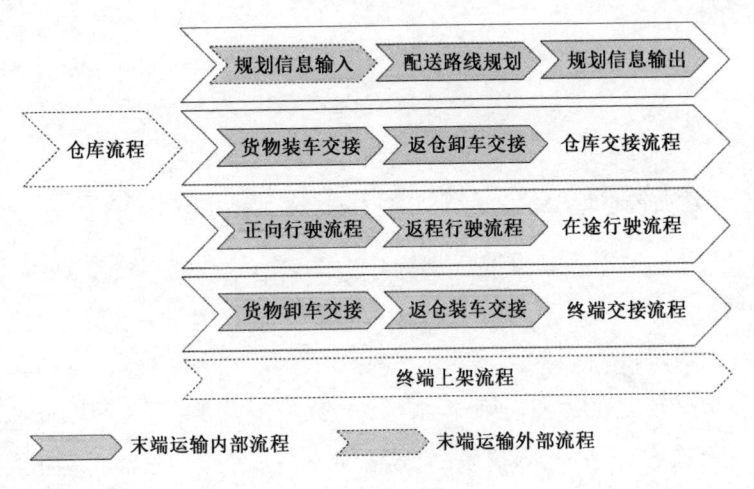

图 6-17 现代零售末端运输基本流程

前文提到,现代零售末端运输管理的基本思想是配送路线规划与运输执行的分离,因此,末端运输的基本流程,又可分为配送路线规划和运输执行两个顶级流程,其中,运输执行流程包含仓库交接、在途行驶和终端交接三个一级流程。运输执行流程相对直接,接下来仅就配送路线规划流程做必要的展开。

配送路线规划流程

配送路线规划流程,以规划信息输入为开始点,以规划信息输出为结束点。按照配送路线规划是否采取预规划策略，相应的流程有所差别。当不采取预规划策略时，配送路线规划流程仅包含执行规划一个二级流程；反之，则包含预规划流程和执行规划流程两个，如图6-18和图6-19所示。

图6-18 无预规划策略下的流程

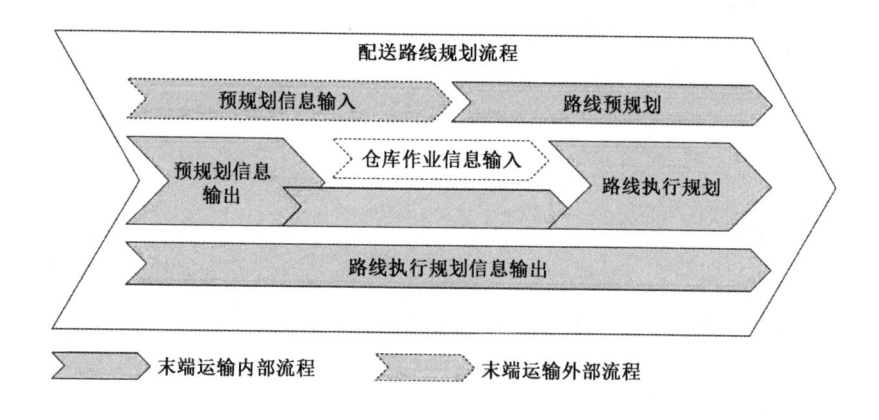

图6-19 预规划策略下的典型流程

如图6-18和图6-19所示，是否采取路线预规划策略，对应的配送路线规划流程，存在较大差异。当仅采取执行路线规划策略时，流程相对简单直接，如图6-18所示。

无预规划策略下的配送路线规划流程直接易行，但由于缺乏预估信息的输入，执行规划流程，只有在仓库作业全部完成或批量完成后，才能开展。也就是说，运输执行流程需要分批次进行，这种方式，被称为"批次发车"。批次发车方式，给末端运输的运营带来不少限制。一方面，路线规划面临较大的时间压力；另一方面，同一批次的所有货物，几乎需要在同一时间开始装车，这就要求配送仓库必须提供足够大的发货暂存区。两方面共同作用的结果是，运输资源需求集中，从而导致运输和仓库资源的利用率较低。为了提高利用率，在信息技术的支持下，预规划策略日益成为主流的规划策略，广泛应用于零售物流发展领先的地区和企业。

预规划策略下的配送路线规划流程，相对较为复杂，如图 6-19 所示。整个流程包含路线预规划和路线执行规划两个二级流程。路线预规划流程的输入为预规划信息，主要包括发货量的预估信息、对应的终端信息、预计到货时间等。获得输入信息后，路线规划员着手开展规划流程，并生成路线预规划方案。路线预规划方案所包含的信息，与执行规划的输出结果基本一致。两者的主要区别在于，预规划的依据是预估信息，而非已经完成备货的实际信息。

路线预规划方案，一般包含两个输出去向：一是配送仓库，二是路线执行规划。配送仓库收到预规划信息后，经过一定的加工，将其转化为仓库任务安排的指导信息。如按照路线发车的时间先后顺序，仓库任务实行优先级排序。这种利用路线预规划的结果指导仓库作业的方式，称为"运输驱动仓库"。预规划方案的第二个去向是路线执行规划。路线执行规划以预规划方案为输入，根据仓库作业的实际情况，生成用于执行的配送路线。

通过以上描述可以看出，在预规划策略的支持下，配送路线执行规划得以与仓库作业同步开展，而不必等到仓库任务全部或批量完成后再开始。这一变化意味着，运输执行可以采用"实时发车"的方式。只要满足一定条件，例如，某一路线上的货物已全部备齐，即可启动装车流程。与之前的批次发车相比，实时发车方式通过分散发货时间，能够有效地减少运输资源需求集中造成的浪费。另外，配送仓库的发货暂存区，更易实现循环使用，空间利用率得到提高。

是否采用预规划流程，与应用环境和物流技术水平存在很大关系。不管怎样，配送路线预规划，是现代零售末端运输的重要能力之一。只有在具备这一能力的基础上，零售末端运输才能获得更开阔的优化空间。

6.2.2　末端运输的增值流程

与基本流程不同，增值流程并不是零售末端运输中必须存在的流程，而是企业根据自身条件和市场环境增设的部分。增值流程的目的是更好地利用已有的运输资源，创造更多的附加价值。关于增值流程，不同企业有不同选择，一个基本原则是，增值流程不影响基本流程的开展。若它对基本流程造成影响，则应重新评估增值流程的必要性。此外，增值流程的设计和执行，都应纳入末端运输的整体管理中，以预防执行过程中问题的出现。接下来以回程取货为例，对增值流程进行简单介绍。

回程取货

回程取货是末端运输中典型的增值流程。在返回配送仓库的途中，配送车辆前往一家或多家供应商，装取送往仓库的货物后，再返回仓库，这一过程称为"回程取货"。虽然配送车辆返程时，多装有返仓物资，但它们常少于正向配送的货量。此外，若空载具能够叠放，那么在返程途中，车厢就存在更大的富裕容量，这为回程取货的开展提供了可能。图 6-20 展示出回程取货流程。

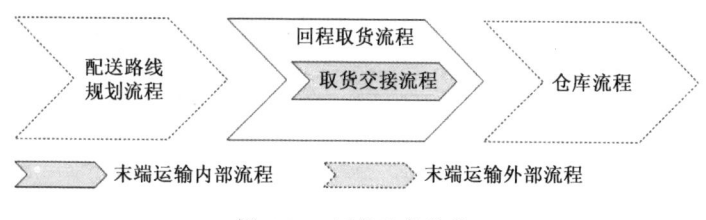

图 6-20　回程取货流程

回程取货任务，应包含在配送路线规划中，因此，该流程的开始点为配送路线规划流程，结束点为仓库流程。配送仓库收货流程，将在第 7 章中予以介绍。

回程取货流程包含一个新增的二级流程，即取货交接流程。取货交接流程包含车辆停靠、货物装车、交接、驶离取货点等。为了减少它对基本流程的影响，取货交接流程应尽可能高效。所以，"载具单元化"的装卸车方式，几乎成为回程取货的标准配置。

6.2.3　末端运输流程的细化设计

前两节已经完成对末端运输基本流程和增值流程的介绍，这些流程组成了末端运输流程的基本框架。在此基础上，末端运输流程设计进入细化阶段。

末端运输流程的细化设计，包含完成流程所需的每一项物流作业，以及这些物流作业的次序和因果关系。接下来以仓库货物装车交接为例，对流程的细化设计进行举例说明。

图 6-21 展示的是某配送企业针对仓库货物装车交接设计的细化流程。该流程在信息系统的支持下完成，主要使用的设备为无线射频（RF）手持终端。不同的末端运输流程，包含的物流作业方式差别较大，按照使用的技术和设备，又可以衍生出各式各样的细化流程图。一一描绘这些流程图，并没有多少现实意义。只有根据实际情况，进行量身定制的细化设计，才能体现出流程的真正价值。

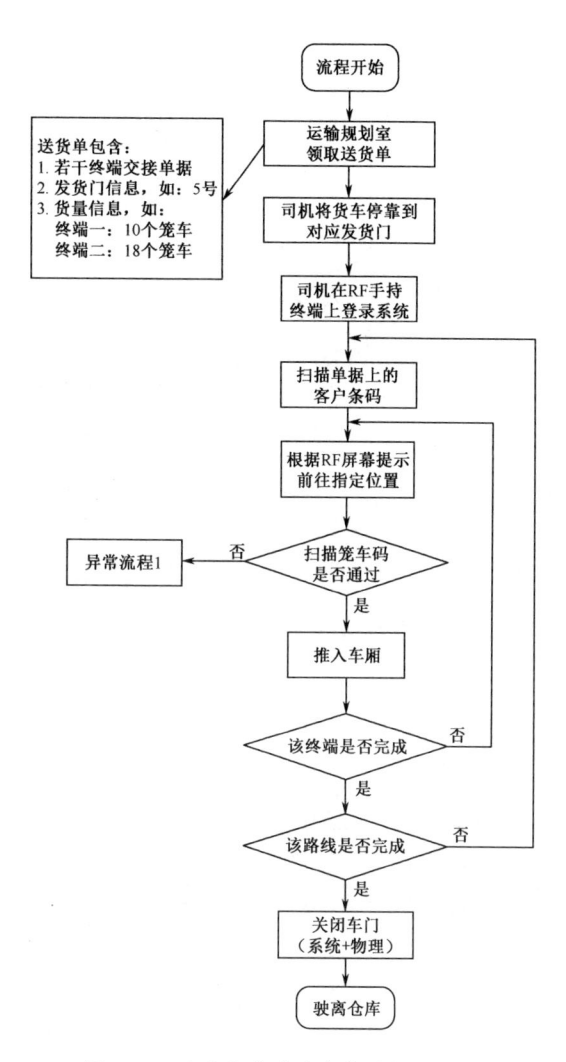

图 6-21 仓库货物装车交接的细化流程

6.2.4 末端运输流程的排列组合

明确末端运输的流程及其包含的细化内容之后，流程设计的最后一步是将这些流程按照一定的逻辑，进行排列组合，并最终转变为末端运输的日常运营。根据企业的不同情况和市场环境的差异，末端运输流程的排列组合，存在众多可能性，以下通过两个案例对这一过程略做解释。

图 6-22 显示的是 A、E 两家企业，针对末端运输流程做出的排列组合。从中可以看出，A 企业比 E 企业多出路线预规划流程和终端返仓交接流程，这意味着 A 企业在末端运输策略中，采取了配送路线预规划策略，并将物流载具用作运输的基本单位。E 企业则直接采取执行规划策略，并在返程过程中增加了回程取货的增值流程。之所以出现这样的差异，是因为 A 企业与 E 企业制定了不同的末端运输策略。由此可以看出，末端运输流程的排列组合与运输策略存在密切的关系。流程的设计和组合实际上就是末端运输策略的落实过程。

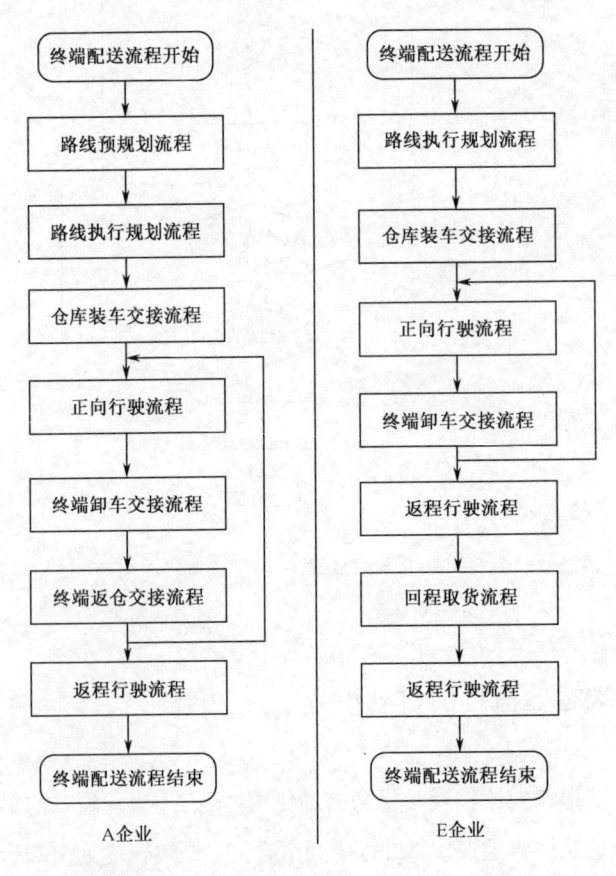

图 6-22 末端运输流程的排列组合举例

末端运输流程的排列组合是流程设计的最后一个步骤。至此，流程设计告一段落，末端运输转入执行管理层面。

本节小结

"以流程为导向"的理念，贯穿零售物流设计和管理的始终。现代零售末端运输管理的基本思想是配送路线规划与运输执行的分离。以此为基础，末端运输的基本流程，可分为配送路线规划和运输执行两个顶级流程。除了基本流程，末端运输过程还可能包含增值流程。

末端运输流程设计，是串联体系规划和执行管理的中间层面。通过该层面，末端运输过程被分解成若干个物流流程。这些流程的执行，一方面，形成末端运输的现场作业，另一方面，促使末端运输策略得到落实。

6.3　末端运输执行管理

末端运输是零售配送企业每天必须面对的工作，这些日常工作的开展和管理就是末端运输的执行管理。总体来看，末端运输的日常工作可分为配送路线规划和运输执行两类。在开展配送路线规划时，规划员根据仓库现场的作业情况或信息系统提供的信息，进行路线安排和运输资源的调配。运输执行主要由配送司机完成，必要时辅以装卸货人员。由此可以看出，末端运输执行管理的关键在于配送路线规划的开展、配送司机的管理、配送车辆的管理，接下来分别予以阐述。

6.3.1 配送路线规划的开展

配送路线规划将末端运输分成规划开展和运输执行两个过程。配送路线规划的结果，直接关系末端运输的效率和成本。可以这样说，路线规划的质量，是衡量现代零售末端运输发展水平的重要参考。

全局路线规划

配送路线规划，可分为全局路线规划和运营路线规划两类，一般日常工作中涉及的路线规划为后者。

全局路线规划，是针对所有零售终端进行的规划。一经设定，仅在一定周期（如每周）内，执行一次回顾或调整。当配送规模较小、复杂度较低时，全局路线规划并不是必需的；反之，则需要结合末端运输策略谨慎开展。全局路线规划的执行是将一定周期内的所有配送任务，按照一定的逻辑，分配到每周、每天的过程。举例来说，A 企业共配送 300 家终端，经过全局路线规划后，这 300 家终端的配送任务，被分配到每天，如表 6-22 所示。

表 6-22　全局路线规划举例

周一	周二	周三	周四	周五	周六
120	110	105	125	115	100

如上表所示，300 家终端的配送任务分配到每天后，每天的配送终端数量，从 100 家至 125 家不等，也就是说，这周内的平均配送频率为 2.25 次/终端。配送频率是执行全局路线规划的重要参数之一。除此之外，全局路线规划还应考虑每天的配送量平衡、终端地理位置、与终端约定的送货日等其他因素。在全局配送路线规划的基础上，规划员根据当天的配送任务，执行路线安排和车辆调配，这一工作即为运营路线规划。

运营路线规划

运营路线规划，是规划员每天必须开展的日常性工作。运营路线规划分为预规划和执行规划两种，两者在流程上的联系，前文已有详述。预规划和执行规划主要的区别在于输入信息的获取时间点和来源途径。两种路线规划本身的逻辑，并没有太大的差别，都是根据输入信息，在约束条件下，将配送任务按照一定的规则，分配到不同的配送路线中。输入信息、约束条件、规划规则，是开展路线规划的三个必要条件，以下分别进行介绍。

1. 输入信息

配送路线规划的输入信息，主要为货量信息。货量信息是指每一家零售终端对应的配送量。配送量的单位，由路线规划使用的单位所决定。例如，当散箱装车时，配送单位主要是体积和重量；当载具装车时，配送单位主要是载具的数量和重量。

按照获取时间点，货量信息分为预估货量信息和实际发货信息两类；按照来源途径，分为信息系统和仓库现场两种。比获取时间点和来源途径更重要的是信息的准确性。显而易见，实际发货信息是仓库备货完成后的信息，准确性更容易得到保障；预估货量信息是信息系统根据上一级的输入信息，基于一定逻辑计算而出的结果，其准确性完全取决于上级输入信息的准确性和信息系统自身的能力。因此，如何确保预估货量信息的准确性，是执行预规划流程时必须要正视的。总之，在获取准确的输入信息后，配送路线规划才能真正开始。

2. 约束条件

约束条件是指执行路线规划时必须考虑的限制因素。表 6-23 列出一些常见的约束类型。

表 6-23　配送路线规划约束条件举例

约束类型	说明
车厢配置	路线规划时的车厢配置，主要指车厢容量和温度范围。每一种车厢配置，就是一个约束条件。配置越多，约束越强
载具类型	货物装车使用的载具类型。一种类型，就是一个约束条件。载具类型越多，约束越强
到货时间窗口	与零售终端约定的到货时间窗口越窄，约束越强
终端收货条件	终端收货条件对配送车辆的限制越多，约束越强
道路限制	配送路线中的道路限制越多，约束越强

总体而言，约束类型越多，且每一种类型下的约束越强，路线规划需要考虑的因素也就越多、越复杂。例如，当所有配送车辆都使用相同的配置时，关于车厢配置的约束条件只有 1 个，而当使用两种不同的配置时，约束条件就变为 2 个，依次类推。所以，车厢配置形式越多，路线规划相应越复杂，这也从另一个角度说明，车型的标准化，对提高路线规划的效率发挥重要作用。同理，载具的标准化，是另一个提高路线规划效率的有效手段。另一个例子是到货时间窗口。时间窗口设置得越窄，约束越强，路线规划越困难。因此，根据实际情况，设置合理的到货时间窗口，同样有助于路线规划的开展。

零售物流中的配送路线规划，由于各种约束的存在，正在变得越来越复杂。虽然，诸如道路限制之类的外部约束难以改变，但是，内部约束可以通过多种措施予以干预。推广标准化的应用范围、设置合理的时间窗口、改善终端收货条件等措施，有助于降低复杂度，进而提升路线规划的效率和质量。

3. 规划规则

正如运输成本与终端需求之间存在背反关系，配送路线规划同样无法实现所有的目标。配送路线规划使用的规则，应与末端运输的总体目标保持一致。在目标多维图中，与配送路线规划直接相关的目标维度共有四个，分别为配送时间、经营成本、环境保护、健康安全。将这四个目标进一步细化，并结合相关的关键绩效指标，便可以得到多种不同的路线规划规则，如表 6-24 所示。

表 6-24　配送路线规划规则举例

末端运输目标	配送路线规划规则
配送时间	配送准时率优先、一次到货优先等
经营成本	车辆满载率优先、单位运输成本优先等
环境保护	CO_2 排放最低优先、总里程数最小优先等
健康安全	标准工时优先等

输入信息、约束条件、规划规则，是开展运营路线规划的三个必要条件。基于这些条件，配送路线方案具有多种不同的生成方式，本书将其归纳为人工生成和自动生成两大类。

在人工生成的路线规划方式下，规划员根据必要条件和个人经验，对每天的配送任务进行路线安排。这种方式简单易行，通用性好，但十分依赖人员的实践经验。一名初级规划员的培训时间，通常需要以数月计，甚至以年计。为了辅助规划员更好、更快地执行配送路线规划，自动生成路线方案的信息系统随之出现，并逐渐开始应用于零售配送企业之中。

与人工方式相比，在自动路线规划系统的辅助下，配送路线规划的开展过程更为直观、速度更快、平均质量也更高；同时，培训时间得到大幅缩短。当然，自动路线规划系统，不仅需要较大的首次投入，而且它属于物流领域内相对高级的信息技术，需要成熟的技术环境，应用门槛较高。不管怎样，专业的自动路线规划系统，正在得到越来越多零售配送企业的关注和应用。

配送路线规划的开展，除了包含路线规划，还包含对路线执行情况的跟踪，如装卸车效率、配送准时率等。跟踪的结果，反馈给运输管理人员，作为司机管理和车辆管理的依据。

综上所述，配送路线规划是一项颇具挑战性的日常工作。尤其在配送环境越来越复杂的今天，完成高质量的路线规划，既需要深刻理解末端运输，也需要丰富的实践经验。在自动路线规划系统的辅助下，配送路线规划可能变得更为高效和高质，但是，必须强调的是，自动路线规划系统只是辅助工具，只有在一定的条件和环境下才能发挥作用。

6.3.2 配送司机的管理

运输执行的主体是配送司机。配送司机在运输过程中，主要承担驾驶的职责，在一些场合下，配送司机还负责装车和卸车。配送司机的管理，是一个全球性的挑战，不同地区的不同企业可能会采取不同的应对方式，总体原则是安全第一。前文提到，在零售配送中，存在自营和合约两种基本模式。无论哪种模式，配送司机的日常管理，都应予以充分重视。这是因为司机管理不仅关系企业的经营成本，而且关系司机和他人的人身安全。在配送司机的日常管理中，常用的管理工具包括司机的准入机制、培训机制、激励机制三种。

司机的准入机制

所谓司机的准入机制，是指候选司机只有符合一定的准则，才允许被录用。准入机制是配送司机管理时设置的第一道门槛。无论对于内部司机还是外部司机，都应采取相同的准入门槛。除了将法律法规作为最低准则，一些配送企业还会设置额外的准则，如表 6-25 所示。

表 6-25 常见的配送司机录用准则

配送司机的录用准则	说明
驾龄	驾龄是最直接反映司机驾驶经验的指标，如最低 3～5 年
年龄	年龄是最为常见的准则之一
心理测试	心理测试旨在通过一些特定的问卷，了解候选人的心理素质和性格特点
背景情况	背景情况包括候选人过去的经历、是否有过醉酒驾车及违章情况、是否有过犯罪史等
实际驾驶测试	安排候选司机在指定区域进行实际驾驶的测试，根据驾驶情况予以评判
基本的算数测试	测试旨在了解候选人是否具有足以执行配送任务的基本算数能力

司机的培训机制

培训机制的建立，是配送司机管理中的核心内容。专业的培训机制，对培养司机的安全驾驶习惯、增强个人的驾驶责任心、降低燃油消耗、节省维修成本等，都具有重要意义。培训机制由入职培训和运营培训两部分组成。入职培训，是在司机被录用之后，立即进行的一次性培训；运营培训，是在运营过程中开展的定期和不定期的持续性培训。

配送司机一经录用，在正式开始执行配送任务之前，应接受入职培训。培训的内容，除了包含配送企业通用的入职培训，还应包含针对配送司机的专业培训（见表 6-26）。

表 6-26 配送司机入职培训示例

入职培训内容	说明
安全工作指导	包含与配送任务相关的所有安全性指导，如行驶、停靠、装车、卸车等
工作流程培训	与配送有关的工作流程培训，如常温商品配送、冷链配送、终端物资回收等

续表

入职培训内容	说明
车辆和设备操作培训	不同车辆的驾驶方式略有不同。此外，车载设备，如尾板、制冷设备、无线终端设备等的操作培训，也应包含在内
报告机制的培训	与配送任务执行相关的报告机制，如设备运输状况、设备故障、交通事故、紧急事态等
行驶过程相关培训	如不同行驶条件下的速度、驾驶时间、休息时间安排等
着装要求	着装要求包括服装、个人卫生、穿戴首饰等
意外情况处理	意外情况包括起火、紧急医疗救护等

与入职培训不同，运营培训是在末端运输运营过程中持续开展的培训。按照是否定期开展，运营培训分为定期培训和纠正培训两类。定期培训，是按照一定周期（如每年）进行的培训。定期培训的目的是再次强化入职培训的内容，并根据一段时间内司机的总体表现，进行的有侧重点的培训。纠正培训，是根据每位司机在一段时间内（如每月）的评估报告，开展的针对性培训。纠正培训的目的是，及时更正配送执行过程中司机的不良表现，如超速、急刹车、未按要求开启制冷设备、配送态度不佳等。

运营培训的总体目标是培养具有专业素养的配送司机。为达成这一目标，运营培训可能通过内部培训师和外部培训师两种不同的方式开展。内部培训师是配送企业聘请的员工，专职从事司机培训的工作。外部培训师一般是由培训机构推荐的专业驾驶培训师。无论哪种培训方式，基础都是司机评估报告中的信息，这些信息一般通过车载追踪系统、油耗分析表等技术手段获取。

司机的激励机制

针对司机设计的激励机制，是零售配送企业经常采用的一种管理工具。司机激励的方式有很多，从长期来看，采取正面的司机激励机制，能够取得更好的成效。司机激励机制的设定，有两个大的方向：一是鼓励司机达到更高等级的安全驾驶水平；二是认可司机获得的更高成绩。

明确激励机制的方向之后，下一步是选择与之相关联的指标。指标的选择至关重要，只有能准确衡量目标，才能够成为激励机制的组成部分。选择指标的另一个原则是，该指标不会诱导错误的行为。例如，用司机的配送量、里程数、配送路线数作为指标，可能诱导司机疲劳驾驶及服务态度恶劣。又如，用司机的无事故驾驶作为激励指标，可能诱导司机瞒报发生的事故。为避免负面效应，司机激励指标的选择，更宜落在某个具体的细节上。例如，为鼓励油耗节省设置的激励指标，或针对维修成本设置的激励指标等。

除了激励指标的选择，司机激励机制的奖励方式，也应予以谨慎对待。其中，奖励的来源是一个最突出的问题。奖励的来源可能有很多，如来自企业的奖励基金、企业的整体利润、运输的总预算等。以节省成本为来源的激励，不失为一种可持续运转的机制，它也被称为"自我驱动的激励机制"。

6.3.3 配送车辆的管理

执行运输的主要工具是配送车辆。在现代零售物流中使用的配送车辆，不仅包含货车本身，还包含安装在货车上的附属设备，常见的包括制冷机组、尾板、定位系统、各类传感器等。配送车辆的管理，既包含货车的管理，也包含附属设备的管理。车辆和设备的管理内容，分为保养管理、维修管理和日常管控三个基本方面。当然，不同设备的复杂程度不同，涉及的专业知识也不同，本节主要以货车为例，对此进行详细说明。

载货卡车在末端运输中的地位无须赘述。关于货车的管理，自然也是每一位运输管理人员关注的重中之重。总体来说，货车的管理分为两个大的方向，一个方向是针对货车本身的性能进行的管理；另一个方向是精细化和可视化管理。

货车本身的性能，与其组成部件直接相关。货车性能的管理实际上就是重要组成部件的管理，如发动机、底盘、轮胎等。间隔保养、运营保养和维修，是货车性能管理涉及的三项主要工作，理解这三个名词的不同含义，是货车性能管理的基础。

间隔保养是指根据货车制造商定义的最长间隔（一般为里程数）进行的保养服务；运营保养是指在两次间隔保养之间，针对货车重要部件进行的专项保养。运营保养的时间，应根据部件特性和企业保养策略灵活设定。维修是指针对因意外或过早失效而无法正常工作的部件，进行的修理或更换的工作。货车保养属于预防性的举措，目的是使车辆始终保持安全、高性价比及与路况匹配的行驶状态。货车维修则属于被动性的举措。相较而言，预防性保养对配送车辆性能的管理具有更积极的意义。

评估货车性能管理的一个重要指标是维修保养成本，它通常使用每百千米产生的维保费用作为评估依据。测量维保成本，除了用于配送车辆的日常管控，也是权衡货车是否应该继续运营的重要参考。当每月的维保成本大于货车的折旧成本时，则应开始分析该配送车辆是否值得继续行驶。

评估货车性能管理的另一个重要指标是燃油消耗。在大多数情况下，油耗都是运输执行成本中占比最大的一个，因此，针对油耗设定单独的管理措施是值得且必要的。油耗管理的方式有很多，总体分为手工管理和系统管理两类。无论哪种方式，明确行驶百千米的实际耗油量和每千米的实际油耗成本，都是两项最基本的工作。油耗管理的另一个侧重点是高油耗的管理措施。产生高油耗的原因主要有两个，第一个是司机的驾驶行为。司机的驾驶行为属于司机管理的一部分，在上节中已有阐述。货车的机械故障，是产生高油耗的另一个原因。当出现非正常的油耗情况时，应对相关部件进行针对性的检测。

货车管理的第二个方向是精细化和可视化管理。通过信息技术和传感器技术的应用，货车管理的精度、实时性和效率，都可能得到大幅提高。精细化管理体现为，对每一辆货车的每一个重要部件进行单独管理，并为其设立专门的管理档案。管理档案包含运行状态、维修记录、保养记录等信息。将这些信息进行加工处理，并通过清晰易看的方式，实时地展现在管理人员面前，即为可视化管理。精细化和可视化的结合，对提高货车整体的运营性能及延长部件的使用寿命，都起到积极作用。

配送车辆的管理，是一个跨学科、跨专业的课题，既需要专业知识的指导，也需要实践经验的积累。对于零售末端运输的日常运营而言，培养稳定、专业的车辆管理人员，也许是最直接有效的方式。

6.4 末端运输的信息化和数字化

虽然现在并非每个零售配送企业都已经开始应用信息技术进行末端运输的日常运营和管理，但毫无疑问的是，信息技术正在快速并深刻地影响它的发展，这一发展过程被称为零售末端运输的信息化进程。在信息化的基础上，一些领先的配送企业，开始探索利用物联网技术的数字化发展方向。无论信息化还是数字化，其根源都在于信息技术的应用。在前几节中，陆续穿插了有关信息技术的描述，本节对之前提及和未提及的与信息技术相关的内容进行整理，希望呈现出信息技术支持下的零售末端运输全貌。

信息技术的应用，并不仅仅停留在末端运输的某一个层面，而是融入整个闭环体系之中，对每一个层面不断产生影响。首先，对于体系规划层面而言，运输策略的制定与信息技术密不可分。例如，预规划运输策略的实施，必须依赖信息技术提供的支持。又如，关键绩效指标体系的建立，虽然并不完全依靠信息技术，但指标体系的广度和深度却取决于它。其次，对于流程设计层面而言，是否拥有信息技术的支持，直接影响可用流程的选取和走向。最后，对于执行管理层面，末端运输的执行和日常管理，都可能因为信息技术的应用而变得更为高效和高质；同时，利用信息技术，反馈回规划层面的信息和数据也更为实时和直观。由此可见,研究信息技术在末端运输中的应用,不能只从某一个层面入手,而应站在整个末端运输体系的高度上进行。

正因如此,末端运输的信息化和数字化进程应该是一个由全局设计开始的系统化过程。全局设计,包含两个层次的含义,一个是与外围信息技术环境的融合,另一个是末端运输自身系统的建立。现代零售物流中的信息系统,几乎没有一个是完全独立运行的,与外围技术环境都有着或多或少的交互,末端运输也不例外。虽然外围环境千变万化,但是,对配送企业自身的运输流程和管理目标进行梳理,是任何环境下必不可少的工作。

全局设计还有一层含义是针对末端运输进行的系统化设计。如前文所述,现代零售末端运输,分为配送路线规划和末端运输执行两个过程,系统化设计也就包含在内。这两个过程包含多种不同的应用场合,是采取"一步走"还是"分步走"的战略,需要根据企业的实际情况加以研究和判断。此外,在路线规划和运输执行之上的是末端运输的整体管理及预算计划,其中主要涉及的应用是数据分析和辅助决策工具。数据分析和辅助决策的支持深度,取决于信息技术在末端运输中的应用程度。

图6-23对末端运输的系统化设计思路略做总结,并辅以典型应用场合。

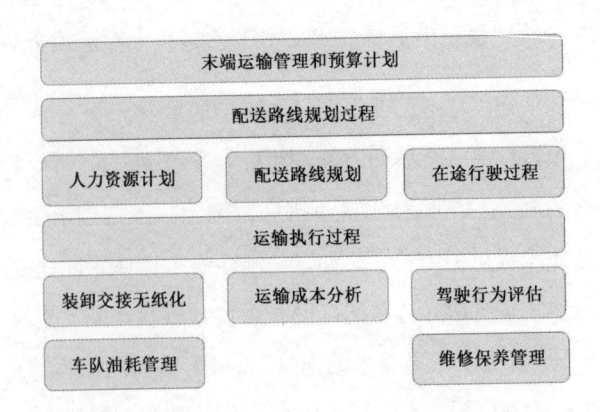

图6-23 末端运输的系统化设计思路和典型应用场合

信息技术有可能渗透运输执行过程中的每一个细节。对于运输管理人员而言，最重要的问题或许已经不是是否应用信息技术，而是如何将它与自身的运营相融合了。

运输管理系统（TMS）

从严格意义上来说，运输管理系统不是一套系统，而是多套系统的组合。信息技术在末端运输过程中的应用场合较为分散，同时，每个应用场合涉及的具体技术要求差别较大。例如，自动路线规划，要求的是算法能力，而司机驾驶行为评估，则主要依靠信息的采集和处理能力。因此，完成末端运输所有场合的信息化和数字化，需要多套专注于不同领域的系统的支撑。如前文所述，末端运输的管理是一个完整的闭环体系，这些不同的信息系统虽相对独立，却又应该彼此连接。只有这样，才能发挥信息技术在整个末端运输体系中的更大价值。为实现这一目的，产生了分散式系统和集成式系统两种不同的信息技术应用形式。

所谓分散式系统，是指多个单独的系统通过一定的技术手段，连接成一个整体的信息技术应用形式。每个单独的系统专注于某一个或某几个应用场景。各个单独的系统相对独立，分别由不同的信息系统供应商提供。例如，路线规划系统由一家专业的系统商提供；在途行驶跟踪，由另一家系统商提供；通过数据接口，在行驶途中获取的数据进入路线规划系统，成为路线执行情况的评估依据。在这种形式下，某一领域的系统供应商，可以深入研究该领域内的前沿技术，并快速将最新的技术应用到其提供的系统之中。然而，不同系统之间的整合，并不是一件轻松的工作。尤其当系统数量越来越多时，这些不同系统之间的数据传输和同步，成为物流与信息经理头疼的问题。为解决这一问题，出现了集成式系统。

集成式系统，将应用于不同场合的信息技术整合在一个大型系统之中。不同场合的技术应用，成为该大型系统中的各个子系统，全部由同一家信息系统商提供。与分散式系统相比，集成式系统将原本不同系统之间的数据传输，转变为系统内部不同子系统之间的数据流，数据接口工作得以大幅简化。更重要的是，用户仅需与一家系统供应商合作，沟通效率大幅提高。然而，集成式系统也并非全无弱点，成本高、实施周期长、专业度平庸等，经常为人诟病。

关于分散式与集成式系统孰优孰劣的争论从未停止，目前很难说哪种形式具有绝对优势。从运输管理系统的演变过程来看，集成式系统是在分散式系统的基础上发展而来的，通常应用于规模较大的零售配送企业。分散式系统，由于灵活性强、专业度高等特点，受到中小型配送企业的欢迎。无论如何，详析企业的末端运输现状，并进行充分的市场调研，以此为基础，选择适合自身发展的运输管理系统，也许更具现实意义。

本章小结

末端运输体系是本书第二部分最先介绍的内容。之所以选择末端运输作为出发点，是希望以终为始，从末端重新审视零售物流和供应链的价值。无论零售终端的形式如何变化，作为核心物流的组成之一，末端运输在过去一个多世纪内，其价值并未削弱。不仅如此，现代工业技术和信息技术的发展，为零售末端运输赋予了前所未有的全新价值。除了基本的运输经济性，新的价值更在于运输的安全性、服务性、舒适性、环保性、过程可视化等多个方面。虽然并非每一家零售配送企业都已经实现末端运输的全部价值，但毫无疑问的是，随着技术的更新和应用，这些价值的实现，正在变得越来越容易。

基于现代零售物流研究的方法论，本章按照体系规划、流程设计、执行管理三个层面，对末端运输体系展开剖析，三个层面各有侧重。

体系规划层面的侧重点是，分析零售末端运输领域内广泛存在的二律背反现象；在此基础上，通过目标多维图和策略制定，进一步探讨运输成本与终端需求之间的平衡之策。最后，关键绩效指标体系的建立，为目标的实现和策略的落实提供评估依据，并在整个末端运输闭环体系中起到纽带作用。

末端运输的流程设计相对直接，侧重点是根据已经设定的目标和策略，探讨如何设计与之匹配的流程。末端运输全过程可分解为配送路线规划和运输执行两个顶级流程。以配送路线规划流程为例，第 6.2 节对不同策略下流程的可能性加以说明。

末端运输的执行管理，是第 6.3 节着重阐述的内容。末端运输管理的基本思想是配送路线规划与末端运输执行的分离，这一思想决定了两者的管理关注点全然不同。配送路线规划关注路线方案的制定和优化；末端运输执行则偏重配送车队的日常管理。

贯穿全章的信息技术应用，在本章最后一节中予以归纳和总结。

在不同的国家和地区，由于经济发展水平的差异，零售末端运输所能实现的价值高低有别。在零售市场竞争中，运输经济性始终是最基本的价值。在此基础上，一些领先的零售配送企业，开始对服务性、舒适性、环保性等其他运输价值进行深入探索和积极实践。这些探索和实践，正在引领现代零售末端运输不断向前发展。随着社会文明的进步和科技应用的普及，我们有理由相信，越来越多的零售配送企业会加入其中。

第 7 章
供应链价值：配送仓库运营体系

"仓库"这一设施，拥有悠久的历史，在不同的时代名称不同。在古代，具有储存和分配功能的场所，被称为"仓"或"库"，"仓"多用于农业产品，而"库"则用于除了农业产品的其他产品。随着商业的发展，人们生活所需的农业产品和日常用品，被放在同一个地点进行售卖，与之产生的仓储设施，合称"仓库"。现代科技的进步，为仓库这一传统的事业，注入新鲜的活力，于是产生了"现代仓库""配送中心""物流中心""订单履行中心"等不同名称。虽然这些名称在一定程度上拓宽了仓库的内涵，但从本质上来说，储存和分配仍是这些设施所具有的主要功能。近年来，"配送中心"这一名称，被越来越多的零售和物流企业所使用，它因此成为现代化零售仓储设施的代名词。

"配送中心"中的"配送"二字，狭义上指从仓库到终端的末端运输，广义上则包含末端运输和仓库运营两个核心物流过程。在配送中心中，开展仓库运营的物流设施，称为"配送仓库"。"仓库运营"是配送仓库内发生的所有物流活动的总称，这些活动包括收货、上架、存储、下架、流通加工、发货等。将这些活动通过一定方式组成一个整体，便形成现代零售配送仓库的运营体系。

现代零售配送仓库与传统仓库的主要区别在于机械化作业和信息化管理。机械化作业有助于提高仓库流程的执行效率，而信息化管理，不仅有助于进一步提高执行效率，而且在执行质量和运营管理的改进中，也起到关键作用。本章关于配送仓库运营体系的解析，是以机械化和信息化为前提的。

根据第3章提出的现代零售物流的研究方法论（见图7-1），配送仓库运营体系包含体系规划、流程设计、执行管理三个层面，通过关键绩效指标体系，这三个层面成为一个完整的闭环系统。

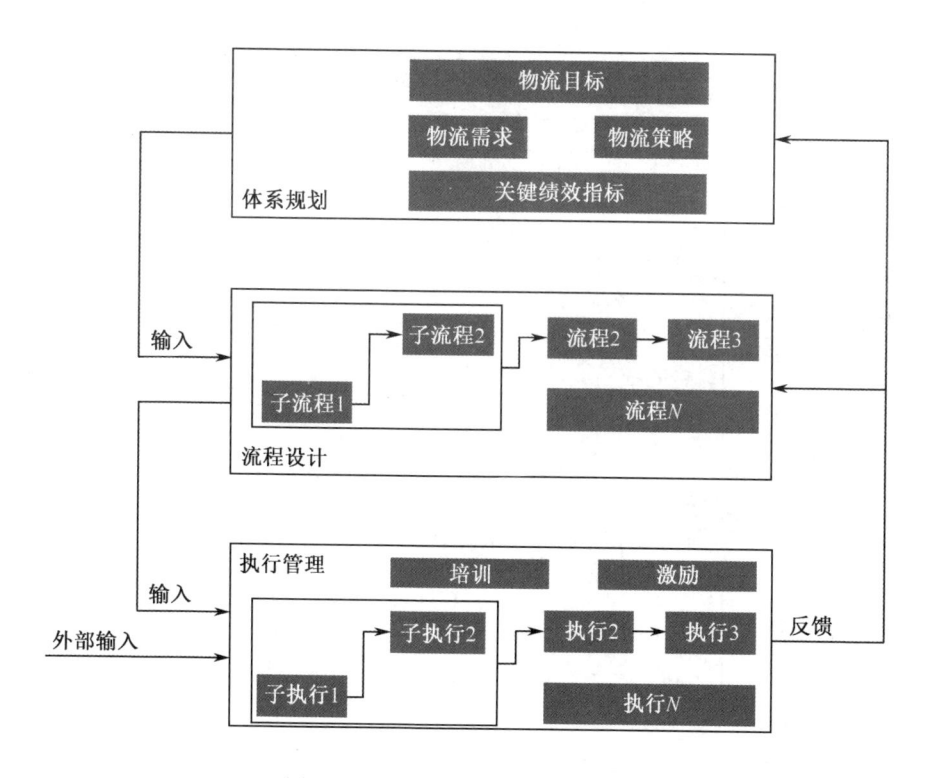

图 7-1　现代零售物流的研究方法论

7.1 体系规划：配送仓库的双重角色

在零售供应链中，存在推动型和拉动型两种基本模式。在这两种模式下，供应链的核心企业归属有所不同。推动型模式下的核心企业为生产企业，拉动型模式下的核心企业为零售企业。在拉动型模式下，零售企业的最终目标是通过满足消费者需求，创造更大的企业价值。供应链价值是企业价值的重要组成部分，零售企业对供应链价值的追求，催生配送网络（见图7-2）。

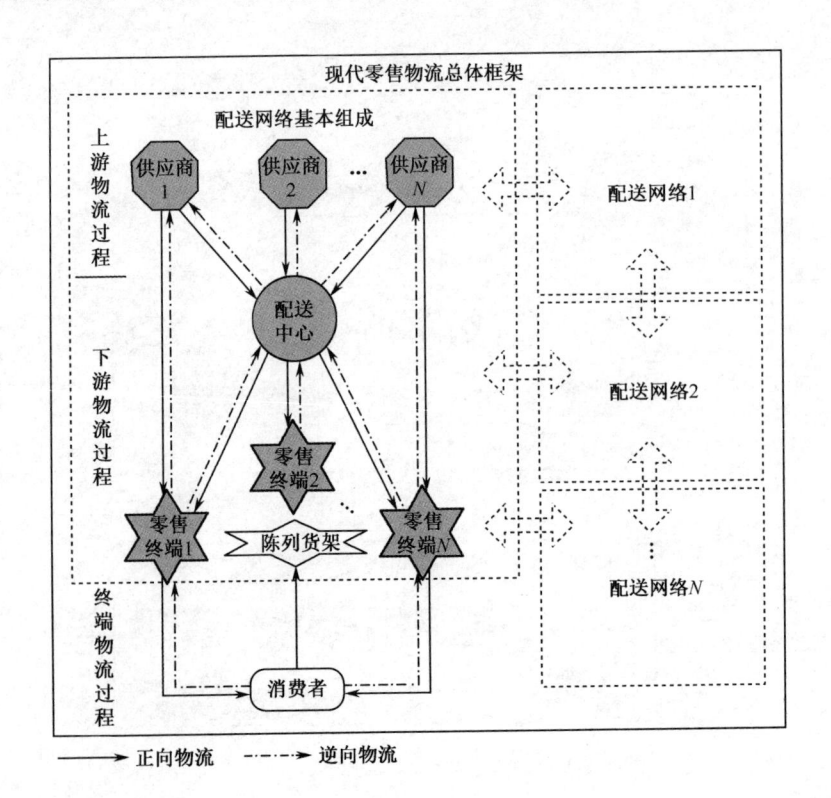

图 7-2 现代零售物流总体框架

在拉动型模式下，下游物流过程主要通过零售配送网络完成，而配送网络的基础设施是配送中心。配送中心位居配送网络的中央位置，上游承接商品供应商，下游串联零售终端。配送中心由一个或多个配送仓库组成，配送仓库的运营能力，是配送中心乃至配送网络能否高效运行的关键。

由于配送仓库扮演服务零售供应链和服务零售终端的双重角色，所以，配送仓库运营体系的规划，必须同时考虑这两个方面。零售供应链和零售终端对配送仓库的需求，是配送网络发展的动力源泉，本章首先从这里开始介绍。

7.1.1　配送仓库的第一重角色：零售供应链的需求

配送中心出现的最根本的原因，来自零售供应链的需求。当处于推动型模式之下时，生产企业依靠其构建的分销网络，将商品直接配送至零售终端，这种方式称为"供应商直送"。生产企业的分销网络中也有仓库，但分销仓库以服务生产企业为主，而非真正意义上的零售配送仓库。分销仓库内存放的商品是一个或多个生产企业的商品。由于同类生产企业之间存在竞争关系，因此，商品的品种和品牌数通常有限。与分销仓库不同，配送仓库内存放的商品，主要用于零售终端的销售，商品的品种数完全根据零售终端的需求决定，品牌数也几乎没有任何限制。归纳来说，两者最大的区别就是，分销仓库以服务生产企业为主，配送仓库则以服务零售终端为主。

在推动型模式下，由于分销仓库的活跃，整个物流网络对零售配送仓库的需求并不高。原因主要有两个：一是没有必要在供应链中再增加一级库存；二是没有必要在供应链中再增加一项仓库成本。然而，在终端配送上，分销仓库存在一个明显的缺陷。这个缺陷就是完全依赖分销仓库进行配送，会导致整体物流成本的增加。

随着综合性零售终端（如大卖场、生活超市等）的出现，各个分销仓库单独进行配送，产生了高昂的物流成本，对配送仓库的需求由此开始。这一需求，最初主要体现在末端运输成本的节省上。各个分销仓库不再直接配送到零售终端，而是将商品全部送至配送仓库；配送仓库将同一家终端的不同商品进行汇总后，一次性运送到零售终端的所在地。在这种方式下，原本多次分散的"供应商直送"，变成一次集中的配送，末端运输成本得以大幅降低。执行这一汇总工作的仓库称为"中转仓库"，这种方式，后来被命名为"越库"。

随着零售企业规模的不断扩大，供应链模式也在悄悄地发生变化。零售中转仓库不再满足于仅仅执行越库的工作，其渴望发挥更大的供应链价值，这推动了拉动型模式的发展。

在拉动型模式下，零售企业开始扮演供应链的核心角色。角色转变的一个重要标志就是，供应链网络逐渐从为生产企业服务的分销网络，过渡到为零售终端服务的配送网络。在这种模式下，供应链对零售仓库的需求，不再只是完成越库的工作，而是快速响应零售终端的订货需求。零售终端是直接与消费者发生交互的场所，并且距离消费者最近，基于终端销售分析的零售终端订货需求，可以近似看作消费者需求的真实反映。为了实现订货需求的快速响应，配送仓库必须保有一定量的库存。当接收到零售终端的订货需求时，配送仓库直接从库存中将对应的商品拣出后进行配送，这种方式称为"库存统配"。与之前的越库方式相比，库存统配下的终端响应速度得到大幅提升。这时的零售配送仓库，已经不再是传统意义上的仓库，其成为连接生产企业和零售终端的枢纽中心，故而被称为"配送中心"。由此可见，配送中心实际上是零售企业不断追求供应链价值的产物。

通过以上描述可以看出，由于零售供应链模式的不同，其对仓库需求也不同。在推动型模式下，它对仓库的需求，主要集中在运输资源的整合上，对库存的需求并不高；在拉动型模式下，它对仓库的需求转变为对配送中心的需求。配送中心因此成为以零售终端为服务对象的商品和物流提供方。

在实际的零售运营中，拉动型和推动型模式，往往以不同比例同时存在。供应商直送、越库、库存统配，这三种供应链类型同时存在。一家零售企业可能只使用其中的一种，也可能使用两种或全部三种。对于配送中心而言，库存统配是基本的供应链类型。离开了库存统配，配送中心也就不能再被称为"配送中心"了。

拉动型模式正在受到越来越多零售企业，尤其是大型零售企业的推崇。在以消费者为中心的市场呼声中，拉动型模式似乎已经博得了更多的掌声。本书认为，零售市场是一个快速多变、地区差异极大的市场，比起推崇哪种模式，更重要的是通过零售企业与生产企业之间的协同，创造出更大的供应链价值，并最终将这些价值分享给消费者。

零售供应链的目的是通过满足消费者的需求，创造更大的供应链价值。创造供应链价值的主要途径有两个：一是通过加快链条上的全局库存周转，实现更快的资金周转；二是通过效率的提高，实现更低的供应链成本。前者对配送仓库的全局库存优化能力提出新的要求；而后者则要求配送仓库运营成本最小化。

配送仓库的全局库存优化

配送仓库的全局库存优化，体现在三个环节，分别对应生产库存、流通库存、终端库存，如图7-3所示。

首先，配送仓库属于流通过程中的中间环节，需要具备优化流通库存的能力。流通库存的优化，主要体现在两个方面：一个方面是仓库内部库存的优化，为此，配送仓库必须具备库存管理和优化的能力；另一个方面是仓库外部流通库存的优化，主要手段是缩短原有的供应链长度，比如零售配送企业直接与生产企业开展贸易。

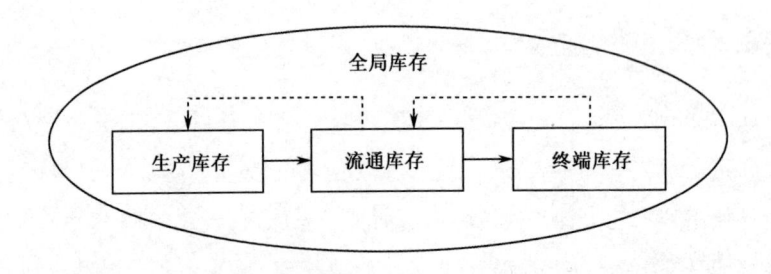

图 7-3　配送仓库的全局库存优化功能

其次，配送仓库需要具有优化终端库存的功能。这一功能主要通过两个途径实现：一是尽量缩短终端订单响应时间、加强到货时间上的规律性；二是提高到货的完整性，降低因到货不足产生的预测不确定性。

最后，配送仓库可能起到优化生产企业库存的作用。当上游供应链缩短之后，生产企业在一定条件下可以直接获知配送仓库的库存信息及零售终端的销售信息，以此减小"牛鞭效应"的影响。通过配送仓库优化生产企业库存的典型应用是供应商管理库存。

配送仓库运营成本最小化

零售供应链价值的创造，离不开供应链上的各个环节，应保持尽可能低的运营成本，配送仓库作为主要的物流环节，本应如此。然而，配送仓库运营成本与零售终端需求之间存在复杂的背反关系，一味追求低成本的仓库运营，必然会导致终端需求满足水平的降低。两者的背反关系，将在后续章节中进行分析，此处不予展开。

除此之外，配送仓库运营成本与全局库存优化之间也存在矛盾。全局库存优化，对配送仓库提出库存优化的要求，而库存优化能力的建设，通常伴随配送仓库自身运营成本的增加。因此，配送仓库运营成本最小化，应结合零售终端需求及全局库存优化这两个背反源，予以综合考量。

综上所述，零售供应链对配送仓库的需求，主要集中在全局库存优化和仓库运营成本最小化两个方面。全局库存优化，对配送仓库自身的库存管理能力提出要求；仓库运营成本最小化，则需要配送仓库具备在成本、需求、库存三者之间寻求平衡的能力。

7.1.2　配送仓库的第二重角色：零售终端的需求

零售终端对配送仓库的需求很难直接获得。零售终端的主要职责是终端运营、商品销售、顾客服务等，其对仓库运作情况并不了解，因此很难提出"对仓库的需求"。此外，与零售终端直接交接的物流过程是末端运输，而非仓库本身，这在无形中加深了仓库与终端之间的隔阂。尽管如此，零售终端对配送仓库的需求是真实存在的。配送仓库运营的表现，直接影响零售终端的日常管理。例如，仓库作业产生的差错，直接影响零售终端的库存准确性，从而增加库存管理的难度。配送仓库与零售终端之间的隔阂，必须经过详细调研和有效沟通，才可能得以消除。方式之一是仓库管理人员前往零售终端，现场了解终端的内部物流运作及库存管理情况。

不同类型的零售终端，对配送仓库的需求有所不同，总体来看，可分为商品需求、补货需求、物流质量需求、沟通需求四个象限。每个象限包含多项内容，如表 7-1 所示。

表 7-1　零售终端对仓库的需求象限

商品需求	补货需求
商品单品总数	到货完整性
多温层商品	到货时间
	订货灵活性
物流质量需求	**沟通需求**
商品无差错	高效沟通
商品完好	
商品保质期	
商品分类	

在零售终端对仓库的需求象限中，不同内容对应的影响源差别较大，接下来分别进行论述。

零售终端对配送仓库的商品需求

商品需求是零售终端最基本的需求。离开了商品，零售终端也就不复存在。零售终端商品需求的满足，是供应链参与方共同作用的结果。

从零售供应链基本模型（见图 7-4）可以看出，无论处于推动型模式还是拉动型模式下，供应链的最终目标都是为零售终端提供符合消费者需求的商品。从宏观来看，这一目标只有通过市场、营销、采购、物流等多个领域的紧密配合，才能真正实现。毫不夸张地说，零售终端商品需求的满足是零售世界中涉及面最广的话题。

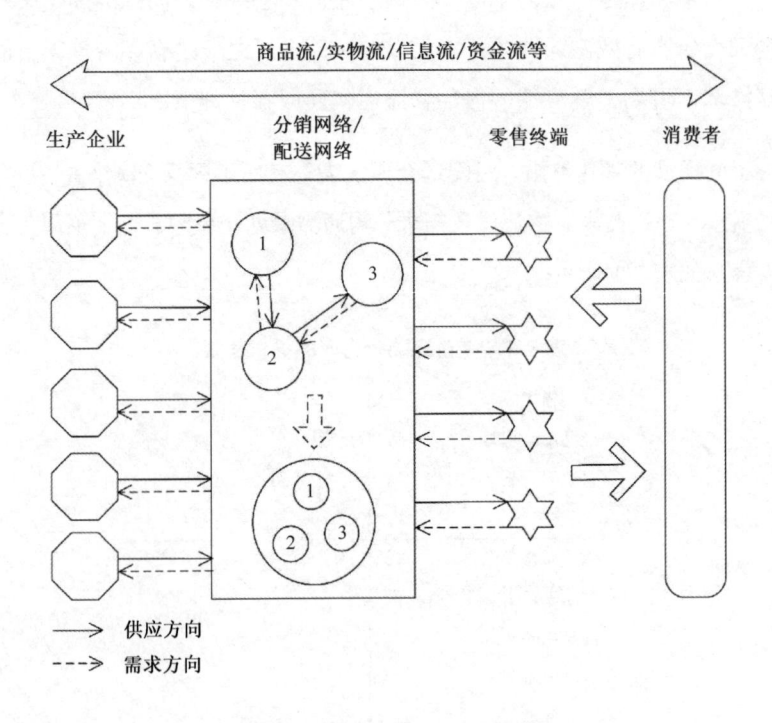

图 7-4 零售供应链基本模型

从微观来看，在以配送中心为基础的零售配送网络中，配送仓库是直接为零售终端提供商品的场所。从这个角度来看，零售终端向配送仓库提出商品需求也是顺理成章的。对于配送仓库而言，零售终端的商品需求，主要体现在商品单品（SKU）总数和多温层商品两个方面，这两个方面对仓库运营产生极其重要的影响。概括来说，商品单品总数基本决定仓库运营的复杂程度及所需场地的大小。在库存统配的供应链类型下，配送仓库所能提供的商品单品总数越多，仓库运营越复杂，所需的仓库面积通常越大。多温层商品的配送，则要求仓库具备不同温度的存储条件。零售低温商品的温层需求跨度较大，一般从-18℃到12℃，这无疑为仓库运营带来新的挑战。

无论商品单品总数还是多温层商品的需求，都可以归纳为配送仓库的商品选择。零售终端商品需求的满足，由此转变为配送仓库的商品选择问题。笼统地说，商品选择是零售企业与生产企业基于消费者需求，做出的符合自身利益和供应链发展的决定。所以，零售终端的商品需求满足，应从企业利益和供应链发展的角度出发，而不能仅考虑物流。

零售终端对配送仓库的物流质量需求

在零售终端对仓库的需求象限中，物流质量需求包含商品无差错、商品完好、商品保质期、商品分类四个子需求。

1. 商品无差错

商品无差错是指送达零售终端的商品与交接单据上的商品信息完全一致。商品无差错对零售终端的日常运营至关重要，体现在以下三个方面：

第一，零售终端的交接和清点过程得以大幅简化。凡是需要交接的场合，一般都需要双方进行清点和确认。在商品无差错的前提下，货物交接和清点不再需要散箱操作，只需对整个批次的货物实行一次性交接，效率因此得到提升。由于不再进行商品的逐一清点，该交接方式称为"信任收货"。"信任收货"与"载具单位化"的结合,有助于大幅提高终端交接效率,不仅如此,它对供应链整体效率的提高,也具有重要意义。

第二,零售终端和配送仓库的库存准确性得到提高。配送商品的差错,同时关系零售终端和配送仓库两个场所的库存准确性。所谓库存准确性,是指信息系统中记录的库存信息与实物库存的一致性。在现代零售运营中,无论仓库管理还是零售终端管理,库存准确性都起到关键作用。因而,保持库存准确性是一项基本的日常工作。当出现配送差错时,零售终端需要及时更正交接单据[①]中的错误信息,否则,这一差错将进入零售终端的信息系统,成为终端库存不一致的根源之一。另外,配送仓库也需要进行类似的操作,以避免仓库信息系统中的库存不一致。由此可见,商品无差错,对配送仓库和零售终端的运营具有同等重要的意义。

第三,零售终端与配送仓库之间的沟通量得以减少。当配送差错出现时,差错的归属是一个令人颇为困扰的问题。这是由于差错可能出现在仓库作业中,也可能出现在运输过程中,还可能出现在终端收货环节。因此,差错一旦产生,往往需要花费很多时间和精力确认差错的归属。由此产生的沟通和纠错成本,具有相当强的隐匿性,难以察觉和计算。同时,日常运营中的配送差错,就像远行途中鞋里的一粒沙,容易让人产生疲惫和厌倦的情绪。

通过以上分析不难看出,商品无差错需求的满足,不仅有益于零售终端,还有益于配送仓库的运营。

2. 商品完好

商品完好的需求较为直观。对于常温商品而言,当商品送达零售终端时,包装和商品本身都应具备完好的状态;对于有温度控制要求的商品而言,商品完好还意味着在送达前,商品温度始终保持在要求范围之内,即通常所说

---

① 交接单据可能是纸质单据,也可能是电子单据。

的"全程冷链"。全程冷链的目的是使商品以完好的状态，抵达消费者的手中。达到这一目的的方法是，在生产企业完成商品的储运包装之后，流通的每个环节都确保商品温度始终维持在要求范围之内，仓储环节自然是其中之一。当决定满足零售终端的温控商品需求时，实际上也就决定了仓库必须具备温控能力。全程冷链不仅是物流范畴内的问题，同时也关系食品安全。只有供应链上的所有参与方都给予足够的重视，并付诸实践，零售终端的这一需求才能真正得到满足。

3. 商品保质期

商品保质期需求是指商品抵达零售终端时，剩余的保质期长度仍然能令消费者满意。基本原则是，零售供应链应将尽可能长的保质期，留给最终消费者。商品保质期在不同的国家有不同的规定。在中国，根据中华人民共和国国家标准（GB7718—2011）的规定，食品包装上的标签，应标识生产日期和保质期，这为保质期在零售供应链上的管理提供了依据。在此基础上，为了更好满足零售终端对保质期的需求，零售供应链上的各个环节关于保质期的约定，显得格外重要。对于仓库运营而言，设置清晰明确的保质期精细化管理规则，是一个直接有效的方法，如表 7-2 所示。

表 7-2　商品保质期的精细化管理规则举例

保质期总长度	仓库入库最短剩余时间	仓库出库最短剩余时间
7 天	6 天	6 天
21 天	18 天	16 天
90 天	75 天	65 天
180 天	150 天	120 天
365 天	275 天	245 天
1095 天	730 天	670 天

保质期管理规则的约定，与市场情况和采购策略有一定的关系。约定的

重点是，应针对不同特性的商品，设定差异化的管理规则。这是由于消费者对不同商品的保质期的期待有所不同。例如，针对保质期总长度为7天的生鲜商品，消费者对剩余保质期的期待，远高于保质期总长度为365天的常温商品。保质期管理的第二个重点是信息系统的支持。当配送仓库同时管理数千种商品时，只有在信息系统的支持下，才可能高效实施精细化的保质期管理。因此，仓库信息系统是满足零售终端保质期需求的必要条件。

4. 商品分类

零售终端对商品分类的需求，随终端类型的变化而变化。一般来说，零售终端的面积越大，对商品分类的需求越高，反之则越低。所谓商品分类，是指商品送达零售终端时，按照一定的规则，进行分类放置的配送方式。当使用物流载具进行配送时，商品分类的需求显得尤为突出。

如果一个物流载具中存放着多组不同类别的商品，那么，零售终端在执行内部上架流程时，经常需要往返于不同的区域，终端面积越大，因此造成的效率损失也就越明显。"类别"是商品分类时最常用的规则。例如，食品和非食品是两个基本类别，在此之下，又可细分出软饮料、休闲食品、粮油、日用洗化、家居百货等林林总总多个科目。在一般情况下，商品类别划分得越细、越严格，仓库运营成本也就越高。所以，在商品分类的精细程度与配送仓库运营成本之间寻找平衡点，是十分必要的。

除了商品类别，在一些场合下，还需要使用其他的分类规则。例如，按照促销商品和普通商品进行分类，或者蔬果商品按照温度敏感和不敏感进行分类等。笼统地说，每增加一种分类规则，相应的仓库运营成本也会在不同程度上增加。具体使用怎样的分类规则，应酌情予以分析。

综上所述，零售终端对配送仓库的物流质量需求，具有相当强的通用性，将物流质量看作零售终端的基本需求，亦不为过。换言之，物流质量是现代配送仓库必须具备的。

零售终端对配送仓库的补货需求

在介绍零售终端对配送仓库的补货需求之前,首先有必要粗略地介绍一下零售终端的补货过程。

补货过程是零售终端库存管理的一个环节。终端的销售,带来商品库存的减少,之后通过补货增加库存,由此形成循环。这似乎是一个简单的逻辑,常见的表述如"卖多少,补多少"等。然而,事实并非如此,主要的原因有以下几个:

第一,消费者需求具有一定的不确定性,因此,销售也并非一成不变。不同特性的商品,需求不确定性的程度高低有别。例如,对于生活必需品,需求不确定性的程度低于冲动性消费品。

第二,补货与到货之间存在一定的时间差,在这段时间差内的销售,不应受到影响。由于消费者的购买是即时发生的,补货不及时,可能直接导致销售的损失。

第三,实际到货数量与补货数量之间经常出现一定比例的差距。不同商品的到货完整性参差不齐。

第四,在一些场合下,终端补货并不由终端主动发起,而是"被动性补货"。所谓被动性补货,是指零售终端的上游直接将库存分配到零售终端的补货方式,这种方式也称"硬配"。硬配现象,在推动型模式下尤为常见。

在实际运营中,终端补货存在多种不同的形式,如终端自主补货、中央集中补货、系统自动补货等。无论哪种形式,从本质上来看,补货过程都是一个销售预测的过程。在这个预测过程中,以上提到的种种原因,可以视作预测的影响因素。预测的结果,最终体现为零售终端的补货订单。

终端补货过程的结果是"补货订单"。补货订单上的主要信息包括终端基本信息、时间信息、商品信息三类。时间信息不仅包含订单生成时间,在供应链稳定的情况下，还可能包含预计到货时间。商品信息包含品种和数量两类数据。商品信息在订单上的显示方式为一个品种一行，因此，订单上的一个品种，也称一条"订单行"。

零售终端对仓库运营的补货需求，包括到货完整性、到货时间、订货灵活性三个子需求，以下分别进行论述。

1. 到货完整性

到货完整性，是指配送仓库送达零售终端的商品与补货订单一致的程度，一般通过"终端订单满足率"这一指标体现。终端订单满足率，也称配送服务水平，是零售供应链的一个关键绩效指标。计算终端订单满足率的基础是补货订单，用实际送达商品的数量，除以补货订单上的订货数量即可。当终端订单满足率为100%时，说明到货十分完整；当终端订单满足率低于100%时，则说明到货有着不同程度的短少，比例越低，短少越多。

到货完整性对零售终端的切身利益和日常运营产生重要影响。首先，到货完整性与零售终端"货架可售商品量"（OSA）直接相关。由于到货短少造成的可售商品量不足，称为"缺货"（OOS）。缺货可能直接导致商品销售额的损失，在很多情况下，这不仅是零售终端一方的损失，同时也是商品供应方的损失。因此，如何减少缺货现象，成为零售供应链上所有参与方共同关注的问题之一。其次，到货完整性影响零售终端日常的补货工作。前文提到，终端的补货，本质上是销售预测的过程。当进行销售预测时，如果历史终端订单满足率不高，则会产生订货的"不确定性"。终端订单满足率越低，不确定性越高。这种不确定性，会增加销售预测的难度，最终产生的后果可能是缺货严重，也可能是库存过多。显然，两者都不是供应链参与方所期待的。总之，到货完整性是零售终端乃至供应链参与方的共同需求。

到货完整性，受到零售市场发展状况、仓库库存管理能力、仓库上游供应链水平等诸多因素的影响。终端到货完整，依然是供应链参与企业的奋斗目标。不管现状如何，零售终端期待完整到货的愿望，并不会因为目前无法完全满足而消失。相反，随着零售和快速消费品市场竞争的持续加剧，这一需求正在变得越来越迫切。

2. 到货时间

零售终端对所订商品的到货时间需求包含两层含义，第一层是对到货速度的需求；第二层是对到货时间规律性的需求。其中部分内容，已在第 6 章中有所阐述，此处仅就与仓库运营相关的部分予以补充。

到货速度，一般通过订单响应时间这一指标体现。订单响应时间越短，则到货速度越快，相应地，越有利于零售终端加快库存周转。在不同的供应链类型之下，订单响应时间的组成有所差别。当处于库存统配类型之下时，响应时间主要包含仓库作业时间和末端运输时间两部分；当处于越库类型之下时，响应时间还额外包含供应商送货到配送仓库的时间。在通常情况下，越库订单的响应时间较库存统配长。

订单响应时间还与物流成本有关。物流成本主要包含仓库运营成本和末端运输成本两部分。末端运输成本与订单响应时间的关系，在第 6 章中已有详述，这里着重讨论响应时间与仓库运营成本之间的关系。

如图 7-5 所示，在订单响应时间中，留给仓库作业的时间，直接影响仓库运营成本。从图 7-5 中可以看出，仓库剩余作业时间的经济区间在 8～24 小时。低于 8 小时，会造成仓库资源过度集中；高于 24 小时，对降低仓库运营成本并无多少益处。在经济区间的基础上，与延长仓库剩余作业时间相比，更重要的是平衡仓库每日工作量。配送仓库每日工作量的相对平衡，可以通过约定合理的终端固定到货日予以实现。这与第 6 章中所述的末端运输资源的平衡异曲同工，此处便不再赘述。

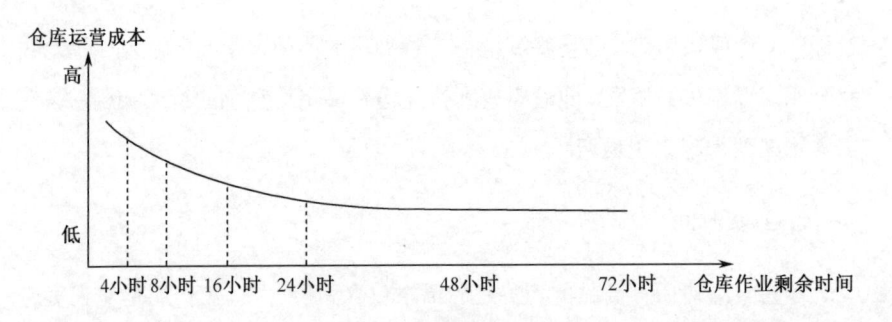

```
仓库运营成本
高
                                        
                                        
                                        
低
    4小时 8小时 16小时  24小时      48小时       72小时      仓库作业剩余时间
```

图 7-5　仓库作业剩余时间与仓库运营成本的关系

3. 订货灵活性

零售终端对订货灵活性的需求体现为补货订单中的订货基本单位。订货基本单位，是针对单一商品设定的订货最小倍数。按照不同的最小倍数，订货基本单位分为零售包装、中包装、储运包装、单元化载具等多个不同级别。例如，某一商品的储运包装含量为 24，以储运包装作为订货基本单位（"箱拣"），终端每次订货的数量为 24、48、72，依次类推；若以零售包装作为订货基本单位（"零拣"），终端每次订货的数量，可以为任意整数。当使用越高级别的订货基本单位时，订货灵活性越弱，作为"补偿"，仓库运营成本越低。这种具有更强经济性的订货基本单位，也称"经济订货批量"。

订货灵活性与仓库运营成本，是现代零售物流中典型的二律背反现象。订货灵活性越高，仓库运营成本随之越高；相反，则越低。造成这一现象的主要原因在于商品出库时的仓库作业效率。

零售终端的订货基本单位，对于仓库运营而言，意味着出库环节搬运的基本单位。一次搬运的基本单位越大，仓库效率越高，反之，则越低。举例说明，某商品的包装含量如表 7-3 所示。

表 7-3　订货基本单位对仓库运营成本的影响举例——某商品的包装含量

零售包装	中包装	储运包装	整托盘
1	6	24	720

当采用整托盘作为订货基本单位时，仓库出库作业中，一次搬运的数量为 720 个零售包装；当使用储运包装作为订货基本单位时，一次搬运的数量为 24 个零售包装；当使用零售包装作为基本单位时，一次搬运的数量只有 1 个。由此可见，不同的订货基本单位，产生的出库作业效率相差悬殊。出库作业效率，直接影响仓库运营成本。在同等条件下，出库效率越高，则仓库运营成本越低。图 7-6 展示出订货灵活性与仓库运营成本之间的关系。图中阶梯仅为举例，并不代表真实的比例关系。

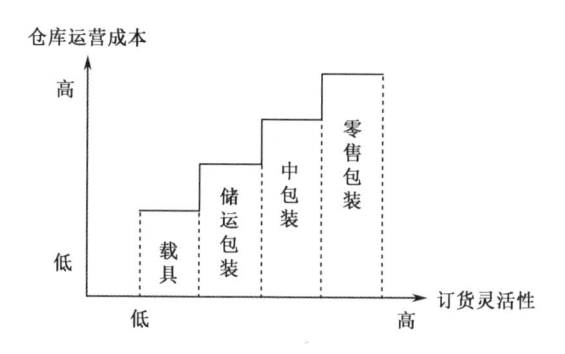

图 7-6 订货灵活性与仓库运营成本的背反关系

在处理订货灵活性与仓库运营成本之间的矛盾上，不同零售企业，可能采取截然不同的应对方式。例如，以价格优先的大型折扣店，通常选择降低订货灵活性来换取更低的仓库运营成本，从而获得更大的定价区间；以便捷优先的小型便利店，大多选择充分满足终端订货的灵活性需求，由此增加的仓库运营成本通过售价的提高予以消化。诸如此类的例子，举不胜举。零售企业首先应正视这对矛盾，继而施以客观理性的分析，方能于不断变化的市场环境中灵活应对，左右逢源。

零售终端对配送仓库的沟通需求

在以配送中心为基础的配送网络中，零售终端销售的商品，大多由配送仓库提供，终端与仓库之间的沟通需求随之产生。零售行业是一个快速变动的行业，即使是较为先进的零售企业，也很难保证所有的商品和配送在任何时候都按照计划进行。当出现异常情况时，高效的沟通机制，便显得尤为重要。

通信技术的发展，无疑为沟通带来了极大的便利，但同时，也可能产生负面影响。例如，零售终端几乎可以在任何时间，直接与配送仓库内部岗位的员工进行沟通。从配送中心管理的角度来看，掌握零售终端的反馈十分重要。主要原因有以下两个：一是问题背后的根源可能较为复杂，并不是某一个岗位的员工能够直接回答的；二是只有针对反馈进行定期分析和汇总，管理人员才能有的放矢，不断提升仓库的运营水平。因此，高效沟通机制的建立，不仅是零售终端的需求，同时也是配送仓库了解自身运营情况的重要渠道。

本节小结

商品需求、物流质量需求、补货需求、沟通需求，描绘出零售终端对配送仓库的需求轮廓。通过本节的分析可以看出，除了物流质量需求和沟通需求，零售终端需求的满足，不仅与配送仓库运营相关，而且与零售供应链的上游和下游联系密切。具体来看，商品需求和到货完整性的满足程度，是上游供应链与配送仓库协同水平的体现；而到货时间和订货灵活性的权衡，则反映出零售终端与配送仓库之间衔接的紧密程度。图 7-7 将以上关系通过示意图的形式呈现出来。

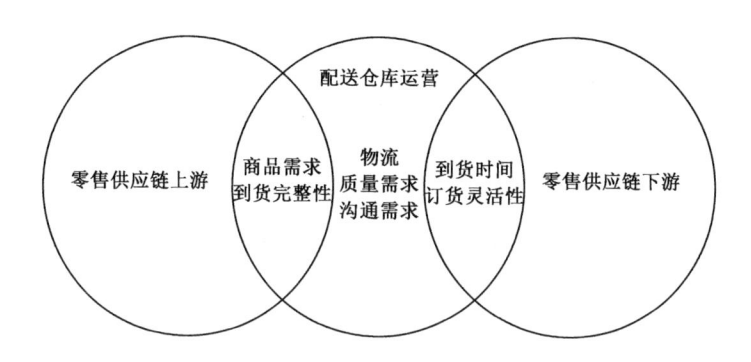

图 7-7　零售终端需求与配送仓库运营的关系图

以图 7-7 为基础，接下来对零售终端的需求满足与配送仓库运营成本之间的背反关系略做总结。配送仓库运营成本，分为仓库投资成本和仓库经营成本，以两者为轴，建立坐标系；再将图 7-7 中汇总的零售终端需求，放置在该坐标系内，便可得出零售终端需求与配送仓库运营成本之间的背反关系（见图 7-8）。

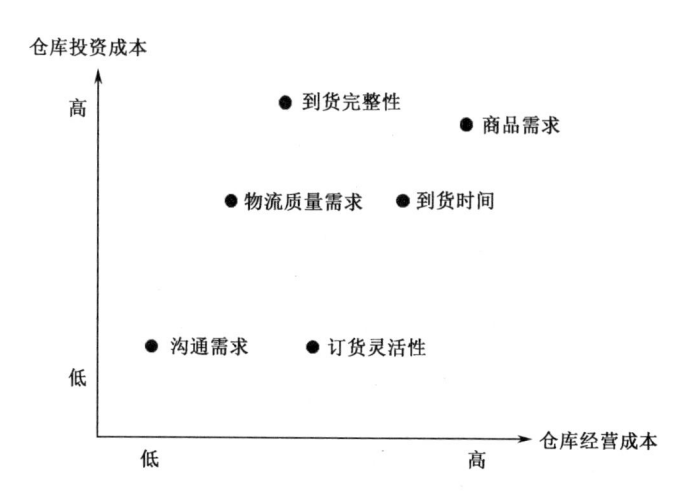

图 7-8　零售终端需求与配送仓库运营成本的背反关系

从图 7-8 中可以看出，零售终端不同需求的满足，对配送仓库投资成本和经营成本所产生的影响并不相同。与上游供应链相关的商品需求和到货完整性需求，对仓库投资成本提出很高的要求。不夸张地说，配送仓库存在的意义，主要是为了满足这两个需求。正因如此，为了满足商品需求和到货完整性而产生的仓库投资成本，不能单单看作物流成本，而应看作零售企业为了发展供应链，进行的中长期战略投资。这一投资的目的是，创造和获取流通过程中更大的供应链价值。

物流质量需求和沟通需求纯粹属于配送仓库运营内部的两个需求。在物流质量需求中，商品无差错、商品完好、商品保质期，均涉及较大的仓库投资，但对经营成本的降低有一定帮助；商品分类，则涉及较高的经营成本。因此，物流质量需求，整体位于坐标系的左上方。沟通需求对仓库投资和经营成本的要求相对较低，位于坐标系的左下方。

最后两个补货子需求，到货时间和订货灵活性，分别位于坐标系的右上方和中下方。对到货时间而言，一方面，需要通过库存统配来实现快速响应；另一方面，过短的响应时间，会增加仓库经营成本。订货灵活性，主要影响配送仓库的经营成本。

总而言之，明确零售终端需求与配送仓库运营成本之间的背反关系至关重要。它不仅为配送仓库的目标设定指明了方向，同时，也为供应链一体化的推进提供了切入点。

7.1.3　配送仓库运营的目标多维图

从零售供应链与零售终端的需求分析中可以看出，配送仓库的运营，需要在零售终端需求、全局库存优化、自身运营成本之间进行权衡取舍。权衡取舍的结果，基本定义了仓库运营的目标。除此之外，作为主要的零售物流设施，配送仓库还应兼顾社会和环境因素，两者分别对应人性化目标与环境保护目标。

配送仓库运营的人性化目标

具有一定规模的配送仓库，员工人数一般在几十人到几百人不等。虽然物流设备的使用在一定程度上可以减轻仓库员工的工作强度，但无论在哪个地区，大多数仓库运营仍然涉及高强度的体力工作。如何为仓库员工提供人性化的工作环境和作业条件，是配送仓库在设计和运营过程中应该予以重视的问题。表 7-4 列举了常见的人性化仓库运营措施。

表 7-4 常见的人性化仓库运营措施

人性化仓库运营	说明
充足的仓库照明	诸多研究表明，照明状况对人们的心理舒适度产生重要影响，进而影响工作积极性。因此，确保工作环境具有充足的照明，是人性化运营的重要体现之一
合理的作息时间	合理的作息时间是人性化仓库运营的另一个重要体现。此外，针对不同环境（如常温和冷冻仓库），设置差异化的作息安排，进一步体现出管理的人性化
符合人体工程学的作业条件	仓库作业涉及不同程度的体力劳动。辅助设备能够提供更符合人体工程学的作业条件，从而减轻员工的工作强度，降低劳动损伤的发生概率

人性化的仓库运营，在领先的零售配送企业中是一项重要目标。这不仅包含相关的明文规定，而且越来越多的人性化辅助设备将被使用。随着社会经济的发展，相信会有越来越多的零售配送企业加入创建人性化仓库运营环境的队列中来。

配送仓库运营的环保目标

配送仓库属于物流设施，在一般情况下，并不是主要的环境污染源。然而，这并不意味着配送仓库无法发挥环境保护的作用。配送仓库的环保贡献，目前主要体现在两个方面，一方面，现代配送仓库需要使用诸多设备和用具，大到制冷系统，小到照明灯具。使用更为节能环保的设备和用具，无疑能为环境保护贡献一份力量。另一方面，配送仓库可以用作可循环物资的中转站。可循环物资包括可回收垃圾和物流载具两类。配送仓库和零售终端产生的可循环物资，经过集中收集和统一处理后，能够直接或间接地进行循环再利用。物资的循环再利用，有利于减少垃圾的产生和包装材料的浪费，对环境保护具有积极意义。更多关于可循环物资的介绍，将在第 8 章中展开。

环境保护，正在受到越来越多企业和个人的重视，将它作为配送仓库运营的目标之一，有助于环保意识在物流配送领域的推广。

配送仓库运营目标的设定

零售终端需求、全局库存优化、仓库运营成本、人性化运营、环境保护，构成配送仓库目标设定的主要方向，将其中与仓库运营直接相关的部分摘取出来，便可绘制出目标设定多维图，如图 7-9 所示。

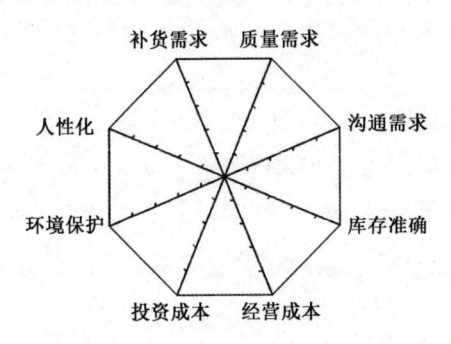

图 7-9 配送仓库运营目标多维图

在图 7-9 中，补货需求、质量需求、沟通需求，代表零售终端向配送仓库提出的物流需求；库存准确是全局库存优化的基础；投资成本和经营成本组成配送仓库的运营总成本；人性化和环境保护，则反映出配送仓库的社会与环保目标。

由于配送仓库运营中存在的背反关系，多维图中的各个目标无法同时实现，因此，必须有所取舍。取舍的结果，表现为目标优先级。仓库运营的目标优先级，与零售物流发展水平、零售市场成熟度、零售终端类型、科技应用水平等诸多因素均有关联。以下通过几组案例，对配送仓库运营的目标设定进行举例说明。

1. 同一企业、不同发展阶段的仓库运营目标设定

同一零售配送企业，在不同的发展阶段，应设定差异化的配送仓库运营目标。但是，不同阶段的目标之间并不是完全独立的，每一阶段的目标，可看作上一阶段的延续。在一般情况下，只有完成上一阶段的目标，才可能顺利进入下一阶段。图 7-10 阐述了同一企业在不同阶段的目标设定和实现过程。

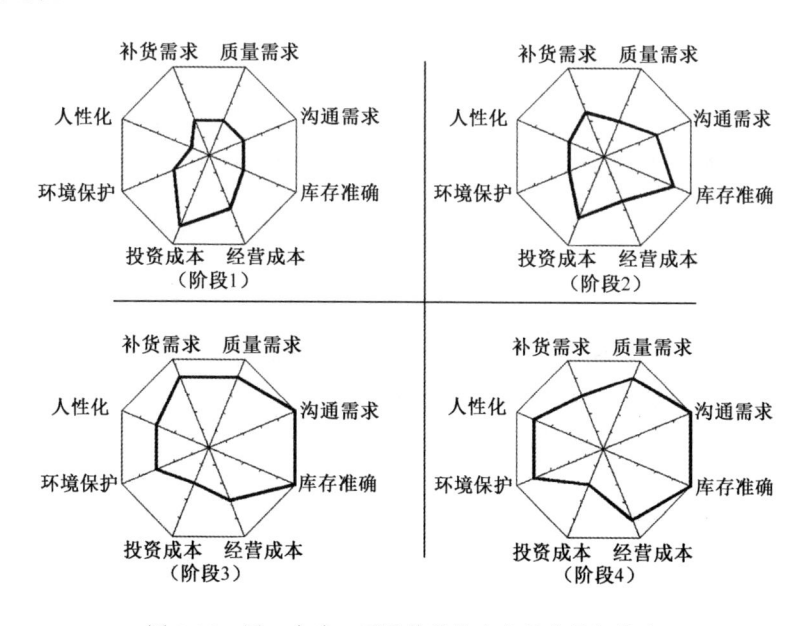

图 7-10 同一企业，不同阶段的仓库运营目标设定

如图 7-10 所示，阶段 1 严格意义上不能说是"目标设定"，而只是将当时的实际情况通过多维图的形式展现出来。可以看出，阶段 1 中，配送仓库

在各个目标维度上的表现都不尽如人意。虽然投资成本表现看似很好，但也只能说明该企业在物流上的投入很低。阶段2是该企业决定发展零售供应链之后经历的过渡期。由于零售终端的销售规模有限，因而只能增加一小部分的投资，这部分投资，主要用在当时最为紧迫的库存准确上；其他几个目标维度，仅得到略微改进。这次变化取得一定的成效，虽然投资成本和经营成本都略有增加，但是，库存准确带来的综合益处大于所支付的成本，企业发展物流的决心更加坚定。

阶段3可以看作该企业物流发展过程中一次质的飞跃。随着零售终端销售规模的持续增加，原有的配送仓库已经无法满足需求。在此背景下，该企业决定投资建设全新的配送中心。显而易见，作为大型物流设施，配送中心需要较高的一次性投资，这被视作企业对未来长远发展的投资。在配送中心的仓库运营目标设定中，补货需求、库存准确、质量需求，被放在很高的位置上，同时，企业期望经营成本能够略有降低；零售终端的沟通需求，从此时开始得到重视。配送中心投入运营后，经过一段时间的适应，仓库运营基本达到阶段3设定的目标，除了经营成本。由于补货需求目标设定得较高，仓库经营成本始终徘徊在较高的水平，并未达到预期目标。

阶段4设定的目标是阶段3的延续。在投资不变的前提下，该企业希望通过效率和管理水平的提升及补货需求维度的降低，改善配送仓库在经营成本上的表现。终端的补货需求，则通过其他举措加以改进，例如，固定送货时间、优化终端库存管理、完善终端后仓设计等。

在上述案例中，配送仓库运营改进的过程具有一定的代表性。通过这一过程的回顾，可以得出以下结论：

（1）配送仓库的"库存准确"意义重大，不仅体现在仓库内部管理和运营上，而且体现在零售供应链的其他环节上。如果投资力度有限，将目标集中在库存准确上，不失为明智之举。

（2）配送仓库运营体系的搭建，不是一朝一夕的工作，需要经过长期不断的努力。

（3）配送仓库的投资，不应放在物流单一领域内进行考量，而应看作零售企业对未来发展的投资。

（4）在保持运营成本不变的前提下，任何目标维度的改进，都可以视作供应链价值的源泉。

（5）终端补货需求的满足与配送仓库运营成本关系密切。除了配送仓库，补货的改善，还可以从零售供应链的其他环节入手。

2. 不同类型零售终端的仓库运营目标设定

针对不同类型的零售终端，配送仓库运营目标的优先级可能有所不同。如图 7-11 所示，企业 A 和企业 F 均投资建设配送中心。两家企业在质量需求等维度上设定的目标基本相同。但是，由于企业 A 配送的零售终端以中大型门店为主，单次补货量较大，补货灵活性需求不高。针对这一特点，企业 A 将补货需求设置在中等的位置，相应地，其期望在经营成本上获得更好的表现。

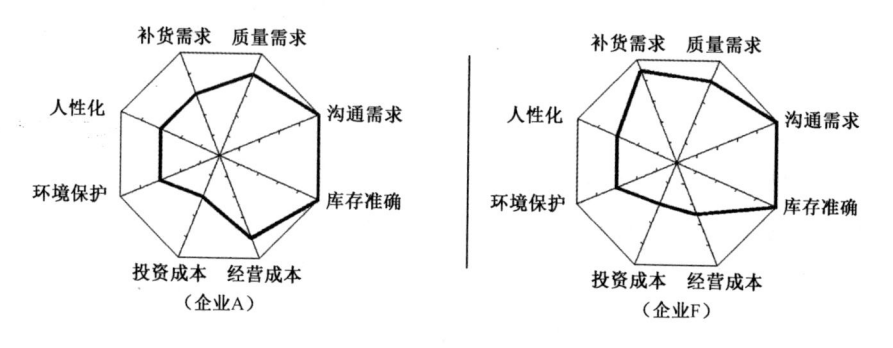

图 7-11　不同类型零售终端的仓库运营目标设定

企业 F 配送的终端主要为小型便利店。与大型门店相比，便利店单次补货量小，补货的灵活性需求较高。为满足这一需求，企业 F 在补货需求维度上，设定了相当高的目标，当然，也就不得不接受高企的仓库经营成本。

3. 不同类别商品的仓库运营目标设定

在同一个零售配送企业中，针对不同类别的商品，可以设定有差异的仓库运营目标。如图 7-12 所示，由于生鲜类别的商品具有保质期短、易腐等特性，企业 A 为常温和生鲜类别商品设定了不同的目标，主要体现在投资成本、补货需求、经营成本三个维度上。从多维图中可以看出，该企业期望生鲜配送仓库利用温度控制，实现更佳的商品保鲜；并通过缩短订单响应时间，更好地满足终端的补货需求。受益于上述举措，零售终端得以获得更强的生鲜商品竞争力。对于常温商品而言，相对较低的仓库经营成本，则是更重要的目标。概括来说，为不同类别的商品，设定差异化的目标，是平衡仓库成本与终端需求的有效手段。

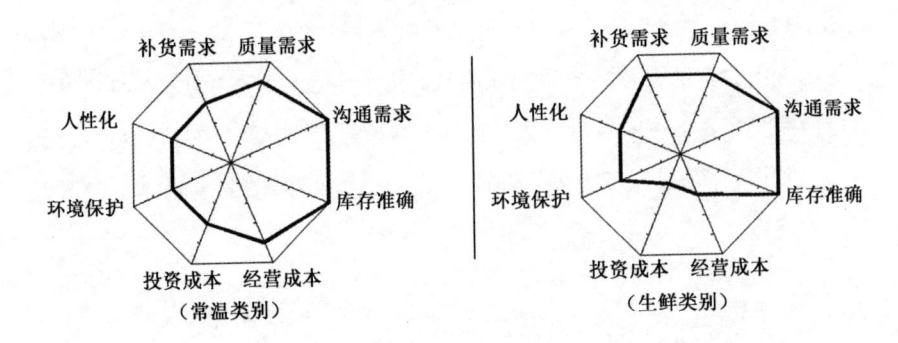

图 7-12　不同类别商品的仓库运营目标设定

通过以上三组案例的分析可以发现，配送仓库运营的目标设定，虽然具有一定的个性，但同样存在共性。对这些个性和共性的目标进行分类汇总，可以得出配送仓库目标层级图。

如图 7-13 所示，库存准确、质量需求、沟通需求，是现代配送仓库的共性目标，可以称之为"基础目标"；投资成本、经营成本、补货需求，可以看作不同零售配送企业根据经营的商品、终端的类型等不同特点，设定的差异化目标；环境保护和人性化，只有当配送仓库达到一定水平时，才会成为其关注的目标，可称之为附加目标。

环境保护、人性化	附加目标
投资成本、经营成本、补货需求	差异化目标
库存准确、质量需求、沟通需求	基础目标

图 7-13 配送仓库目标层级

配送仓库的目标设定，为策略制定指明了方向。由于配送仓库的目标同时关系零售供应链和零售终端的需求，因此，对应的策略也必须从这两个方面分别制定。

7.1.4 零售供应链策略——供应链类型篇

零售供应链策略，反映出零售企业在供应链发展上做出的抉择，具体表现为零售供应链类型和库存管理方式的选择。前者决定配送仓库在供应链中扮演的角色，后者则决定配送仓库所能具有的全局库存优化空间。

零售供应链类型的选择

零售供应链类型的选择，决定了配送网络的基本形式，同时也大致决定了配送仓库的物理条件需求和运营流程。根据第 2 章中的描述，零售供应链分为供应商直送、越库、库存统配三种类型（见图 7-14）。

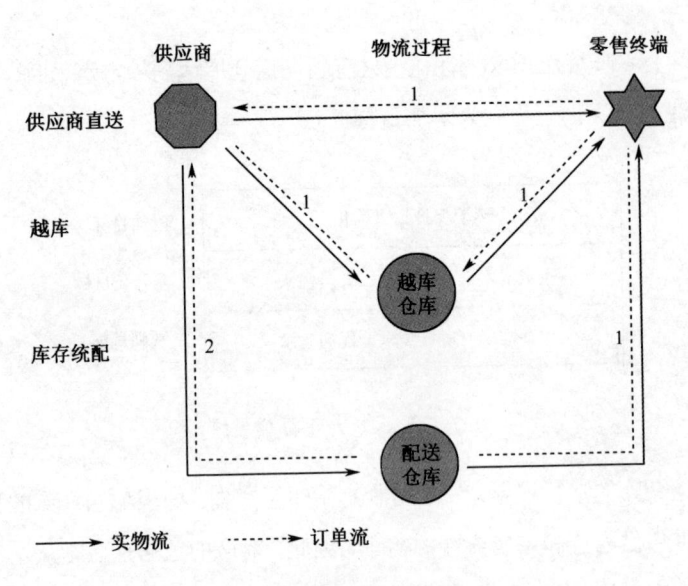

图 7-14 零售供应链类型

在零售供应链的发展初期，零售企业更多采用供应商直送和越库的供应链类型。当零售供应链发展到一定阶段时，库存统配开始成为主要的供应链类型。无论处在哪个阶段，理解不同供应链类型的优缺点，都是策略制定的必要条件。表 7-5 对这三种供应链类型各自的特点予以汇总。

表 7-5 零售供应链类型的特点和评价

供应链类型	评价		
	物流成本	终端服务综合评价	配送仓库库存风险
供应商直送	高（-），特定情况低（++）	低（-）	无（+）
越库	低（++）～中（+）	中（+）	低（+）
库存统配	高（-）	高（++）	低（+）～高（-）

表 7-5 从物流成本、终端服务综合评价和配送仓库库存风险三个方面，对零售供应链类型做出概括性的评价。其中，终端服务综合评价是订单响应

时间、零售终端的工作效率和复杂程度、物流质量等多个维度的综合。

通过表 7-5 可以看出，供应商直送、越库、库存统配三种供应链类型，并不存在绝对意义上的优点和缺点，采用何种类型，需要根据实际情况加以判断。零售供应链类型的选择与仓库运营目标密切相关，下文以图 7-10 中的案例为基础，对此做进一步说明。

1. 同一企业、不同发展阶段的零售供应链策略

如表 7-6 所示，该企业在阶段 1 时的零售供应链，主要依赖供应商直送和越库两种类型，仅有一小部分的库存统配。随着库存管理水平的提升，在阶段 2 中，越库和库存统配的比例都有所上升。阶段 3 是零售供应链的一次质的飞跃，伴随新建的配送中心的投入使用，原有的供应商直送比例大幅下降，相应地，库存统配的比例大幅上升。在阶段 4 中，库存统配的比例进一步提升，越库和供应商直送则此消彼长。

通过这一发展过程可以看出，零售供应链类型的选择与配送仓库目标的阶段性实现密不可分；同时，也显现出零售供应链的成长轨迹。

表 7-6　同一企业、不同发展阶段的零售供应链策略

阶段	配送仓库运营目标	供应商直送	越库	库存统配
1	（雷达图：补货需求、质量需求、沟通需求、库存准确、经营成本、投资成本、环境保护、人性化）（阶段1）	60%	30%	10%
2	（雷达图：补货需求、质量需求、沟通需求、库存准确、经营成本、投资成本、环境保护、人性化）（阶段2）	45%	40%	15%

续表

阶段	配送仓库运营目标	供应商直送	越库	库存统配
3	(阶段3雷达图：补货需求、质量需求、沟通需求、库存准确、经营成本、投资成本、环境保护、人性化)	20%	30%	50%
4	(阶段4雷达图：补货需求、质量需求、沟通需求、库存准确、经营成本、投资成本、环境保护、人性化)	5%	15%	80%

2. 不同类型终端的零售供应链策略

企业 A 与企业 F 的零售终端类型有所不同，前者以中大型的商超门店为主，后者以小型便利店为主。从表 7-7 中可以看出，企业 A 选择了全部三种供应链类型，以库存统配为主；企业 F 选择所有的商品，100%通过库存统配进行配送。之所以采取不同的供应链策略，背后的原因主要与商品的单品总数有关。

表 7-7　不同类型终端的零售供应链策略

企业	配送仓库运营目标	供应商直送	越库	库存统配
A	(企业A雷达图：补货需求、质量需求、沟通需求、库存准确、经营成本、投资成本、环境保护、人性化)	5%	15%	80%

续表

企业	配送仓库运营目标	供应商直送	越库	库存统配
F	补货需求 质量需求 人性化 沟通需求 环境保护 库存准确 投资成本 经营成本（企业F）	0%	0%	100%

企业 A 配送的中大型商超门店，单品总数约为 20000，而企业 F 配送的便利店，单品总数仅为 4000。零售终端的单品总数与配送仓库运营成本呈对应关系。对于企业 A 而言，当选择库存统配的供应链类型时，SKU 总数对配送仓库运营成本产生明显的影响，如图 7-15 所示。

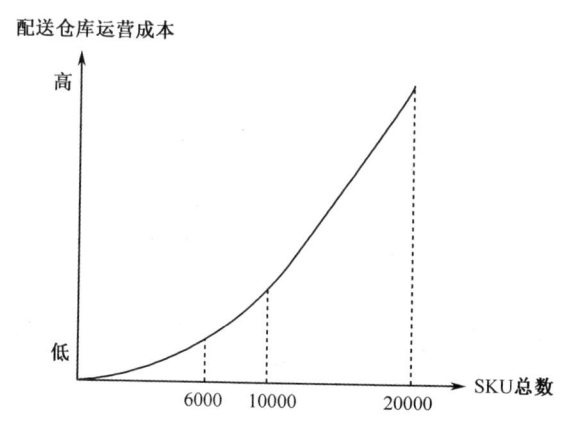

图 7-15 企业 A 统配 SKU 总数与仓库运营成本的关系

如图 7-15 所示，当 SKU 总数超过 6000 时，仓库运营成本出现较为明显的上升；而当 SKU 总数超过 10000 时，产生的供应链效益，不足以抵消由此增加的仓库运营成本，即边际效益递减为负数。基于以上分析，企业 A 决定将库存统配 SKU 总数的经济区间，定在 6000~10000；超出的部分，则通过越库或供应商直送完成。

对于企业 F 来说，配送仓库的 SKU 总数为 4000。在 4000 以内，由于 SKU 总数的增加带来的成本增加并不明显，因此，企业 F 采取所有商品 100% 进行库存统配的供应链策略。

边际效应广泛存在于 SKU 总数与仓库运营成本之间。在不同情况下，SKU 总数对应的经济范围有所不同。SKU 总数的经济范围，对制定零售供应链策略具有重要参考价值。

3. 不同类别商品的零售供应链策略

在同一个零售企业中，针对不同的商品类别，可能采用不同的供应链类型。如表 7-8 所示，该企业针对常温和生鲜类别的商品，制定不同的供应链策略。常温类别此处不予赘述，对于生鲜类品，为了实现终端补货需求的快速响应，所有生鲜商品采取库存统配。当然，因为生鲜商品大多属于易腐类商品，所以，生鲜配送仓库必须保持足够快的周转速度。

表 7-8 不同类别商品的零售供应链策略

商品	配送仓库运营目标	供应商直送	越库	库存统配
常温	（常温类别雷达图：补货需求、质量需求、沟通需求、库存准确、经营成本、投资成本、环境保护、人性化）	5%	15%	80%
生鲜	（生鲜类别雷达图：补货需求、质量需求、沟通需求、库存准确、经营成本、投资成本、环境保护、人性化）	0%	0%	100%

通过以上三组案例的分析，可以得出：

（1）零售供应链策略，通过供应链类型的选择得到量化的呈现。

（2）对于某一企业而言，零售供应链策略应与配送仓库的目标相匹配，不同阶段可采取不同的策略。

（3）SKU 总数的经济区间，直接影响供应链类型的选择。

（4）不同类别的商品，适合的零售供应链类型可能不同。

（5）库存统配最大的特点是库存的持有。配送仓库的库存管理，是这一供应链类型下的重点工作。

在结束本节之前，值得一提的还有零售供应链策略的精细化。常温商品的 SKU 总数，往往远大于其他类别的商品，对应的零售供应链策略已经开始往精细化的方向发展。除了上述案例中提到的 SKU 总数，商品本身的特性，也成为决定供应链类型的参考条件，这些特性包括商品体积、周转速度、可预测性等。由此可见，零售供应链策略的选择方法，仍在不断发展之中。精细化方向，正在受到越来越多零售企业的关注。

7.1.5 零售供应链策略——配送仓库补货篇

零售供应链类型的选择，决定配送仓库是否持有库存。在供应商直送类型下，商品不经过配送仓库，自然不会在仓库内产生库存；在越库类型下，商品的订单流从零售终端发起，实物库存一般仅在配送仓库中停留很短的时间，这些库存在离开仓库之前，可以被看作"中转库存"，而非真正意义上的"存储库存"。库存统配类型下的库存，属于存储库存，也是配送仓库最主要的管理对象。

配送中心是零售企业追求供应链价值的产物，具有优化全局库存的功能。

在全局库存优化中，配送仓库自身的库存管理能力占据重要位置，在流通环节不断简化的趋势下，这一位置更为突出。

配送仓库的库存管理分为两大部分：配送仓库补货和仓库内部库存管理。配送仓库补货，涉及与供应链上游的互动，属于零售供应链策略的范畴；仓库内部库存管理，涉及配送仓库内部的运营和管理，属于物流策略的范畴。本节将重点介绍配送仓库补货策略，至于仓库内部库存管理策略，将在后续章节中展开。

出于快速响应终端需求的目的或其他目的，配送仓库必须提前备有一定的库存量。随着仓库出库的进行，库存量逐渐减少，于是产生补货的需求。

配送仓库补货信息的载体，一般称为"采购订单"。采购订单包含商品描述、订货数量、订货时间、预计到货时间等多种信息。采购订单生成后，供应商通过一定的方式获取订单，并按照订单上的要求进行备货，之后再利用交通运输工具，将商品送至配送仓库。常见的运输工具为卡车，此外还有火车、货船等。

配送仓库的补货过程，不仅包括实物商品的物流，还包括背后的信息流和资金流。在这"三流"上做出的选择，便构成配送仓库的补货策略。配送仓库的补货策略，可以归纳为以下四个方面：采购订单的交互、采购订单的生成、库存管理的主体、物流交接。

1. 采购订单的交互

采购订单的交互过程，包含采购订单传输和送货订单确认两个方向。采购订单的传输，分为点对点和互联网平台两种基本方式。在点对点的方式中，某一配送仓库的采购订单生成后，企业通过纸张、电话、传真、电子邮件等方式发送给对应的供应商。随着配送网络的规模和复杂度不断增加，点对点的传输方式开始显得效率不足，于是产生了互联网平台的方式。在此方式下，零售配送企业将采购订单上传至互联网平台，供应商通过该平台获取订单信息。

无论采用哪种方式，供应商在获取订单信息后的送货过程大同小异。供应商按照订单要求送货至配送仓库，后者通过纸张或信息系统等，进行收货确认，一次订单交互就此完成。随着信息技术的不断发展，采购订单的交互过程正在变得越来越高效。例如，在标准 EDI 技术的支持下，跨企业信息系统之间的订单无缝衔接成为可能，其在越来越多的企业间得到应用。

2. 采购订单的生成

与终端补货订单的原理类似，采购订单的生成过程，本质上也是预测的过程，但预测的对象有所不同。配送仓库持有库存的目的，包括满足终端日常所需、囤积商品、满足终端促销所需三种。与之对应的是采购订单预测的对象，可分为普通库存、囤货库存、促销库存三类，分别对应普通订单、囤货订单、促销订单。在不同的订单类型下，采购订单的生成逻辑有所不同。

配送仓库持有库存的主要目的是满足零售终端日常订货的需求，由此产生的采购订单即为普通订单。当某商品的库存量，低于下个订货周期内终端的需求总量时，则需要对该商品进行仓库补货。由于终端需求总量及上游供应链均存在一定程度的不确定性，因此，配送仓库通常需要保有一定量的"安全库存"，以应对这种不确定性产生的库存需求波动。普通订单的生成逻辑，具有较强的规律性。在信息技术的支持下，通过对历史和库存数据的分析，信息系统可能实现补货量的自动计算，并生成采购订单，这种方式称为"自动补货"。针对普通库存的自动补货，能够大幅提高配送仓库补货的效率和准确性，其在领先的零售配送企业中，已经得到相当广泛的应用。

囤货库存是配送企业为应对某些特殊场合而持有的库存，常见的场合包括投资性囤货、应急物资囤货等。囤货订单的生成，与当地的市场情况、企业的采购策略、个人判断等因素有关，具有较强的主观性，因此通常采用人工方式。

促销订单,是现代零售行业最具特点,同时也是最复杂的一类订单。从严格意义上说,促销订单并不仅是配送仓库的补货订单,而是零售供应链整体协同的结果。出于各种原因,大部分零售企业会定期开展促销活动。在促销的影响下,零售终端商品的需求量,经常出现大幅度的临时增加。这种变化,可能导致两种极端情况的出现:供应不足或库存积压。为减少极端情况带来的不良影响,一些零售企业采取与供应商进行联合预测的举措,希望能够在实现促销目标的基础上,减少甚至消除极端情况的出现。在促销联合预测发展成熟的零售市场,促销订单可能通过自动或半自动的方式生成,但是在更多情况下,促销订单依旧采用人工方式生成。

长久以来,"促销"一直是零售行业的热点话题。一方面,促销带来的销售增长是真实可见的;另一方面,促销又为零售供应链带来严峻的挑战,大批量退货、促销缺货投诉、资源浪费等负面影响不断出现。联合预测,虽无法完全消除促销带来的负面影响,但基于数据分析的客观预测方法,无疑为缓解这一矛盾提供了帮助。

3. 库存管理的主体

库存管理的主体,可能是零售商,也可能是供应商。当零售商作为库存管理的主体时,仓库采购订单由零售企业主导,反之,则由供应企业主导。配送仓库是零售企业为发展供应链而设置的物流设施,在发展初期,库存管理的主体是零售企业。随着零售供应链的发展,零售企业与生产企业之间建立起稳定紧密的合作关系;同时,随着信息技术的深入应用,仓库管理水平取得长足的进步,仓库库存的实时远程管理也成为现实。在这些力量的推动下,供应商管理库存(VMI)方式,开始应用于零售配送仓库之中。

在 VMI 方式下,库存管理的主体是供应商。基于与零售企业达成的约定,供应商根据配送仓库的库存情况及零售终端的销售情况,进行采购订单的生成,并直接将商品从自己的工厂或仓库运送至零售配送仓库。与零售商管理库存相比,VMI 方式主要具有两大优势:一是供应商能更好地掌握原材料、生产、配送、终端等所有环节的库存情况，所以，仓库库存由供应商进行管理，更有利于供应链的全局库存优化；二是有助于减少零售企业与供应企业之间的订单交互工作量，配送仓库的补货效率得到提高。

VMI 在零售配送仓库的应用，仍处于方兴未艾之势。这种库存管理方式，虽然具有一定的优势，但是，由于需要有诸多前提条件的限制，多见于零售市场发展成熟的地区。

4. 物流交接

配送仓库补货的最后一步是实物商品的物流交接。物流交接，是衔接供应商和配送仓库的重要环节。一般来说，配送仓库在完成物流交接后，库存的管理责任，便由供应商转移至零售配送企业。在交接过程中，商品卸货是最主要的物流活动，存在散箱卸货和载具卸货两种方式。在散箱卸货方式下，搬运人员将商品逐箱卸至配送仓库；在载具卸货方式下，供应商提前将商品码放在载具上，送达配送仓库后，利用辅助设备，将载具和商品同时卸下。在载具卸货方式中，标准平板托盘是最常见的载具，此外，还有半托盘、台车等其他形式的载具。

显然，散箱卸货是劳动密集型的传统搬运方式，载具卸货是效率更高的机械化搬运，当然，后者对零售供应链协同的要求更高。在载具卸货方式中，标准平板托盘在全球零售行业中占据绝对主导的地位。以标准托盘为载具的物流交接方式，也被称为"带板运输"或"托盘单元化运输"。

如表 7-9 所示，与散箱卸货相比，带板运输的物流交接效率具有明显优势，物流成本则需要视情况而定。笼统地说，当人力成本越来越高时，带板运输在物流成本上的优势会变得越来越明显。另外，带板运输对采购订单的要求高于散箱卸货，这是因为带板运输的经济订货批量，通常为一整托盘或至少一整层。无论如何，带板运输对提升零售供应链效率具有重要意义，在零售物流发达的地区已经得到普及。在中国，带板运输目前仍处于起步阶段，拥有十分广阔的发展空间。有关带板运输的更多内容，读者可自行参阅相关资料。

表 7-9　散箱卸货与带板运输的对比

对比内容	散箱卸货	带板运输
物流交接效率	低	高
对运输车辆的要求	低	高
物流成本	视情况而定	
采购订单灵活性	高	低
辅助设备	无需	需要
载具资产管理	无需	需要

通过以上描述可以看出，配送仓库的补货过程，实际上是与供应商开展贸易的过程，其中既包含商流，也包含物流，以商流为主，以物流为辅。因此，零售企业在仓库补货过程中所采取的策略，必须从商流和物流两个角度加以衡量和抉择。

零售企业在供应链类型和配送仓库补货方式上做出的选择，构成零售供应链策略的实质内容。

7.1.6　配送仓库的四大运营策略

零售供应链策略，决定配送仓库的整体定位和库存管理方式。在此基础上，配送仓库自身的运营能力，直接影响仓库目标能否顺利达成。在深入介绍配送仓库运营策略之前，首先介绍仓库运营的两种基本模式：自营模式与外包模式。

顾名思义，在自营模式下，配送仓库的日常运营由零售企业的物流团队负责。在此模式下，按照投资主体的不同，配送仓库分为自建仓库和租赁仓库两种。当零售企业选择自建仓库时，首次投资由零售企业承担；当选择租赁仓库时，零售企业按照一定的时间间隔（如每月），支付场地租赁费用。自建仓库和租赁仓库各具优缺点。选择自建仓库，零售企业需要承担较大的首次投资成本，优点是可以完全根据自身的需求，进行定制化的设计和运营。自建仓库的运营效率，一般高于租赁仓库。租赁仓库的优点是，具有更强的灵活性，但由于需要兼顾普适性，租赁仓库通常无法提供量身定制的硬件条件，这便容易造成运营效率的损失。

无论自建仓库还是租赁仓库，自营模式下的仓库运营，都由零售企业的物流团队负责，因此，零售企业能够掌握运营过程中的所有细节。自营模式有助于零售企业提升自身的物流管理能力，同时也有利于其应对运营过程中供应链的变化。从零售物流的发展历史来看，当终端销售达到一定规模之后，自建仓库成为大多数零售企业的共同选择。

近年来，零售企业自建配送中心，在国内呈现出不断上升的趋势。配送中心项目投资较大，对于零售企业而言，通常属于战略级项目。关于配送中心的建立过程，将在本书的第 9 章继续展开。

外包模式也称"合同物流模式"，是指零售企业将部分或全部仓库配送工作交给外部物流企业，按照合同的约定，零售企业定期向合同方支付物流费用的仓库运营模式。外包模式下的配送仓库日常运营，由承包企业的物流团队负责。

与自营模式相比，乍一看，外包模式"省去"了零售企业自有的物流团队，使其能够将更多的注意力放在物流以外的业务上。然而，我们不能片面地看待外包模式。根据之前关于零售供应链的描述，随着规模的扩大，零售企业理所当然地追求更大的供应链价值，这符合行业发展的必然趋势。供应链价值中的重要部分，便蕴藏在配送仓库之中。那么，外包模式在零售供应链中是否没有存在的意义呢？并非如此，外包模式真正的意义，并不在于为零售企业"省去"物流团队，而在于它具有整合不同企业库存的优势，这一优势是单个零售企业所不具备的。

零售仓库配送是典型的规模效益型行业。在一般情况下，规模越大，产生效益的可能性也就越大。当零售企业自身规模不足或某类商品的规模不足时，合理地运用外包模式，能够取得比自营模式更大的效益。那么，如何合理地运用外包模式呢？这一问题并没有标准答案，只能说，做出回答的必要条件是，零售企业自身必须具备较强的物流分析和管理能力。外包模式，绝不是简单地将零售企业不愿做的工作外包给其他企业，而是在进行分析和对比之后，企业做出的理性判断。在零售物流领先的企业中，配送仓库的自营模式和外包模式，经常以不同比例同时存在。例如，欧洲某知名零售企业，选择对常温和生鲜商品进行自营配送，而对销量占比较小的冷冻商品，选择外包模式。承担冷冻商品配送的物流企业，不仅服务于该零售企业，而且服务于其他渠道的终端客户，通过规模化平抑了整体仓库的运营成本，实现了零售企业与外包物流企业的双赢。

可以这样说，合理地运用外包模式，并不意味着零售企业自身不具备物流运营能力。恰恰相反，这更体现出其具有全局的供应链视角，这种视角将帮助零售企业在应对外部变化和挑战时，表现得从容不迫，游刃有余。

无论采取何种模式，配送仓库的运营都是为了实现仓库目标。配送仓库的策略制定过程，将既定的目标，"翻译"成物流语言，并指导第二层面的流程设计。前文提到，配送仓库的目标可以归纳为基础目标、差异化目标、附加目标三个层级，分别对应库存准确、质量需求等八个维度（见图7-13）。如何将这些目标转化成运营策略呢？图7-16提供了一种方法。

如图7-16所示，配送仓库运营的八个目标维度，首先被"翻译"成物流目标，分别对应库存准确、终端服务、运营效率、人性化和环境保护。配送仓库在内部库存管理、仓库日常管理、运营流程控制三个方面的表现，直接决定它在库存准确、终端服务、运营效率上能够达到的水平。现代技术的应用，为这三个方面提供有力支持，同时，也直接作用于环境保护和人性化目标。至此，配送仓库的运营目标转化为运营策略，即配送仓库在内部库存管理、仓库日常管理、运营流程控制，以及为这三者提供支持的现代技术应用中做出的选择。以下就这四大策略，分别进行阐述。

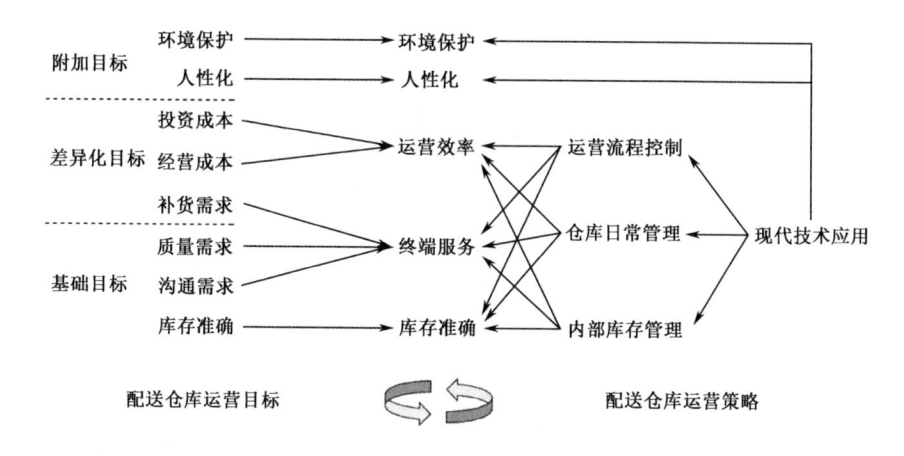

图 7-16　配送仓库运营目标与运营策略的转化

内部库存管理策略

配送仓库的库存管理策略，分为配送仓库补货、内部库存管理两个分属不同范畴的策略。配送仓库补货是商业贸易的一部分，更多属于商流范畴；而内部库存管理，纯粹属于物流范畴，目的是确保库存准确。在零售配送企业的实际运营中，这种区别具体表现为配送仓库补货是跨组织、跨企业的协作；内部库存管理，则完全是物流部门的职责。

配送仓库完成收货交接后，库存便转移至仓库的"四面墙"之内。库存准确是配送仓库的基础目标，可以看作对所有配送仓库的基本要求。仓库内部的库存管理，就是围绕这一基本要求展开的。

库存准确，于财务范畴内指的是"账实相符"。在信息系统广泛应用于配送仓库的今天，于物流范畴内，库存准确指的是实物库存的数量和品种与系统中记录的库存信息完全一致。

库存准确包含全局库存准确和细部库存准确两种不同的颗粒度。全局库存准确，将仓库作为一个整体加以对待；细部库存准确，则是将仓库的各个环节作为独立个体区别对待。全局库存准确，是细部库存准确的自然结果。细部库存准确，由精细化库位管理和精准化仓库作业两者共同决定。除此之外，库存盘点机制的合理设置，进一步为库存准确保驾护航。

1. 精细化库位管理

虽然配送仓库内部的布局、作业流程、技术应用程度各有千秋，但概括来说，配送仓库均由收货区域、发货区域、拣存区域三个基本部分组成，如图 7-17 所示。

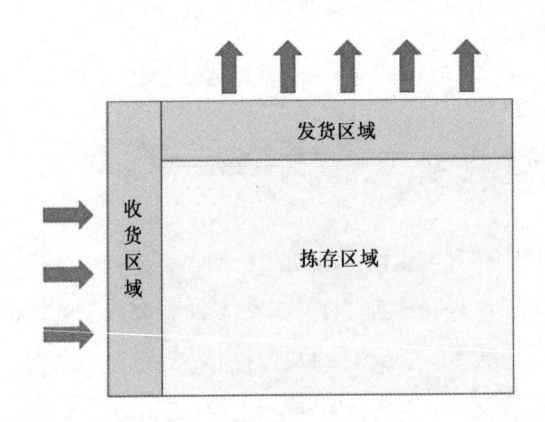

图 7-17　配送仓库基本组成

每个区域应用的流程、设备、技术可能变化多端，然而，万变不离其宗，"库位"可以看作仓库管理的基本单位。从宏观上看，配送仓库的任何一个具有特定功能的位置或区域，都可称为库位；从微观上看，库位特指仓库货架或其他存储载体中的一个最小管理单位。一个配送仓库，由众多大小不同、功能各异的库位组成，典型的库位包括收货库位、暂存库位、拣选库位、存储库位、发货库位、退货库位等。于是，对配送仓库的库存管理，实际上转化为对仓库库位的库存管理。一般来说，库位管理越精细，配送仓库的库存准确度越高。接下来以存储库位为例，对此进行简要说明。

如图 7-18 所示，粗放型库位管理以区域作为最小单位；精细化库位管理，则以具体位置作为最小管理单位。对于存储库位而言，精细化库位管理，通常以货架的单个托盘货位作为最小单位，从而实现库存在仓库拣存区域的精准定位。需要注意的是，过于精细的库位管理，可能造成仓库效率的损失。科学的做法是，针对仓库不同区域的特点和流程要求，采取精细化和效率并举的措施。

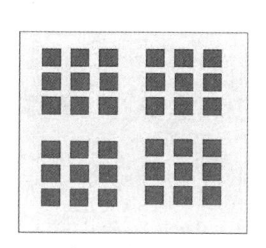

粗放型库位管理　　　　　精细化库位管理

图 7-18　存储库位管理示意

随着信息系统在配送仓库中的应用，精细管理和仓库效率之间的矛盾可能达成前所未有的统一。当然，达成统一的前提是，信息系统必须根据配送仓库的特点和流程进行合理化设计。

总而言之，精细化库位管理需要结合信息系统的使用，针对不同区域设定合理的管理颗粒度，这样才能兼顾库位精细管理和仓库运营效率。精细化库位管理，直接关系配送仓库的库存准确、运营效率等多个目标，应被视作现代配送仓库运营的基本策略。

2. 精准化仓库作业

与配送仓库的三个基本组成部分相呼应，现场作业也可划分为入库、出库、库内作业三个基本环节。这三个环节全部实现精准化作业后，仓库的库存准确目标自然能够达到。因此，对库存准确的关注转变为对精准化仓库作业的关注。

实现精准化仓库作业，目前存在两种方式：一是在各个重要节点增设校验机制，二是利用技术手段从源头避免库存差错。前一种方式需要投入更多的人力和时间，后一种方式则需要投入技术和设备。随着社会经济的发展，人力成本和时间成本在零售物流中变得越来越重要，技术和设备的投入，在很多情况下成为更优解。

实现精准化仓库作业的技术手段可以概括为库存的实时更新和实时校验两种。这两种措施的推行，都离不开信息系统的支持。库存的实时更新是指，当仓库内部的库存发生位置或数量变化时，变化信息通过无线网技术，在信息系统中进行的同步于现场作业的更新。

在无线网技术普及之前，库存在信息系统中，只能通过延迟的方式进行更新，即在现场作业完成后的一段时间内，库存变化的信息，由工作人员手工输入到系统中。与延迟更新相比，库存的实时更新具有以下明显优势：

（1）有利于仓库管理人员在必要时进行库存变化的跟踪，从而提升库存的准确度。

（2）从源头上避免了信息录入可能出现的差错。

（3）节省了信息录入的人力和时间成本，有利于降低仓库的经营成本。

（4）加快了库存的可用性，对提高终端订货满足率有一定帮助。

库存的实时校验是指，当库存发生位置或数量变化时，通过一定的技术手段，在现场操作的同时进行校验的作业方式。校验的目的是从源头减少甚至消除差错。常见的校验方式包括利用无线射频终端进行的条码校验或语音校验、利用高精度衡器进行的重量校验、利用高精度摄像头进行的图形校验等。与实时校验相对应的是延迟校验。对比之下，库存的实时校验，优势同样明显，此处不再赘述。

当然，库存的实时更新和实时校验，需要一定程度的投入。由于优势明显，它们已经在配送仓库中得到较为广泛的应用。我们有理由相信，在不久的将来，实时更新和实时校验，势必会成为现代配送仓库的标准配置。

3. 库存盘点机制

库存盘点是一种常用的库存管理措施，几乎存在于所有的配送仓库之中。所谓库存盘点，是指核对实物库存与系统库存是否一致。当出现不一致的情况时，需要采取一定的纠正措施。库存盘点的目的是保障库存准确。按照应用场合和执行方式，库存盘点分为以下几种不同的机制。

按照盘点对象的范围，库存盘点分为全库盘点和局部盘点；按照盘点的执行方式，库存盘点分为离线盘点和在线盘点；按照盘点的频率，库存盘点分为定期盘点和循环盘点。这里重点介绍一下循环盘点。

循环盘点是一种不固定的、与日常运营相结合的盘点方式。循环盘点既可以利用日常运营中的空闲时间开展，也可以被整合进作业流程之中。库位拣空触发的"零盘点"，是循环盘点的代表之一。与定期盘点相比，循环盘点具有实时性强、资源消耗少等优点，成为越来越多配送仓库首选的盘点机制。一些领先的配送仓库，甚至完全依靠循环盘点来保障库存的准确。

我们应该看到，在大多数情况下，库存盘点属于补救式的工作，本身并不创造价值。随着基于信息技术的实时库存管理成为可能，库存盘点，尤其是全库盘点的必要性，正在不断受到质疑。嵌入在日常作业流程中的循环盘点，成为越来越受重视的盘点机制。

实时更新、实时校验和库存盘点，是保障配送仓库库存准确的"三驾马车"。在三者的共同作用下，仓库内部库存管理，正在变得日益精准、实时、可靠。

4. 库存管理策略小结

通过本节与上节关于库存管理的描述，可以看出，配送仓库的库存管理是一项始于生产企业,终于末端运输的复合连贯性工作,其中既包含零售企业与上游供应链企业的商业合作,也包含配送仓库内部的库存管理。概括来说,库存管理能力,综合反映出零售供应链的发展水平。

配送仓库库存管理策略,包括补货策略和内部库存管理策略,两组策略既有联系,又有区别。内部库存的管理水平,直接影响补货策略的选择。例如,自动补货和供应商管理库存,只有在内部库存管理实时、准确的前提下,才有可能顺利开展。仓库补货水平的提高,反过来促进内部库存管理的进步。例如,托盘单位化运输,将整托盘作为内部库存管理的基本单位,库存管理效率因此得到提高。由此可见,配送仓库补货与内部库存管理之间存在内在联系,两者相互影响,彼此促进。

仓库补货与内部库存管理的区别在于,仓库补货过程是商业贸易的一部分,其中既包含商流,也包含物流,以商流为主,以物流为辅。而内部库存管理,纯粹属于物流的范畴,目的是确保库存准确。在实际运营过程中,这种区别具体表现为配送仓库补货是跨组织、跨企业的协作;内部库存管理,则完全是物流部门的职责。

企业在这些过程中做出的选择,便构成配送仓库的库存管理策略。表 7-10 以两个配送仓库为例,对库存管理策略予以总结。

表 7-10 配送仓库库存管理策略总结

配送仓库库存管理策略			企业 A	企业 C
配送仓库补货策略	采购订单交互	点对点	✓	✓
		互联网平台	✓	
	采购订单生成	人工生成	✓	✓
		自动生成	✓	
	库存管理主体	零售商	✓	✓
		供应商	✓	
	物流交接方式	散箱卸货		✓
		带板运输	✓	
内部库存管理策略	库位管理方式	精细化	✓	

续表

配送仓库库存管理策略		企业 A	企业 C
	粗放型		✓
库存更新方式	实时更新	✓	
	延迟更新		✓
库存校验方式	实时校验	✓	
	延迟校验		✓
库存盘点机制	定期盘点		✓
	循环盘点	✓	

综上所述，配送仓库的库存管理策略是零售供应链策略的延伸。当以库存统配作为主要的供应链类型时，配送仓库的库存管理能力，也就被摆在了战略位置上。

仓库日常管理策略

总体来看，配送仓库的日常管理策略，可分为基于数据的管理和基于经验的管理两大类。基于数据的仓库管理，体现在库位优化、供应链分析、终端需求分析、人员管理等多个方面。在信息系统的支持下，数据分析能够渗透仓库运营的细枝末节，为提升仓库运营水平提供莫大的帮助。数据分析在配送仓库日常管理中的应用，举不胜举，以下通过几个典型的例子加以说明。

在精细化库位管理的基础上，运用数据分析的方法和工具，可以实现仓库资源的优化利用，助力仓库整体运营效率的提高。在众多的数据分析方法中，ABC 数据分析法是最基础也是应用最为广泛的一种。

ABC 数据分析法，最早由意大利经济学家帕雷托于 1879 年提出，因此也被称为"帕雷托（Pareto）分析法"。ABC 数据分析法将庞大的数据分为 A、B、C 三类，其中 A 类代表占比少，但贡献十分大的一类；C 类代表占比大，但贡献十分小的一类；B 类则位于两者之间。ABC 数据分析法被广泛应用于社会经济的各个领域，在配送仓库的日常管理中，ABC 数据分析法同样发挥着重要作用。

如图 7-19 所示，在一个典型的配送仓库中，20%的 SKU 约占出库量的 80%，30%的 SKU 约占出库量的 10%，而剩余的 50%的 SKU，仅占出库量的 10%。在这种情况下，出库量最高的 20%的 SKU，通常被称为 A 类商品（或快速周转品），另外两类 SKU 被称为 B 类商品（或中速周转品）、C 类商品（或慢速周转品）。针对 SKU 数量与出库量的 ABC 数据分析，为配送仓库的规划、管理、运营提供了指导。显然，用仓库的最优资源提升 A 类商品的仓库效率，能够为整体效率的提高提供帮助，这些资源包括仓库的空间、设备、人力等。

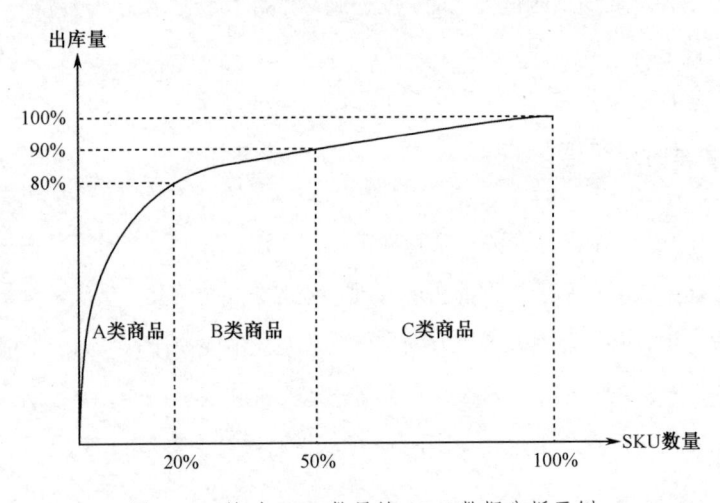

图 7-19　针对 SKU 数量的 ABC 数据分析示例

除了有助于仓库运营效率的提高，基于数据的仓库管理对提升终端服务也能起到积极作用。例如，针对零售终端反馈的配送差错进行数据分析，在其中找出主要矛盾和次要矛盾，便可以"对症下药"。如前文所述，终端服务与仓库成本之间存在复杂的背反关系，这一矛盾虽然无法完全解决，但是，基于数据的分析，能为两者实现相对平衡提供科学理性的依据。

总而言之，基于数据的仓库管理，正在取代传统的经验管理，成为现代配送仓库运营的主流策略。

运营流程控制策略

配送仓库的日常运作是流程执行的结果。无论仓库的规模和复杂程度如何，流程都以无形的方式，贯穿仓库运营的始末。控制流程，便等同于控制仓库的整体运作。

概括来说，流程控制的策略，分为延迟控制和实时控制两类。在传统的配送仓库中，流程执行的跟踪与执行过程存在时间差，仓库管理人员只有在流程执行完毕后，通过纸张或信息录入的结果，才能对流程执行情况加以掌控，故而称为"延迟控制"。

流程控制的另一种策略是"实时控制"。与内部库存管理类似，实时控制是借助无线网技术，对现场作业流程进行实时跟踪和管理的方式。通过实时控制，流程能够按照事先设计好的方式"自动"执行，在过程中无须额外加以干预。除此之外，流程的实时控制，对提高流程交互的效率和准确度，也颇有帮助。以实时控制为基础，流程设计优良的配送仓库，能够实现仓库内部流程之间高效准确的交接，从而最大化仓库运营的整体效率。

综上所述，配送仓库的流程控制策略，直接决定仓库运营所能达到的水平。流程的实时控制，不仅有利于提升仓库运营的效率和准确度，而且有助于提高仓库的空间利用率，是现代配送仓库运营中的又一重点策略。

现代技术应用策略

配送仓库运营的前三个策略，与现代技术的应用相辅相成，互为依存。配送仓库在库存管理、仓库管理、流程控制上的追求，对现代技术的应用提出需求；相反，技术应用上采取的策略，基本框定了上述三大策略的选择范围和落实形式。

现代配送仓库技术应用五花八门，种类繁多，概括来说，可分为信息软件技术和设备硬件技术两大类，如图 7-20 所示。

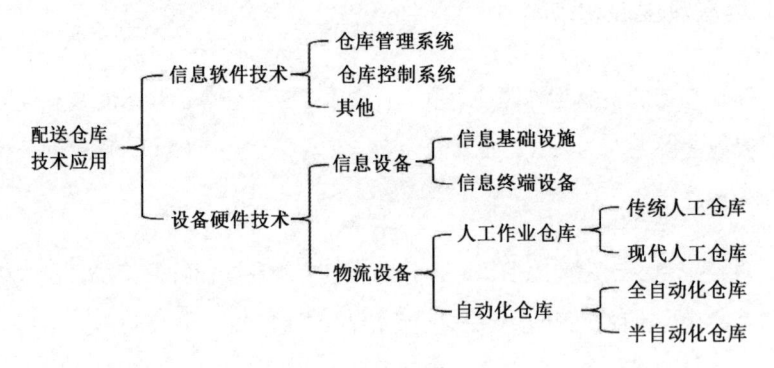

图 7-20　配送仓库中的技术应用一览

如图 7-20 所示，配送仓库涉及的技术应用跨度较大，以下就信息软件技术及物流设备作重点说明。

信息软件技术在配送仓库内，最直接的应用是仓库管理系统（WMS）。仓库管理系统是专门针对仓库管理开发的软件系统。与运输管理系统（TMS）类似，仓库管理系统也不是一件标准的产品。这是由于不同配送仓库的需求可能相去甚远，并没有一套标准的仓库管理系统可以应用于所有不同的应用场合。正因如此，只有经过因地制宜的设计和配置，仓库管理系统的功能才能有效地转化为现场的生产力。

物流设备，泛指所有与配送仓库内部作业流程相关的物料搬运设备，如叉车、堆垛机、输送线等。按照物流设备的使用情况，配送仓库可分为人工作业仓库和自动化仓库两种基本类型。根据作业方式的不同，人工作业仓库，又可细分为传统人工仓库和现代人工仓库两类；根据自动化程度的不同，自动化仓库又可细分为全自动化仓库和半自动化仓库两类。

现代人工仓库与传统人工仓库最大的区别在于搬运的作业方式和仓库的管理方式。传统人工仓库的搬运基本单位为散箱，仓库管理凭借经验和纸张；现代人工仓库的搬运基本单位为运载单元，仓库管理依靠数据与系统。不难看出，现代人工仓库将搬运作业方式，从劳动密集型的散箱搬运，转变为设备辅助的机械化搬运；在仓库管理系统的支持下，日常运营管理也从基于经验的延迟管理，升级为基于数据的实时管理。在两者的共同作用下，仓库作业的效率和准确度都得到大幅提升。

在现代人工仓库的基础上，机械化搬运可能进一步被自动化搬运取代，从而实现部分甚至全部流程的自动化作业。自动化仓库较复杂，从局部半自动化仓库，到大型全自动化仓库，林林总总，不一而足。概括来看，与现代人工仓库相比，自动化仓库既具有明显的优势，也存在不容忽视的劣势，详细内容列于表 7-11 中。

表 7-11　自动化仓库的优劣势

优劣势	自动化仓库
优势	（1）劳动力需求更少，物流作业人力成本更低。 （2）当使用自动化高架立体库时，土地利用率更高。 （3）可能提供更符合人体工程学的工作环境。 （4）物流作业质量更高，可能实现绝对意义上的零差错。
劣势	（1）同等规模下，首次投资多。 （2）灵活性较低。自动化设备的能力，决定该系统的最大出入库能力。由于零售终端的销量存在明显的高低峰波动，因此自动化仓库需要考虑足够的冗余能力或其他应对方式。 （3）后期调整困难。一般来说，自动化设备一旦投入使用，后期便很难加以优化（流程、布局等），这对项目的首次规划和设计提出更高的要求。 （4）工程复杂，工期较长。自动化仓库，尤其是自动化立体仓库，对基础建设的要求更高，项目工程更为复杂且工期较长。

基于以上特点，自动化仓库主要集中在经济相对发达的地区，尤其当劳动力成为稀缺资源时，自动化仓库就成为零售配送企业不得不考虑的选项。自动化仓库技术，仍在不断发展之中。近年来，以自动引导小车（AGV）为代表的"新型"自动化，正在逐渐兴起。"传统"自动化仓库，以输送线作

为主要传送方式；与之相比，AGV 之类的新型自动化，具有灵活性更强、对建筑要求更低、与人工仓库易结合等优点，正在受到越来越多零售配送企业的关注。

无论传统自动化还是新型自动化，本质上都是通过技术手段，实现配送仓库的运营目标。是否使用自动化技术、使用怎样的自动化技术，应根据零售配送企业的实际情况进行客观分析，切忌本末倒置，盲目跟风。

随着仓库自动化技术的发展，硬件设备对信息软件技术提出新的要求。仓库管理系统主要负责仓库的运营管理层面，如库存管理、订单处理等。自动化设备的使用，涉及执行层面的机电一体化技术，这一层面的技术应用，催生仓库控制系统（WCS）。仓库控制系统属于机电一体化的范畴，自动化仓库的复杂度越高，仓库控制系统也就显得越重要。

通过以上描述可以看出，零售配送仓库的软硬件技术，仍然处在不断发展的过程中。技术创新，为配送仓库的运营提供新的思路和解决办法。然而，我们不应忽略的是，配送仓库的核心价值并未改变，只有在明确运营目标的前提下，才能制定出既满足自身需求、又顺应未来发展的技术应用策略。

配送仓库运营策略小结

配送仓库运营策略的意义在于将运营目标转化为具有可操作性的指令。以此为出发点，第二层面的流程设计得以铺陈和延续。

随着现代技术的应用，配送仓库内部的运营方式正在发生深刻的变化。这些变化主要表现在内部库存管理、仓库日常管理、运营流程控制三个方面。除了内部库存管理策略，配送仓库在其他方面做出的选择，便形成仓库运营策略的具体内容。表 7-12 以三家企业的配送仓库为例，对此加以总结。

表 7-12　配送仓库运营策略总结

配送仓库运营策略		企业 A	企业 C	企业 D
仓库日常管理策略	基于数据	✓		✓
	基于经验		✓	
运营流程控制策略	实时控制	✓		✓
	延迟控制		✓	
现代技术应用策略	仓库管理系统	✓		✓
	一般信息系统		✓	
	无线终端设备	✓		✓
	纸张作业		✓	
	现代人工仓库	✓		✓
	传统人工仓库		✓	
	全自动化仓库			✓
	半自动化仓库	✓		✓

在零售行业中，目前仍然存在大量的传统人工仓库，现在谈配送仓库的全面现代化为时过早。但越来越多的零售企业，已经意识到现代配送仓库的重要性，相信在不久的将来，其将成为零售物流的标准配置。

7.1.7　配送仓库关键绩效指标体系的设计

配送仓库的关键绩效指标体系，不仅反映现场流程的执行情况，还是企业管理人员判断仓库运营水平的依据。根据指标体系设计方法，配送仓库的关键绩效指标体系设计，分为结构设计、指标项目选择、原始信息获取、数据加工整理四个步骤。

配送仓库的关键绩效指标体系结构，具有较强的通用性。虽然不同的目标维度设定会引起不同的关注，但这并不影响关键绩效指标体系的整体结构。由于配送仓库具有供应链和物流的双重属性，两者背后的影响源差别较大，所以，仓库运营的关键绩效指标体系应予以区别对待。在目标和策略的基础上，物流运营关键绩效指标结构，可分为运营成本、运营质量、终端服务、运营效率四个分支；供应链关键绩效指标结构，则可分为库转周转和终端订单满足两个分支，如图 7-21 所示。

零售配送企业管理层	
配送仓库补货管理	配送仓库运营管理
供应链关键绩效指标结构	物流运营关键绩效指标结构
库存周转	运营成本 · 运营质量
终端订单满足	终端服务 · 运营效率

图 7-21　配送仓库关键绩效指标体系结构

在配送仓库关键绩效指标体系结构的每个分支中，都可以选择多个不同的项目，表 7-13 列举其中一部分。

表 7-13　配送仓库运营的经典关键绩效指标项目

分支	序号	指标项目	单位	说明
配送仓库供应链关键绩效指标				
库存周转	1	库存周转天数	天	衡量仓库库存周转速度的指标，公式为：仓库库存量 / 日出库量*
	2	库存周转率	次/年	衡量一年内仓库库存周转的次数，公式为：365 / 库存周转天数
终端订单满足	3	订单满足率	%	又称为"服务水平"，衡量门店补货需求量的满足情况，公式为：实际到货量 / 订货量*
	4	订单行满足率	%	衡量门店补货需求品种的满足情况，公式为：实际到货行数 / 订货行数

续表

分支	序号	指标项目	单位	说明
配送仓库物流运营关键绩效指标				
运营成本	5	仓库成本占比	%	衡量仓库的总体经济效益，公式为：仓库总成本 / 配送总价值
运营成本	6	单位仓库成本	金额/单位	衡量仓库的实际运营成本，公式为：仓库总成本 / 出库单位数**
运营成本	7	退货仓库成本占比	%	衡量退货处理的成本，公式为：退货处理成本 / 退货价值
运营成本	8	每平方米出库量	单位 / 平方米	衡量仓库的空间利用率，公式为：出库量 / 仓库面积
运营质量	9	拣选差错率	‰	衡量仓库的拣选质量，公式为：货单不符的订单行数 / 全部拣选订单行，因数值可能极小，因此采用万分比
运营质量	10	库存准确率	%	衡量仓库整体的库存准确情况，公式为：盘点时库存差异库位数 / 盘点总库位数
终端服务	11	库存可获得率	%	衡量仓库库存充足情况下，终端订单的满足率，公式为：仓库出库量 / 门店订货量*
终端服务	12	配送准时率	%	配送车辆按照约定的时间窗口，抵达终端的次数占比。该指标不仅涉及仓库运营，也涉及末端运输
终端服务	13	订单响应时间	小时	订单截止与终端到货之间的时间差，用来衡量终端订单的到货速度，该指标除了涉及仓库运营，也涉及末端运输
运营效率	14	运营效率	不定	衡量仓库运营的总体效率，计算运营效率存在多种方式，如：出库总单位数** / 仓库总工作小时数
运营效率	15	人力效率	单位 / 工时	衡量仓库运营的整体人力效率，公式为：出库总单位数** / 仓库总人工小时数
运营效率	16	仓库流程效率	不定	衡量仓库单个作业流程的效率

* 物流关键绩效指标的计算中，多采用"量"作为计算单位。"量"可能指货物的箱数，也可能指货物的重量、体积等其他计量单位。当"量"转换成"金额"时，公式同样有效，原则是分子和分母必须采用统一口径的单位，例如同为采购金额或同为销售金额等。

** "单位数"可能指商品箱数，也可能指载具数量、重量、体积、拣选次数等其他计量单位。

表 7-13 中的部分项目，具有较强的普适性，可以称为仓库运营的基础关键绩效指标。这些关键绩效指标几乎是现代配送仓库的标准选项，归纳于表 7-14 中。

表 7-14　配送仓库运营的基础关键绩效指标

配送仓库运营基础关键绩效指标	库存周转天数
	订单满足率
	仓库成本占比、单位仓库成本
	库存准确率
	订单响应时间
	人力效率或运营效率（如自动化仓库）

除了基础关键绩效指标，其他运营指标项目的选择，主要取决于原始信息获取的难易程度。仓库管理系统的应用，为原始信息的获取提供有力支持。在信息系统的支持下，辅以数据的加工整理，配送仓库的关键绩效指标体系可能得到极大程度的丰富与完善。例如，关于仓库流程效率，管理系统能够针对每个流程的执行情况和特点，提供实时准确的关键绩效指标报表，从而大幅提高现代配送仓库的管理效率和精度，这在传统仓库中是很难做到的。

关键绩效指标体系，将仓库运营的体系规划层面与执行管理层面进行连接。这一连接在信息系统的支持下，正在变得前所未有的高效和准确。基于关键绩效指标数据的现代配送仓库管理，得以朝着可视化、透明化的方向继续前进。

本节小结

"配送中心"是近年来的热门名词。究其本质，配送中心是零售企业追求供应链价值的产物。作为配送中心的主要物流设施，配送仓库在零售供应链的发展过程中发挥着至关重要的作用。一方面，配送仓库为零售企业和生产企业优化供应链全局库存，创造出新的契机；另一方面，配送仓库为更好地满足零售终端需求、提高商品流通效率及降低流通成本，贡献了新的力量。当然，配送仓库本身具备的运营能力，是这些作用得到充分发挥的必要条件。

配送仓库在拉动型供应链中处于中间位置，扮演协同上游供应链和服务下游零售终端的双重角色，这对配送仓库的运营体系规划提出专业化的要求。本节的前半部分，首先就配送仓库的存在价值加以分析，价值体现为零售供应链和零售终端的需求满足。

需求满足的另一面是运营成本，两者之间存在诸多的二律背反现象。充分认识这些背反现象在仓库运营中的具体表现，是设定合理目标的前提条件。准备就绪后，本节通过几组案例，对配送仓库的目标设定做出详细论述。

配送仓库目标的阶段性达成，增加了企业发展零售供应链的信心。与此同时，供应链的进一步升级，对配送仓库提出更高的要求。在这一背景下，库存统配逐渐成为主要的零售供应链类型。库存统配要求配送仓库具备库存管理的能力，于是，库存管理策略成为关注的重点。库存管理策略包含配送仓库补货与内部库存管理两个分支，前者主要属于商流范畴，而后者完全归在物流范畴。

本节的后半部分，着重阐述配送仓库内部的运营策略。仓库运营策略是运营目标转化的结果，也是流程设计的开始。现代科技的进步，为配送仓库的策略制定提供了多样化的选择。在仓库管理系统的支持下，精细化的内部库存管理、基于数据的仓库管理和实时的流程控制成为现实，不断被应用于越来越多的配送仓库之中。相信在不久的将来，专业化的仓库管理系统将成为零售配送仓库的标准配置。

配送仓库的关键绩效指标体系设计，符合物流关键绩效指标体系设计的一般过程。本节最后列举了一系列经典的关键绩效指标项目，并辅以必要的说明。

作为零售物流的核心组成之一,配送仓库的运营对零售供应链的发展起到重要作用,体系规划更是重中之重。在体系规划的基础上,流程设计将配送仓库运营策略转变为具有可操作性的现场执行,经由关键绩效指标体系,配送仓库运营最终形成一个完整的闭环系统。

7.2 流程设计:技术是手段,而非目的

配送仓库的流程设计,上接体系规划,下启执行管理,位于运营体系的中间层面。由于配送仓库具有的双重属性,在流程设计时,必须同时考虑零售供应链策略和仓库运营策略两个方面。零售供应链策略决定配送仓库的流程框架,例如,库存统配下的配送仓库,仅需运行单一的统配流程;包含越库的配送仓库,则需要同时开展两组流程。配送仓库的运营策略决定流程的实现方式,主要体现在细化设计之中。

在现代配送仓库中,仓库管理系统的应用,不仅有助于提高仓库管理的效率和精度,而且能够为流程设计提供更大的选择范围。虽然具体流程的实现还需要其他技术的支持,但是,仓库管理系统发挥着中央调配、信息实时交互、任务自动优化等无可替代的作用。

根据第3章中的现代零售物流方法论,配送仓库的流程设计,可分为框架设计、细化设计、排列组合三个步骤。

7.2.1 配送仓库运营的六个基本流程

从上节对零售供应链策略的论述中可以看出,供应链类型的选择,直接决定配送仓库的功能定位。以越库为主的配送仓库,主要功能是汇总不同供

应商的商品，将其统一运送到处于下游的零售终端，过程中仅涉及中转库存。以库存统配为主的配送仓库，通过存储库存的管理和分配，实现下游零售终端订单的快速响应，同时，为优化供应链全局库存创造条件。

越库和库存统配的供应链类型，决定了配送仓库流程设计的主方向，因此，可以将越库流程和库存统配流程（简称"统配流程"）视作配送仓库的顶级流程。换个角度来看，越库流程和统配流程，构成配送仓库的正向物流过程；除此之外，在配送仓库中，一般还存在逆向物流过程，即自零售终端开始的退货回收流程。虽然逆向物流过程涉及的商品总量远小于正向物流过程涉及的商品总量，但从流程的角度来看，退货回收流程与越库流程、统配流程相对独立，所以，它也应被看作单独的顶级流程。图 7-22 对三大顶级流程予以汇总。

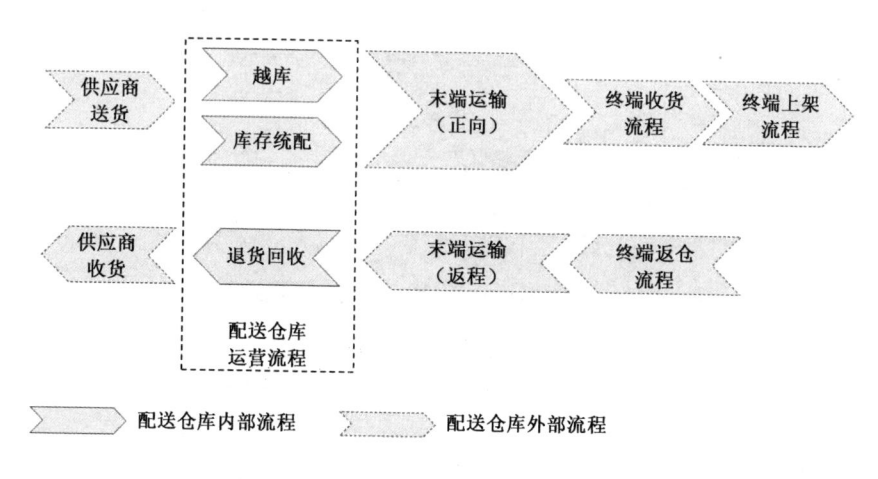

图 7-22 配送仓库运营的三大顶级流程

如图 7-22 所示，在正向物流过程中，与配送仓库运营流程发生交接的是供应商送货和正向末端运输；在逆向物流过程中，与配送仓库运营流程发生交接的是返程末端运输和供应商收货。本节重点阐述正向物流过程中的仓库运营流程（见图 7-23），至于逆向流程，将在第 8 章中展开。

在正向物流过程中，越库和库存统配是配送仓库内两种基本的零售供应链类型。无论哪种类型，也无论配送仓库的内部运作多复杂，仓库运营都可以分为"入库"和"出库"两个主要环节。在越库流程中，入库与出库环节紧密相连，仅通过库存暂存，应对出、入库之间存在的时间差；在统配流程中，入库和出库环节则相对独立，存储库存将两者连接为一个整体。

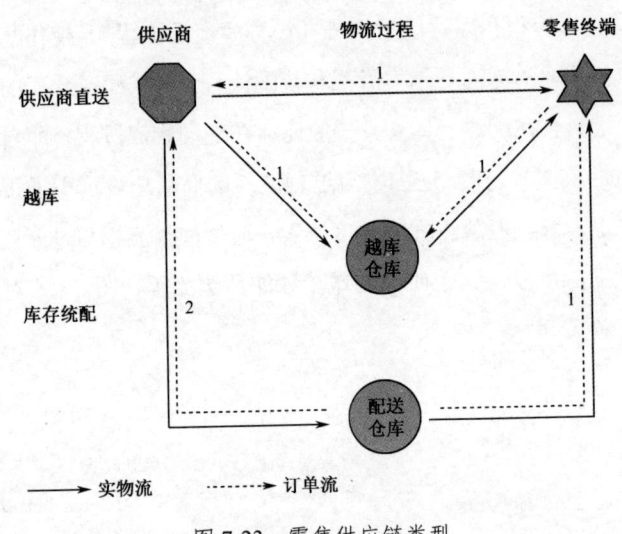

图 7-23　零售供应链类型

库存统配的仓库运营流程较越库复杂，包含六个相对独立却又彼此联系的一级流程。这些流程，构成配送仓库运营的流程框架，如图 7-24 所示。

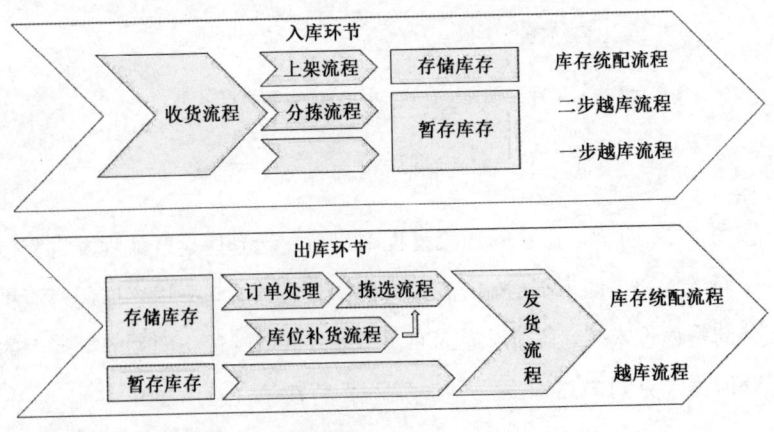

图 7-24　配送仓库运营的流程框架

如图 7-24 所示，配送仓库的一级流程包括以下六个：

（1）收货流程：供应商根据采购订单，将商品送至配送仓库后，仓库工作人员进行必要的检查和商品的接收。收货流程是配送仓库与供应商发生商品交接的主要流程，也是供应链中的库存责任和风险从一方转移到另一方的关键流程。

（2）上架流程：商品在完成收货后，需要存放在仓库的合适位置上。在现代配送仓库中，为了提高空间的利用率，货架是最常见的存储设备（见图 7-25）。商品与托盘组成的运载单元，经由叉车的辅助，被放置到货架上的过程称为"上架"。随着物流技术的发展，商品的存储方式，并非只有货架一种。上架流程，泛指商品从收货区域移动至存储区域的库内物流过程。上架流程之后，商品成为配送仓库的存储库存，入库环节就此结束。

图 7-25　配送仓库货架示例

（3）订单处理：库存统配的出库环节，从处理零售终端的补货订单开始。订单处理流程有时也被称为"波次计划"，是指配送仓库按照一定规则，选择一批终端订单进行集中处理后，形成有序的仓库作业任务的过程。

（4）拣选流程：商品从存储库存的状态，经过一定的方式，转变为与终端订单相匹配的待发货状态，这一过程称为"拣选"或"拣货"。拣选流程是出库环节的核心流程,众多的技术应用,都是围绕这一流程展开的,例如,人到货的拣货方式、货到人的拣货方式、分拣技术等。分拣流程,可以看作拣选流程的一个分支。

(5)**库位补货流程**:在现代人工仓库中,广泛使用人到货的拣选方式。在这种方式下,当拣选库位的库存不足时,需要从商品的存储库位对其进行补充,这一过程即为库位补货流程。库位补货流程可以看作拣选的支持流程,在现代人工仓库中,一般使用叉车完成。在库位补货流程中,托盘单元被叉车从存储库位取下的过程,称为"下架"。

(6)**发货流程**:配送仓库完成拣选流程后,与终端订单一一对应的商品,被集中放置在发货暂存区内。当越库和统配商品同时存在于配送仓库之中时,发货流程通常还包含这两类商品的汇合集中,这一过程称为"集货"。发货流程是出库环节的最后一步,在此配送仓库与末端运输完成交接。发货流程结束后,分属不同终端的商品,被装入配送车辆中,最终送至零售终端。

以上六个一级流程,构建出配送仓库运营的流程框架,可以称为仓库的基本流程。配送仓库的运营,是一个整体连续的过程,这些流程不应被割裂看待,我们应从整体的角度予以设计。流程设计是配送仓库运营策略的落实过程,这一点在细化设计中体现得尤为明显。

7.2.2 拣选流程的技术实现手段

明确配送仓库运营流程的整体框架之后,流程设计进入细化设计步骤。细化设计,是落实仓库运营策略的关键步骤。细化设计的结果,直接决定配送仓库之间的差异性。

配送仓库的六个基本流程各具特点,接下来以拣选流程为例,对库存统配流程的细化设计加以说明。

拣选流程的细化设计

"拣选"是库存统配出库环节的核心流程。在大多数情况下，拣选的基本单位是整箱、单个或重量（如千克）。当某一终端的订货量较大时，拣选的单位，也可能是整个托盘单元或其他运载单元（如整笼车、半托盘等）。若无特别说明，下文所述的拣选流程，都是以整箱、单个或重量为基本单位的订单匹配过程。随着物流应用技术的不断发展，众多不同的拣选方式涌现出来，图7-26对这些拣选方式加以分类和汇总。

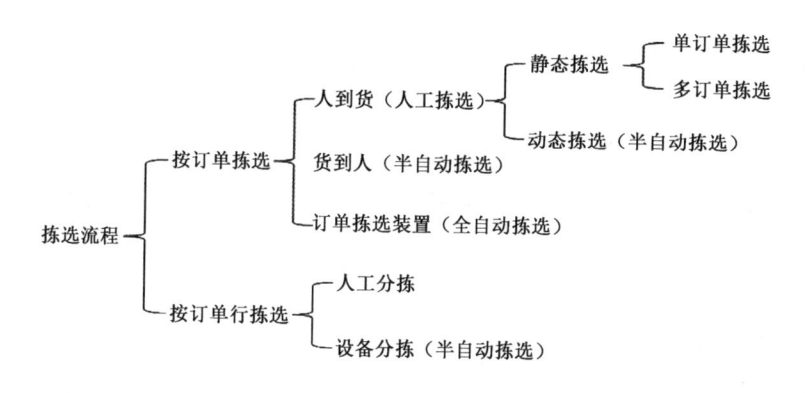

图 7-26　拣选流程的不同方式

概括来看，拣选流程可分为按订单拣选（Pick by Order）和按订单行拣选（Pick by Line）两种基本方式。按订单拣选，是零售配送仓库中应用最为广泛的拣选方式。拣货人员或设备根据终端补货订单，将相应的商品拣入关联订单的物流载具之内，随后将其运送到指定的暂存区域，等待发货。常见的物流载具包括托盘、笼车、周转箱等。

在按订单行拣选方式下，操作人员或自动化设备将一批订单的汇总量从存储库存或收货暂存区取出后，再将其拆分拣入关联终端的载具之内。

按照不同的技术应用，在两种基本拣选方式之下，又可衍生出多种不同的拣选形式，接下来分别进行介绍。

1. 按订单拣选

在现代配送仓库中，按订单拣选根据不同的物流技术应用，可分为人到货（Man-to-Goods）、货到人（Goods-to-Man）和订单拣选装置三种类型。

人到货是一种基础的拣选类型，在零售配送仓库中，应用最为广泛。在人到货的拣选方式下，每个SKU都有与之对应的拣选库位。拣货人员参照打印出来的拣选订单或无线手持终端设备的提示，沿着既定路线，依次完成所有商品的拣选。

按照SKU的拣选库位是否固定，人到货的拣货类型可细分为静态拣选和动态拣选两类。在静态拣选中，SKU对应的拣选库位相对固定，只有在库位优化时才加以调整。静态拣选具有流程清晰、投资较小、灵活性强、库存管理便捷等优势。静态拣选主要存在两个劣势：一是由于拣选库位在一段时间内（如三个月）固定，每个SKU都需要一个拣选库位。拣选库位一般位于地面，仓库所需的表面面积，由SKU数量决定。当SKU数量众多（如超过10000）时，仓库必须拥有相当大的表面面积。二是由于单张订单上的订单行数通常远小于SKU总数，库位固定意味着拣货人员沿着拣选路线，不得不经过较多无须拣选的库位，路线有效率低，从而导致拣选效率的损失。随着物流技术的发展，针对静态拣选存在的劣势，企业可以通过多种方式进行改善，以下稍做列举。

方式之一是利用电动拣选叉车代替步行。这种方式除了可以加快行走速度，还能够增加单趟拣选路线的拣货量，拣选效率得以提高。方式之二是利用ABC数据分析法，优化拣选路线，将周转较快的商品放置在更好的仓库位置上，以提高拣选效率。方式之三是在单订单拣选的基础上，增加多订单的拣选方式。一般情况下，在静态拣选时，拣货人员从一个库位拣出一张订单的商品；若具备一定的条件（如系统支持、流程明确、设备齐全等），可能实现从一个库位拣出多张订单的商品，拣选效率随之提高。

以上这些方式，在一定程度上提高了静态拣选的效率，能够很好地服务于周转较快的 A 类和 B 类商品。然而，对于周转较慢且品种繁多的 C 类商品，拣选路线有效率低及仓库表面积需求大，依然是两个突出的问题。为了从源头上解决这两个问题，动态拣选应运而生。

与静态拣选相比，动态拣选最大的特点是，拣选库位与 SKU 之间不存在绑定关系。系统根据当前订单的需求，将相关商品放置到拣选库位上，不需要的商品则被暂存在缓冲仓库之内。动态拣选的这一特性，能够从根本上解决静态拣选存在的拣选路线有效率低、仓库表面积需求大的问题。但是，动态拣选涉及订单的实时匹配和频繁的物理搬运，要想高效地进行动态拣选，必须依赖物流自动化技术。于是，在此背景下，催生动态拣选系统。动态拣选系统属于半自动化物流系统，主要由拣选系统和补货系统两部分组成。补货系统是此类系统的核心，为了适应动态变化的环境，补货流程需要依赖高度的自动化。自动化补货的实现手段多种多样，其中，料箱堆垛机系统（Mini-load）是较为常见的一种形式。

动态拣选系统的拣选流程与静态拣选并没有本质上的区别，仍然属于人到货的方式。为进一步提高动态拣选的效率和准确度，拣选库位经常配有电子标签系统（Pick by Light）。

动态拣选与静态拣选方式，并不是互相排斥的。由于这两种方式各自具有的优劣势，它们可能同时存在于一个配送仓库之中。典型的应用场景是，针对快速周转的 A 类商品，采用静态拣选方式；针对慢速周转的 C 类商品，则采用动态拣选方式。

动态拣选与静态拣选，都属于人到货的拣选类型，与之相对应的是利用物流自动化技术实现的货到人拣选类型。在货到人的拣选类型下，货品由自动化设备运送到拣货人员面前，拣货人员在固定的位置，完成订单拣选流程。

目前来看，货到人的自动化技术，存在两种基本形式。一种是利用自动堆垛机和输送线系统实现的托盘单元自动化搬运；另一种是通过 AGV 执行的移动货架搬运。单就拣选效率而言，货到人的拣选方式能节省大量的行走时间，因此具有明显优势。货到人的拣选方式，是物流自动化技术在配送仓库中的典型应用。需要注意的是，由于最后的拣选动作仍然由人工完成，此类拣选流程，依旧属于半自动化的范畴。

全自动拣选，处于当今世界零售物流技术应用的最前沿。全自动拣选技术的发展，不过十余年，是信息技术、自动化技术、机电一体化等技术的集成产物。自动拣选系统并不是独立存在的，而是整合在一套完整的全自动仓库解决方案之中，目前仅有为数不多的几家顶尖物流系统提供商有能力规划和实施此类系统。在全自动拣选方式下，订单拣选过程通过一套机电装置自动完成，其间无须任何人工搬运。单从流程设计的角度来看，全自动拣选是利用自动化设备代替人力完成拣选的过程，可以看作按订单拣选方式的高级技术手段。

无论人工、半自动，还是全自动拣选，拣选流程的开展都是基于单张终端订单，因而都可以归纳为按订单拣选的方式。与按订单拣选相对应的是按订单行拣选的方式。

2. 按订单行拣选

按订单行拣选的流程，与按订单拣选大不相同。按订单拣选以单张终端订单作为基本单位，无论实现手段如何，拣选过程中，操作人员或自动化设备都是一步完成订单拣选。另外，根据作业任务的排序，终端订单拣选完成的时间，也都有明确的先后顺序。

按订单行拣选以订单行作为基本单位，拣选过程分为两个步骤。第一个步骤，将所有订单中的相同商品汇总为"汇总订单"；第二个步骤，根据终端订单的需求量，将汇总订单逐行拆分拣入对应终端的载具之中。在按订单行拣选的过程中，不同终端订单的拣选，几乎同时开始、同时结束，只有当所有订单行完成汇总和拆分之后，该批订单的拣选流程才算完成。

两种拣选方式在具体操作上也存在明显区别。在按订单拣选方式下，拣货人员或自动化设备，将对应终端的载具移动到商品所在位置或某一特定位置后，完成拣选。在按订单行拣选方式下，操作人员或自动化设备将经过汇总的商品，移动到与终端一一对应的位置后，完成分拣。为了区别这两种作业方式，按订单行拣选也称"分拣"（De-pick）、"分播"或"播种"。

通过以上描述可以看出，按订单行拣选的方式，主要具有以下特点：

（1）按订单行拣选所需仓库表面积的大小，由终端数量决定，与 SKU 总数基本无关。

（2）由于对应终端的载具放置在一个集中的位置，分拣过程中的路线有效率，往往高于按订单拣选的有效率，分拣效率较高。

（3）由于拣选过程分为汇总和分拣两个步骤，虽然分拣效率较高，但分拣之前和分拣之后的衔接，可能导致仓库整体效率的损失，在流程设计时，须予以特别关注。

（4）订单拣选完成的时间，由最后一条订单行决定。换言之，在完成最后一条订单行的分拣之前，该批订单无法进行正常发货。这一特点，可能造成发货资源需求集中，进而导致物流整体效率的降低。

通过以上分析可以看出，按订单行拣选与二步越库流程十分契合，因此也可看作二步越库的标志性流程。供应商在进行二步越库商品的送货时，已经按照订单需求完成商品的汇总，收货后，托盘单元自然具有"可分拣状态"，分拣流程得以大幅简化。关于二步越库流程的更多介绍，将在下一节中展开。

按订单行拣选的流程执行，根据自动化的应用情况，可以分为人工分拣和设备分拣两种基本形式。在人工分拣中，分拣人员将汇总商品的托盘单元，根据打印出的纸张订单或无线终端设备的提示，拆分到对应终端的位置上。在设计人工分拣流程时，作业效率和准确度依旧是两个不变的重点。

除了人工作业，分拣流程也能通过设备自动完成。用于分拣的设备，称为"分拣机"（Sorter）。在一般情况下，分拣机是仓库自动化解决方案中的一个组成部分。通过扫描识别技术，商品"自动"进入与终端对应的道口。按照执行方式的不同，分拣机分为翻板式、滑靴式、推杆式等多种不同形式。虽然分拣机能够实现分拣过程的自动化，但是，在分拣设备的末端道口，仍需要人工将商品码放到物流载具之中。因此，此类系统也属于半自动化拣选的范畴。

至此，拣选方式已经全部介绍完毕。不难看出，这些拣选方式各具特点，并不存在绝对的优势和劣势。那么，如何在众多的拣选方式中进行选择呢？接下来就此问题进行探讨。

3. 拣选方式的选择

拣选方式各自具有的特点，决定其适用于不同的场合。达到一定规模的配送仓库，可能使用一种或多种方式的组合。拣选方式的选择，并不是一个孤立的决定，应结合配送仓库的体系规划及仓库作业的工况分析，予以综合判断。

配送仓库体系规划层面的现代技术应用策略，基本框定出拣选方式可供选择的范围。例如，在人力或土地资源稀缺的地区，自动化拣选方式成为备选项；相反，人工拣选方式则更为合适。在此基础上，仓库作业工况的分析，是拣选方式选择时的另一个关键点。

在选择拣选方式时，需要考虑的仓库作业工况主要包括以下几项：

- ✓ 零售供应链类型
- ✓ 库存统配 SKU 的总数
- ✓ 配送零售终端的数量
- ✓ 每个班次（8~10 个小时）处理的订单总数
- ✓ 单张订单的订单行数
- ✓ 订单行的数量和体积

- ✓ 商品周转速度
- ✓ 拣选单位（整箱、拆零或重量）

在仓库作业工况分析的基础上，图 7-27 展示了拣选方式的选择路径。该路径图，既是拣选方式选择的基本指引，也是拣选流程的小结。

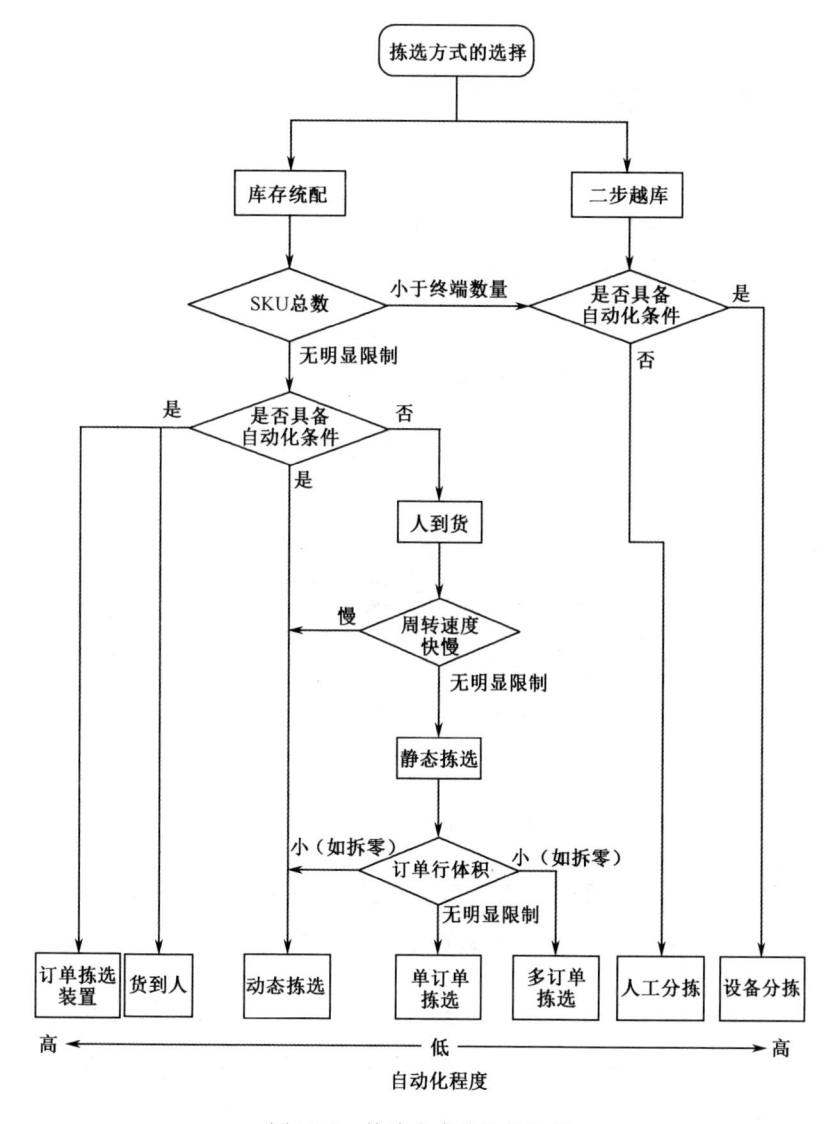

图 7-27 拣选方式的选择路径

无论哪种拣选方式，在现实的零售物流行业中，都能找到相应的案例，很难说哪种方式具有绝对优势。虽说"拣选"是配送仓库的核心流程，层出不穷的拣选技术也极具吸引力，然而，我们更应看到，配送仓库的运营是一个闭环体系，比拣选效率更重要的是配送仓库的全局效益。只有让其中的所有流程形成一个有机的整体，零售配送企业才有望创造出更大的价值。

7.2.3 越库流程的细化设计

越库和库存统配，是两种截然不同的零售供应链类型。两者最大的区别在于，配送仓库是否提前备有库存。这一区别，在仓库运营流程中，首先表现为订单流的分离，如图 7-28 所示。

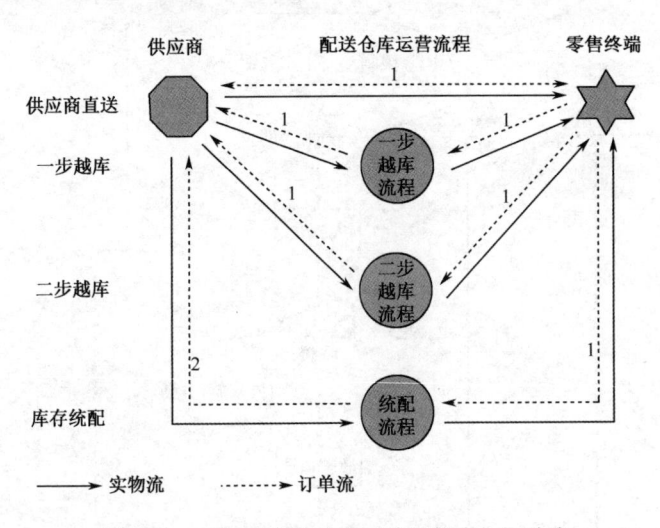

图 7-28　不同供应链类型下的实物流和订单流

从图 7-28 中可以看出，越库与库存统配下的采购订单发起方有所不同，越库由零售终端发起，库存统配则由配送仓库发起。

按照配送仓库是否进行订单汇总，越库又可分为一步越库和二步越库两种类型。在一步越库时，配送仓库将所有的终端订单直接转发给供应商。供应商根据每张订单上的需求，进行商品准备，送达配送仓库后，双方进行单张订单的逐一交接。

在二步越库时，配送仓库将所有的终端订单进行汇总后发送给供应商。供应商根据汇总量安排送货，配送仓库完成收货交接后，将汇总量拆分到对应终端的分拣位置。两种越库类型，在订单流上略有不同，在配送仓库流程设计时，应予以区别对待。

除了订单流上的区别，越库与库存统配在仓库流程上也存在差异。在越库流程中，出库与入库环节的衔接，通过暂存库存实现，而非存储库存。越库商品完成收货后，成为暂存库存。暂存库存在仓库内停留的时间，短则几小时，最长一般也不超过 48 小时，这对出入库环节的衔接提出很高的时间和效率要求。为促使衔接更为紧密，越库的仓库流程，应设计得尽可能精简和高效。图 7-29 为配送仓库流程框架中的越库部分。

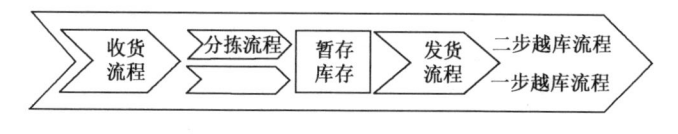

图 7-29　配送仓库流程框架——越库

一步越库仓库流程最为精简，仅包含收货与发货两个基本流程，两者之间的时间差，通过暂存库存来应对。一步越库商品的收货流程与库存统配并无二致。收货完成后，对应终端的载具单元被移动到库存暂存区，作为暂存库存等待发货。为进一步简化一步越库的库内流程，在零售终端、供应商双方达成一致的前提下，供应商在收货交接前，可将对应终端订单的商品，全部打包在一个或多个"包裹"内。之后，配送仓库扮演"快递"的角色，仅对"包裹"进行收货和发货；实际商品的交接，则延迟至零售终端，这种方式称为"快递方式"。值得一提的是，虽然一步越库，尤其是快递方式，在仓库内部的流程极为简洁和高效，但从供应链的角度来看，一步越库只是将订单分拣转移给供应商，至于何时采用该方式，应根据实际情况加以判断。

二步越库在一步越库的基础上，多出分拣流程。完成分拣后的商品，成为暂存库存，转入发货流程。

从流程设计角度来看，配送仓库的越库过程，并没有新增基本流程，较库存统配流程更为精简。

7.2.4 流程的排列组合：应对变化的优质选项

配送仓库的基本流程具有相当强的通用性。无论配送仓库的内部运作多么复杂，都可以视作这些流程的排列组合（见图 7-30）。以下通过几个案例，对此进行举例说明。

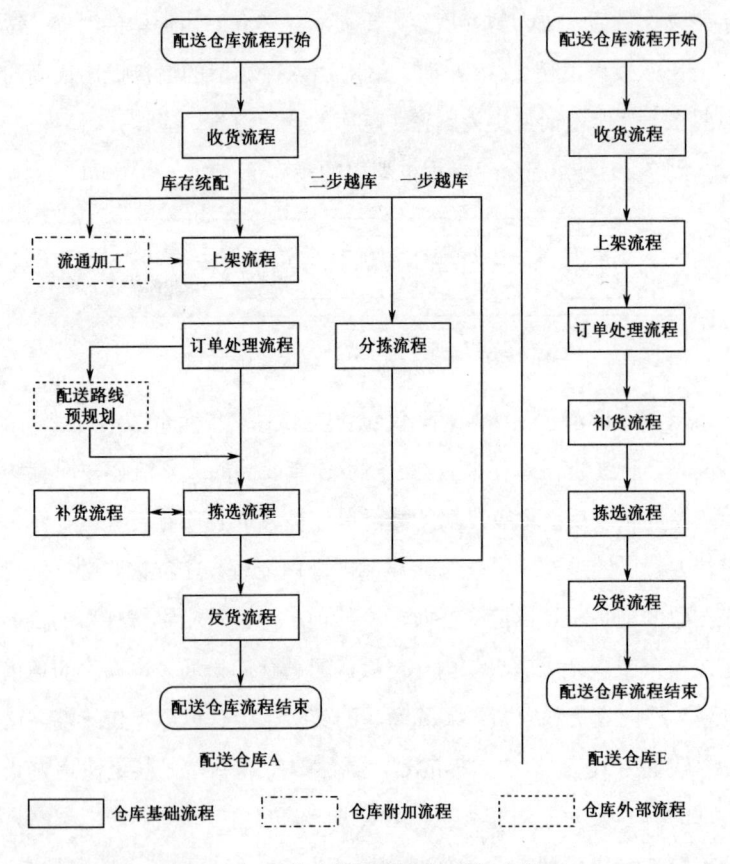

图 7-30 配送仓库流程的排列组合举例

如图 7-30 所示，配送仓库 A 同时开展库存统配、二步越库、一步越库流程。入库环节中，利用流通加工流程，该仓库为部分商品（如散装食品）提供定量包装和贴标服务；在出库环节，采用人到货的订单拣选方式，并辅以补货流程。此外，配送仓库 A 同时运作一步和二步越库，最后通过集货流程，将三种不同来源的商品汇总在一起，统一发货。配送仓库 A 整体运营水平较高，由于需要同时运营多种供应链，并协调各组流程之间的同步与衔接，仓库的日常运营高度依赖定制化的仓库管理系统。

相比之下，配送仓库 E 的运营流程简单得多。配送仓库 E 仅服务于库存统配一种供应链类型，仓库流程由六个基本流程串联而成。由于各项流程之间存在明确的先后顺序，衔接过程不可避免地造成运营效率的损失。另外，仓库流程背后的逻辑相对简单，配送仓库 E 对仓库管理系统的依赖度较低。

在配送仓库的实际运营中，流程的排列组合形式多样，实现手段各异，图 7-30 仅列出具有代表性的两例。排列组合虽然是最后一个步骤，但是，配送仓库的流程设计是一个整体连贯的过程，对于全新的配送仓库而言，在框架设计时便应予以考虑。排列组合更大的意义，体现在配送仓库的运营过程中。

配送仓库并非独立存在的个体，它不断受到外部环境的影响，外部环境主要包括下游零售终端和上游供应链。当外部环境发生变化时，配送仓库通常需要做出相应的变化与调整。通过流程的排列组合，配送仓库可能以高速度、低成本、低风险的方式，完成这样的变化与调整。例如，在原本仅有库存统配的仓库中，增加越库流程，库内流程只需调用收货、发货、分拣流程便能实现；又如，在配送仓库中引进流通加工服务，只需在相应区域增加流通加工流程，其他的内部物流作业都可沿用原有流程。对于身处变化频繁的市场环境中的零售配送企业来说，流程的排列组合，为配送仓库应对这些变化提供了一个优质选项。当然，流程的排列组合，必须建立在原有流程设计相对合理的基础之上。

配送仓库流程设计的内容，至此已经全部介绍完毕。仓库运营体系的搭建，开始转入执行管理层面。

本节小结

流程设计，位于配送仓库运营体系的中间层面，连接体系规划和执行管理。"以流程为导向"的理念，在配送仓库的设计和管理中发挥指导性作用。在这一理念下，仓库的日常运营被分解为多个相对独立却又彼此联系的流程组合。"相对独立"为流程的设计、管理、优化提供足够的灵活性，这种灵活性更利于配送仓库引入创新的技术，以及应对外部环境的变化；"彼此联系"将不同流程连接为一个整体，促使配送仓库以尽可能低内耗、高效率的方式进行运营。

现代配送仓库的运营与仓库管理系统的应用密不可分。因此，配送仓库的流程设计，与仓库管理系统的产品设计和实施，应被当作一个统一的过程加以对待。离开仓库管理系统的支持，配送仓库的流程设计难以落实；反之，离开配送仓库的流程设计，仓库管理系统的功能则无法完全发挥。只有将两者有机地结合为一个整体，配送仓库的运营，才能在更高效、更专业的方向上持续发展。

7.3 执行管理："自我更新"和"以人为本"

完成体系规划和流程设计后，配送仓库运营体系的搭建，进入执行管理层面。参考现代零售物流方法论，执行管理层面在配送仓库运营中具体表现为仓库流程的管理、仓库人员的管理、仓库设备设施的管理三个方面。

7.3.1　仓库流程的管理：配送仓库的"自我更新"能力

配送仓库的日常运营是流程执行的结果，流程本身的合理性在很大程度上决定结果的好坏。那么，如何验证流程本身的合理性呢？答案是利用执行的结果来判断。显然，流程设计与执行管理之间，形成了一个小的内部循环，如图 7-31 所示。针对配送仓库流程的管理，有助于促进两者进入良性循环。

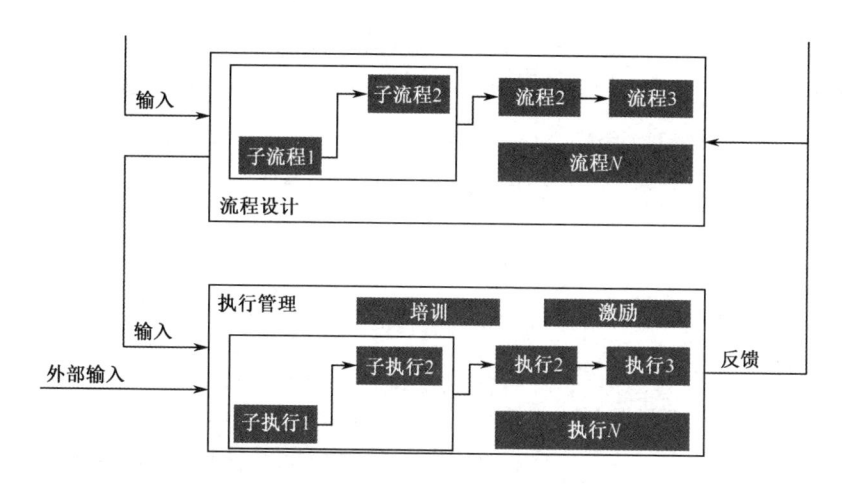

图 7-31　现代零售物流的研究方法论（节选）

任何配送仓库的运营，都是从初次流程设计开始的。即使最初并不称为"流程设计"，但关于如何运营该仓库的思路是客观存在的，也许这些思路也并不具有系统性，但最终都将进入配送仓库的日常运营中，成为指导运营的"流程"。

初次流程设计的质量，决定配送仓库的起点。高质量的流程设计，需要系统性的思维和丰富的实践经验，上一节的流程设计，主要是围绕这一过程而展开的。但是，倘若不具备开展高质量流程设计的条件，配送仓库的运营水平是否只能停滞不前呢？答案是否定的。虽然初次流程设计的质量十分重要，但并不意味着一旦完成就无法改变。通过流程设计与执行管理之间形成的良性循环，配送仓库的运营水平，可能不断得到提升，也就是说，这样的配送仓库，具备"自我更新"的能力。

仓库流程的管理，是培养配送仓库"自我更新"能力的有效方式。流程管理由两部分组成，第一个部分是对现场流程执行进行的评估，简称"仓库流程评估"；另一个部分则是对现有流程的优化，简称"仓库流程优化"。

仓库流程评估包含执行过程评估和执行结果评估两个方面。仓库流程由多个作业动作组成。例如，典型的"人到货"拣选流程，包含订单获取、移动至拣选库位、扫描校验、实物搬运等作业动作。这些作业动作的执行，是否与流程设计的预期相同，作业人员是否具备高效完成这些动作的条件，流程之间的衔接是否顺畅等，都是执行过程评估中需要关注的问题。

执行过程评估，多数情况下属于定性分析，而针对流程执行结果的评估，则属于定量分析。其中，关键绩效指标是最常见的评估工具。用于流程执行结果评估的关键绩效指标，是配送仓库关键绩效指标体系内运营管理的一部分，如图7-32所示。执行结果关键绩效指标评估的对象是仓库流程，目的是帮助企业回答以下两个问题：

配送仓库运营管理	
物流运营关键绩效指标结构	
运营成本	运营质量
终端服务	运营效率

图7-32　配送仓库关键绩效指标体系结构

（1）当下的执行结果处在怎样的水平？

（2）是否需要优化流程？如果需要，优化后的目标是什么？

第一个问题的回答，需要与"数据对比"结合在一起。数据对比，分为横向对比和纵向对比两种。不同仓库间的横向对比，只有在统一口径的前提下，才具有意义。相较之下，与自身历史数据进行的纵向对比，更易操作和推行。

准确地了解仓库流程执行的现状，是回答第二个问题的必要条件。当配送仓库决定进行流程优化时，在现有指标的基础上，设定清晰的目标，是避免走弯路的有效手段。

仓库的流程优化，可以通过两种方式实现。一种是引进新的技术，提高流程执行水平；另一种是对流程本身进行重新设计。根据不同的仓库条件，流程优化的难度有所不同。一般来说，自动化程度越高，优化难度越大，所以高质量的初次流程设计，在自动化仓库项目中显得尤为重要。值得一提的是，以 AGV 为代表的"轻量自动化"，正在改变"传统重型自动化"难以被优化的局面，在零售配送仓库中的应用前景备受瞩目。无论何种方式，配送仓库的流程优化，或多或少关系到流程设计层面。也就是说，通过流程的管理，仓库运营体系再次返回流程设计层面，由此开始一个新的子循环。

流程设计与流程执行之间的循环机制，对配送仓库的与时俱进具有重要意义。它不仅适用于处在发展初期的配送仓库，同样适用于已经达到一定运营水平的配送仓库。物流技术仍在发展之中，循环机制为新技术的应用创造条件，促使配送仓库不断进行"自我更新"。在零售物流发达的地区，已经运营三十年甚至五十年的配送仓库不在少数。"自我更新"能力，是这些仓库能够不被时代淘汰，始终保持领先的关键。

7.3.2　仓库人员的管理："以人为本"的配送仓库管理

在任何配送仓库中，人员都是核心要素。现代人工仓库是应用最为广泛的一类配送仓库，大部分流程都必须通过人工完成，人员管理的重要性不言而喻；半自动化仓库利用设备取代部分人工作业，但是，其他流程依然需要人工配合；即使是全自动化仓库，系统同样需要由专业人员进行设置和维护。因此，不管配送仓库的自动化程度如何，人员管理都是仓库运营中的重要一环。

仓库人员管理，受到不同文化的影响，存在多种形式。无论哪种形式，高效的人员管理，都是现代配送仓库追求的目标。那么，如何实现高效呢？"系统管理"也许是最优解。这里的"系统"既指代仓库管理系统，也指代系统化的管理方式。

笼统地说，现代配送仓库的工作人员，可分为作业人员和非作业人员两大类。在大多数仓库中，作业人员是流程执行的主体。在传统管理方式下，现场作业团队往往分为多个层级，同时，需要较多的人为干预，管理效率较低。在系统管理方式下，作业人员的管理效率，可能得到大幅提升。首先，配送仓库的作业团队，可实行扁平化的组织结构，减少因管理产生的内耗；其次，在流程设计合理、设备配备齐全的前提下，仓库的作业流程可实现无纸化，操作人员仅需根据无线终端的提示，便能完成作业；最后，根据系统提供的报表，作业人员的工作情况，能够得到实时透明的评估。总而言之，在系统管理方式下，作业人员的管理可能在"无感"中完成，"看不见的管理"就是高效的管理。

在现代配送仓库中，非作业人员虽不直接参与流程的执行，却是不可或缺的重要力量。根据配送仓库的不同情况，非作业人员可以细分为多种不同的功能，如流程管理、设备设施管理、客户服务等。

当一个配送中心含有多个配送仓库时，非作业人员可能同时为多个仓库提供支持和服务，从而实现资源共享。非作业人员承担的工作职责，以支持和服务为主，具有较强的个体差异性，故只能因地制宜，无法生搬硬套。

人员的培训机制

无论作业人员还是非作业人员，培训机制都是配送仓库人员管理中的重要工具。在传统配送仓库中，仓库的日常运营，主要依赖作业人员的经验，作业人员需要较长时间的实践积累才能胜任，这种积累可以看作无形的培训。在现代配送仓库中，作业人员的培训则高效得多。若系统设计合理，配送仓库的现场作业变得清晰明了，通常仅需几个小时，新员工就能基本胜任。

虽然培训效率大幅提高，但培训机制本身不应被忽略，而应得到进一步的强化。这是由于：第一，安全培训必不可少。在现代配送仓库中，各类叉车和设备川流不息，如何在复杂的工作环境中，保障人员作业安全，一方面需要合理的规划设计，以减少安全隐患，另一方面还需要增强现场人员的安全作业意识。第二，配送仓库的现场作业，大多属于重复性体力劳动，培训机制的建立，有助于保持现场作业团队的工作积极性和稳定性。第三，非作业人员的培训同样必要。以流程管理为例，系统设置的合理性，直接关系现场作业效率。合理化的系统设置，需要工作人员对系统操作和运行逻辑具有较深的理解。定期培训，有利于加深理解，从而保持系统设置的质量。

人员的激励机制

激励机制，是另一种配送仓库常用的管理工具。配送仓库激励机制的设计，应综合考虑其可能带来的各种影响。

首先，激励机制应建立在公平透明的基础之上。"系统管理方式"为保障激励机制的透明性，提供有力支持。数据报表能够实时清晰地展示出现场作业开展的情况。激励机制的公平性，相对更难实现。尤其是针对个人的激励措施，任何一个细节的疏漏，都可能很快被发现和利用，从而导致公平性的坍塌。为避免个人激励存在的风险，团队激励是另一类更为安全的方式。个人激励和团队激励，适用于配送仓库内的不同流程。一般来说，当流程中的作业动作较为单一时（如拣选），个人激励能够发挥更大的作用；反之，团队激励则更为合适。

其次，激励机制的设置应避免片面性。作业效率是大部分配送仓库追求的目标，针对效率的激励手段，应用最为普遍，如拣选效率、收货效率、上架效率、补货效率等。然而，效率的反面是质量和安全。片面追求效率，有可能造成仓库作业质量的下降，或安全隐患的增加。举例来说，针对收货效率设定的激励措施，容易造成收货时质量控制的草率及信息获取的失误，进而导致库存准确度的下降。另一个典型的例子是，针对上架和补货效率设定的激励措施，稍有不慎，便会引发仓库事故率的增加。事实上，流程设计合理的配送仓库，本身具有效率优化的"基因"。当仓库效率存在不足时，比起设置片面的激励机制，流程本身的合理性更值得考虑，由此对症下药，往往能够收获更显著的成效。

最后，正向激励机制有助于现代配送仓库保持长期的活力和竞争力，而负面激励机制，只能发挥一时的效果。

总而言之，激励机制不应被看作仓库管理的唯一手段，而应与培训机制相互结合，为营造积极的仓库工作氛围及以人为本的现代企业文化做出贡献。

7.3.3 仓库设备设施的管理

现代配送仓库使用的设备功能各异，种类繁多，现归纳为以下几个大类：

（1）月台设备，如升降调节台、工业滑升门等。

（2）物料搬运设备，如叉车、输送线等。

（3）无线终端设备，如 RF 手持终端、叉车车载终端、语音终端等。

（4）物料存储设备，如托盘货架、料箱货架、驶入式货架等。

（5）载具设备，如平板托盘、笼车、周转筐等。

（6）自动化设备，如托盘堆垛机、料箱堆垛机、AGV 等。

（7）冷库设备，如制冷系统、保温库板、冷库门、气帘设备等。

（8）清洁设备，如工业地面清洁机、周转筐清洗机等。

除了设备，现代配送仓库还包含以下基础设施：

（1）仓库建筑，如地面、墙体、屋面等。

（2）信息技术基础设施，如服务器、无线网络、存储设备等。

（3）消防设施，如自动喷淋系统等。

（4）照明设施。

"工欲善其事，必先利其器"。无论设备还是设施，一般都需要进行日常保养和故障维修。根据复杂度的不同，维保工作可能由专业厂商承担，也可能由配送仓库自行完成。例如，叉车的故障维修，必须由专业厂商完成，而日常保养，则可由配送仓库自行完成。

设备设施的正常运作，是保障配送仓库平稳、高效运营的前提条件。进行科学的管理，不仅有助于设备设施始终保持正常的工作状况，同时有利于创建安全可靠的工作环境。因此，在配送仓库内，建立设备设施的管理机制是十分必要的。常用的管理机制包括创建并定期更新各类设备设施的维保档案、明确专门的管理职责、定期巡检等。

本章小结

配送中心是零售企业追求供应链价值的产物，同时，也是配送网络中的关键物流设施。换言之，配送中心具有物流和供应链的双重属性。正因如此，对配送中心的研究，既不能一味强调供应链属性，而罔顾其作为物流设施本身具有的特点；也不能仅看到表面的物流特征，而忽略其应创造的供应链价值。只有将两者作为一个统一的整体加以研究，才能发挥配送中心真正的效用。

配送中心由一个或多个配送仓库组成。配送仓库运营体系，是配送中心运转的主体。运用现代零售物流方法论，本章围绕配送仓库运营体系，分别从体系规划、流程设计、执行管理三个层面进行论述。

体系规划层面，是本章阐述的重点。由于配送仓库扮演服务零售供应链和服务零售终端的双重角色，本章首先就两者的需求分别展开剖析。零售供应链对配送仓库的需求，可以归纳为全局库存优化和运营成本最小化两个方面；零售终端的需求，则包括商品需求、质量需求、补货需求和高效沟通需求。这些需求的满足过程，实际上就是零售供应链价值的创造过程。然而，由于二律背反现象普遍存在，上述需求难以同时得到满足，于是，这对配送仓库运营体系的目标设定提出专业化和系统化的要求。

配送仓库运营体系的目标设定结果，可以通过目标多维图的形式呈现。不同维度上的目标设定，体现出零售物流设计的精髓。本章针对典型情况下的目标差异化设定，加以举例说明。如何将目标转化为具有可实施性的配送仓库运营策略呢？只有在明确零售供应链策略的基础上，配送仓库的运营策略制定才能真正开始。

零售供应链策略，包含供应链类型的选择和库存管理策略两部分。库存管理策略，再一次体现出配送仓库的双重属性。从零售供应链的角度来看，库存管理策略主要涉及配送仓库的补货过程；从物流的角度来看，库存管理策略则是指仓库内部的库存管理。

在明确零售供应链策略的基础上，配送仓库的运营目标，最终得以转化为运营策略。除了之前提到的仓库内部库存管理策略，运营策略还包括日常管理策略、流程控制策略、现代技术应用策略。

配送仓库运营的关键绩效指标体系,同样应包含供应链和物流运营两个部分。本章列举了其中的一些经典指标,并辅以必要的说明。

在体系规划层面,本章勾勒出配送仓库运营的"轮廓";在流程设计层面,本章则进一步描绘出"脉络"。不同配送仓库的运营流程看似千差万别,颇有"乱花渐欲迷人眼"之感,但究其根本,都可归纳为六个基本流程。本章以拣选流程为例,对流程的细化设计加以说明。

本章的最后部分,重点介绍配送仓库的执行管理层面。配送仓库的日常运营,离不开有力的执行和科学的管理。执行管理的结果,通过关键绩效指标体系,反馈到流程设计和体系规划层面,最终形成一个完整的闭环系统。

末端运输和配送仓库构成现代零售物流的两大核心。虽然正向物流占据主导地位,但逆向物流同样不容忽视。逆向物流在配送仓库和末端运输中均有出现,考虑到这一过程中的各个环节联系紧密,其中一部分更是形成内部循环,故而单独成章。

第 8 章
零售配送网络中的逆向物流

逆向物流是相对正向物流而言的。零售配送网络中的正向物流，始于生产企业，终于零售终端或消费者住处。逆向物流则由零售终端发起，终于配送仓库或生产企业。逆向物流是零售配送网络中不应被忽视的过程，虽然单就规模而言，其无法同正向物流相提并论，但是，组织不当的逆向物流，会给零售供应链增加额外的成本和负担，导致供应链价值受损。零售配送网络中的逆向物流，包括多个联系紧密的参与方，各参与方之间的物流活动是一个连续的过程。

根据中华人民共和国国家标准（GB/T 18354—2006）中的定义，逆向物流是"物品从供应链下游向上游的运动所引发的物流活动"。在零售配送网络中，逆向物流涉及的"物品"主要包括商品和可循环物资两大类。在这两类物品的逆向物流过程中，参与方和物流活动各有不同，以下分别进行阐述。

8.1 商品的退货与召回

按照发起方的不同,零售商品的逆向物流分为"退货"和"召回"两类。退货由零售终端发起,商品退回配送仓库或进一步退回供应商;召回由生产企业发起,商品从零售终端或配送仓库返回生产企业进行处理。虽然退货和召回的物流过程大同小异,但两者的产生原因和影响截然不同,因此必须区别对待。

8.1.1 商品退货:有百害而无一利

零售商品的退货,不仅是一个逆向物流过程,同时也是零售企业与供应企业贸易约定的一部分。从长期来看,退货对供应链的参与方没有任何益处。

首先,退货属于零售供应链的内耗,在大多数情况下,都是纯粹的成本,并不创造额外的流通价值。一般来说,零售供应链的价值是在正向物流过程中实现的。商品经由配送仓库送达零售终端,后者将其出售给消费者,商品的流通增值由此得以实现。商品的逆向物流过程,并不创造流通价值,因此产生的成本,却必须返回正向流通过程中,成为供应链的负担。

其次,退货过程至少涉及两个参与方,交接环节较多,其间发生的破损、差异等"小问题"极易产生摩擦,甚至影响零供贸易的正常开展。

再次,退货过程包括包装、运输、仓储等多项物流活动,大量不创造价值的活动,容易造成社会资源的浪费。

既然商品的退货"有百害而无一利",为何退货在零售供应链,尤其是处于发展初期的零售供应链中普遍存在呢?原因主要有以下几个:

(1)销售预测盲目乐观,尤其是在进行商品促销时,预测经常掺杂过多的主观因素。

(2)在牛鞭效应的作用下,零售终端库存过大;供应链涉及的环节越多,牛鞭效应越显著。

(3)供应链中占据优势的一方,趋向于将风险和损失转嫁给较为弱势的一方,以牟取短期利益。

(4)零售终端在订货过程中出现的失误。

无论出于何种原因,零售商品的退货现象,在很大范围内是客观存在的,零售物流不得不应对。具体来说,配送网络不仅需要服务于正向供应链过程,而且需要具备高效处理退货商品的能力。

退货商品的处理过程,从贸易约定开始。贸易双方应就退货事项进行清晰的约定,常见的事项包括退货条件(如保质期、包装情况等)、退货成本的承担、财务处理方式等。需要强调的是,当退货涉及生鲜商品时,有关退货的约定,应尤为谨慎。这是由于:第一,易腐类生鲜商品的退货过程,极易造成损耗和污染(如污染卡车车厢);第二,有温控要求的生鲜商品,在逆向物流过程中,很难保证"全程冷链"。由此可见,生鲜商品的退货,不仅是贸易和物流范畴的问题,同时也关系到食品安全,原则上应予以禁止。

当贸易双方达成一致后,退货商品的逆向物流过程便具备开始的条件。如图8-1所示,退货商品的逆向物流,可能存在于三大过程之中,分别是终端物流过程、下游物流过程和上游物流过程。

终端物流过程中的退货发起方是消费者。此类退货行为,一般直接在零售终端进行处理,不波及供应链的其他环节。针对消费者的退货,不同零售企业有不同的方式，此处不予展开。

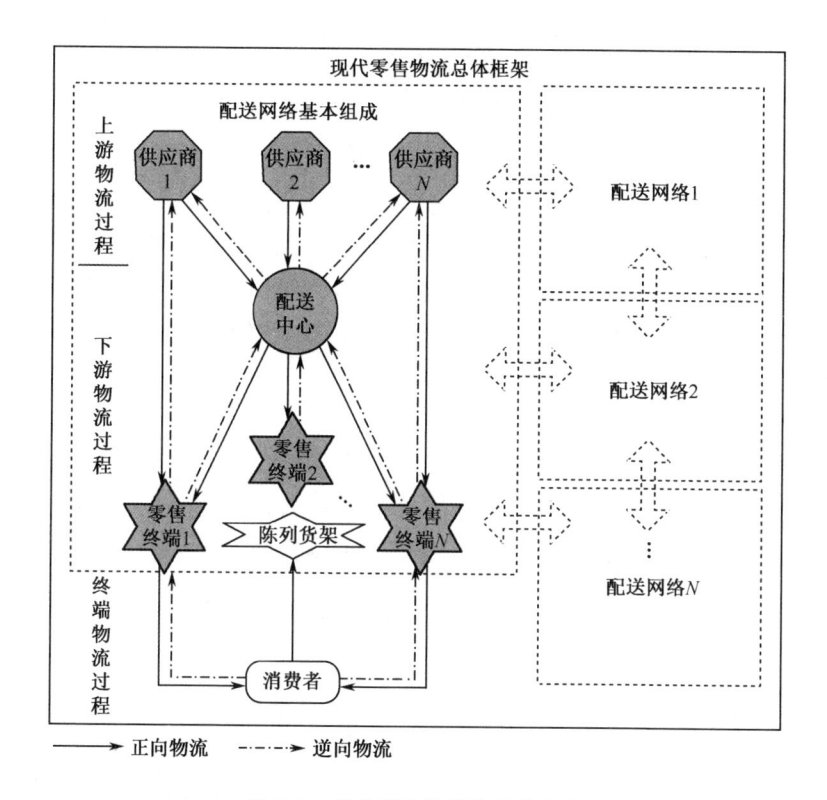

图 8-1 现代零售物流的总体框架

下游和上游物流过程中的退货，是商品正向物流的逆过程。在下游逆向物流过程中，退货商品从零售终端返回配送仓库，此时，商品的"供应方"变成零售终端；在上游逆向物流过程中，退货商品从配送仓库返回供应商。此外，在一些场合中（如供应商直送），也会出现商品由零售终端直接返回供应商的情况。

参考现代零售物流方法论，退货商品的逆向物流，同样可分为体系规划、流程设计和执行管理三个层面。从图 8-1 中可知，退货的全过程主要涉及末端运输和配送仓库两个物流环节。退货逆向物流的体系规划和执行管理，包含在这两个环节的对应层面中，为了避免重复论述，本节仅对流程设计进行简要说明。

退货是商品正向物流的逆过程,虽然流程的开始方和结束方发生了逆转,但流程本身并没有发生根本性变化。因此,流程设计应遵循尽可能利用仓库基本流程的原则。在该原则下,退货流程可以通过基本流程的排列组合得以实现,仅在必要时,辅以扩展和延伸。

如图 8-2 所示,退货过程中的物流流程,由末端运输(返程)和配送仓库退货处理两个一级流程组成。由于退货本身涉及贸易约定,不同商品背后的贸易约定不尽相同,所以,高效的退货过程,还应包含预退货流程。

图 8-2 退货过程的一级物流流程

所谓预退货流程,是指退货商品进入物流流程之前,所有参与方开展的准备工作。一般来说,退货商品在退回配送仓库或供应商之前,以贸易约定为基础,交接双方应事先就该批退货商品的处理达成一致意见。表 8-1 列举了常见的处理方式及可能出现的退货场合。

表 8-1 退货处理方式和场合

退货处理方式	退货场合
由零售终端返回配送仓库后重新入库	零售终端库存过大,终端订货失误等
由零售终端返回配送仓库后,再返回供应商	零售终端库存过大等
直接由配送仓库返回供应商	配送仓库库存过大,仓库补货失误等
直接由零售终端返回供应商	供应商直送,某供应商退货量过大等

预退货流程,是为避免退货引发的无效活动(如物流、沟通等)而设置的管理流程。参与方在逆向物流开始前,应明确退货商品的处理方式,以加快退货处理的整体速度。预退货流程的效率,很大程度上由信息技术应用的

成熟度决定。预退货流程涉及多个参与方,如零售配送企业内部的不同部门、供应商、运输服务商等。多方的沟通和协调,是一项煞费时间的工作,信息技术的应用,可以大幅提高这一工作的效率。当然,前提是信息系统的设计应满足退货流程的需求。

退货商品的处理流程与正向物流十分接近,只需在原有基础上进行流程的重新排列组合,并稍做调整。与为退货流程设置一套全新的流程相比,排列组合有利于降低仓库流程管理的复杂度。当应用仓库管理系统时,系统的设计和配置也能得到相应的简化。

尽管优化退货的逆向流程能够在一定程度上缓解退货对零售供应链造成的伤害,但这毕竟只是权宜之计。长久之策在于,强化正向供应链能力,从源头上减少甚至消除退货现象。在现代零售发达的地区,很多企业已经通过提高预测准确度、精简供应链环节、深化跨企业协同等方式,将商品的退货率控制在极低的水平。这足以证明,通过参与方的共同努力,减少退货量是完全可以做到的。

8.1.2 商品召回:追溯机制的建立

零售商品逆向物流的另一类,称为"商品召回"。商品召回是上游供应企业主动发起的逆向物流活动,主要原因是,产品在生产过程中,可能出现质量瑕疵。虽然现代制造行业已经取得巨大的进步,但在生产环节中,仍然存在无法预见的质量管控风险。当风险发生时,在最短时间内,将有问题的商品追回,是缩小危害扩散范围的有效手段。商品召回,本质上是一种追溯机制,这一机制在食品零售领域显得尤为重要。

商品召回的发起方是生产企业。生产企业发现商品存在质量瑕疵后,将需要召回的商品信息(包含批次、生产日期、发货时间等),发送给流通环节中的合作企业。零售配送企业接收到召回信息后，需要在尽可能短的时间内，将波及的商品统一收集，并送回生产企业或商品供应商。商品召回的过程看似简单，实则涉及多个相互关联的环节。在时间的压力下，高效完成这一工作，不仅需要零售企业建立有效的商品追溯机制，还要求配送网络具有一定的逆向物流能力。

首先，在收到召回信息后，零售终端应在第一时间锁定瑕疵商品，停止销售，并将其集中存放。停止销售是商品召回过程中的关键一步，能否快速执行，一方面取决于信息沟通和商品锁定的速度，另一方面取决于零售企业关于商品召回的培训。追溯机制，体现出零售配送企业良好的管理能力及有力的社会责任担当。

配送网络的逆向物流能力，表现为信息追溯能力和商品汇总速度两方面。所谓信息追溯能力，是指配送仓库能够通过批号、生产日期等召回信息，快速找到对应商品于何时何地送往何处。一旦准确快速地追踪到这些信息，波及的终端范围就可以被框定，商品召回效率得以大幅提高。信息技术的应用是配送网络掌握信息追溯能力的关键，这再次印证了信息管理系统在现代零售物流中的特殊地位。

召回商品的汇总，通常在配送仓库内完成。在下游物流过程中，等待召回的商品可能位于配送仓库、运输车辆、零售终端三个不同地点。通过信息追溯锁定商品的具体位置后，逆向物流过程显得相对直接。商品召回的逆向物流过程与退货大同小异，同样包括返程末端运输和配送仓库处理两个一级流程，细节也颇为相似，此处不再赘述。

从表面上看，商品召回的逆向物流过程与退货十分接近，但是，召回的目的是通过追溯机制，将生产过程中不可预计的风险所造成的危害，尽量控制在有限范围内，这与商品退货有着本质区别。

8.2 可循环物资的逆向物流

零售逆向物流中的另一类物品是可循环物资。零售物流涉及的可循环物资不计其数，对这些数量庞大的物资进行科学有效的管理，不仅有利于企业的价值创造，而且有益于环境保护。可循环物资包括可回收垃圾和物流载具两类。与零售商品的一次性逆向物流过程不同，可循环物资的逆向物流是封闭循环的一部分。

一次性包装（纸板箱、塑料制品等）完成流通后，成为可回收垃圾。通过与包装制造企业的合作，可回收垃圾能够得到再次利用。与一次性包装相对应的是可循环包装。可循环包装既是一种包装，又是一种物流载具，常见的包括饮料瓶、塑料周转筐等。显然，与一次性包装相比，可循环包装有助于降低包装成本，从源头上减少垃圾的产生。然而，可循环包装背后的循环体系较为复杂，不仅需要精细化管理，而且可能产生更高的循环成本。

可循环包装多用于需求稳定的商品，如软饮料、啤酒、鲜牛奶、蔬菜、水果等。可循环包装的使用，还与市场或渠道的流通习惯有一定关系。例如，同一个啤酒品牌，可能同时存在可循环包装和一次性包装两种不同的包装，分别用于不同的市场和渠道。

可循环包装同时也是一种物流载具，它的循环过程与载具相同，因此可纳入同一体系进行管理。物流载具的使用，是现代零售物流区别于传统物流的重要标志之一。有关物流载具的类型和特点，在第 4 章中已有详细介绍，本节的重点放在物流载具的循环过程和管理体系上。物流载具的循环过程，包括正向物流和逆向物流两个方向，有效地组织逆向物流，是载具循环体系高效运转的关键。

8.2.1 可循环物资的循环过程

可回收垃圾与物流载具的循环过程不尽相同。可回收垃圾的循环,是将零售终端和配送仓库产生的一次性包装垃圾,实施统一收集和集中处理,再将处理后的包装物运送回对应的制造企业进行资源再利用的过程。物流载具的循环,则是至少两个循环参与方遵循一定的规则,通过正向和逆向物流的组合,依次重复使用同一载具的过程。以下对两类可循环物资的循环过程分别进行阐述。

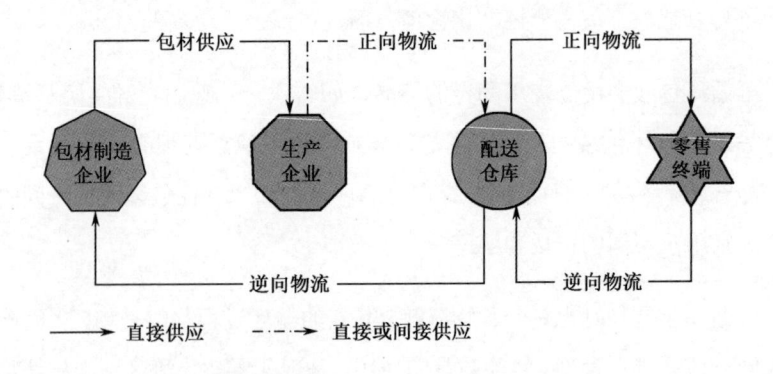

可回收垃圾的循环过程

可回收垃圾的统一收集和集中处理,是零售逆向物流创造价值的重要手段。目前来看,经由逆向物流回收的垃圾,主要包括纸板箱和塑料制品(如塑料缠绕膜)两类。利用返程末端运输,可回收垃圾从零售终端返回配送仓库,后者对其进行汇总和简单处理。处理后的物料(通常为托盘单元),作为原材料再次进入包装制造环节。可回收垃圾的循环过程,如图 8-3 所示。

图 8-3 可回收垃圾的循环过程

可回收垃圾的逆向物流过程清晰明确,由于可以结合在其他物资的返程运输中,它几乎不会增加额外的运输成本。与传统的零售终端分散处理方式相比,这种统一集中的处理方式具有以下优势:

（1）通过专业化的垃圾处理设备，配送仓库能够将可回收垃圾压缩成更适合运输的形式；同时，也能够按照包装制造企业的要求进行简单加工，提高可回收垃圾的运输和再利用效率。

（2）减少可回收垃圾循环的中间环节，通过与包装制造企业的直接对接，加快包装垃圾再利用的速度。

（3）有利于可回收垃圾的统一管理，降低漏洞出现的可能性。

因为以上优势，利用逆向物流实施可回收垃圾的集中处理，已经成为零售物流领先企业的标准配置。

物流载具的循环过程

物流载具循环过程的直接参与方，包括零售终端、配送仓库和供应商，循环过程展示在图 8-4 中。

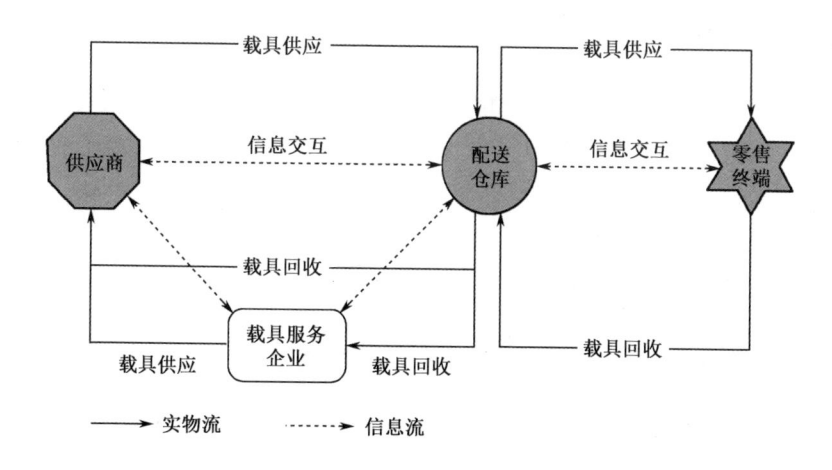

图 8-4 物流载具的循环过程

除了直接参与方，在物流载具的循环过程中，有时还会出现第三方载具服务企业。第三方载具服务企业，又称"载具池"（Pooling）企业。这类企业对零供双方所需的标准化载具（托盘、周转筐等），实施统一采购和管理，再通过租赁等形式，将其投入零售供应链内进行循环共用。通过第三方服务企业开展的载具循环，对优化供应链上的载具总资源具有积极的经济意义和社会意义，在零售物流相对发达的市场十分普遍。

无论是否通过第三方服务企业，物流载具在供应链上的循环过程并没有本质上的区别。物流载具可能在零售终端和配送仓库或配送仓库和供应商之间形成单循环，也可能在零售终端、配送仓库、供应商三者之间形成复合循环。复合循环，可以看作多个单循环的组合，所以，载具逆向物流的研究重点也就落在单循环的运转上。

一个单循环过程，由载具供应和载具回收两股实物流组成。除此之外，循环过程还涉及双方的信息交互，这些信息包括载具的类型、数量、交接时间、交接地点等。载具回收流程与商品的逆向物流流程十分接近，此处不再重复。

笼车和塑料周转筐是两类使用较为广泛的零售物流载具。下面以这两类载具为例，就单循环和复合循环过程展开进一步论述。

某零售配送企业使用笼车作为主要的下游配送载具。笼车在配送仓库与零售终端之间形成单循环。同时，为提高下游供应链效率，减少散箱搬运次数，笼车的使用贯穿于配送仓库、末端运输、零售终端这三个下游物流过程之中，如图 8-5 所示。

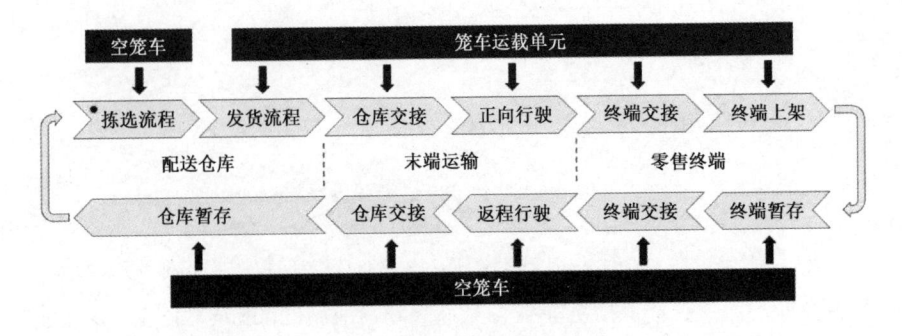

图 8-5　笼车的单循环过程

从载具循环的角度来看，空笼车自配送仓库的拣选流程进入循环，经过拣选和发货，与商品结合成为运载单元后，被发运至零售终端；零售终端收货后，继续将笼车作为终端内部的主要载具，完成上架和暂存等一系列活动，至此，笼车的正向物流过程告一段落。笼车的逆向物流过程，始于终端暂存。空笼车经由返程行驶，被运回仓库进行暂存；当拣选流程开始时，空笼车进入一次新的循环。

物流笼车在下游供应链上的使用，是载具单循环的典型代表。塑料周转筐在零售供应链上的流转，很好地解释了复合循环的过程。

为提高蔬菜的流通效率，降低流通过程中的损耗，某零售配送企业与蔬菜供应基地达成一致，使用塑料周转筐作为蔬菜从产地到零售终端的物流包装载具。按照行业标准或双方约定的标准，蔬菜在基地被装入塑料周转筐中，形成运载单元。以该运载单元作为基本单位，蔬菜从基地企业运送到配送仓库，再经由仓库，配送至零售终端后，周转筐的正向物流过程结束。零售终端使用完周转筐后，对空筐进行收集和暂存，再将其与其他物资一起返还配送仓库。最后，空筐跟随运输车辆，返回蔬菜基地，由此进入新的循环。整个循环过程，总结在图 8-6 中。

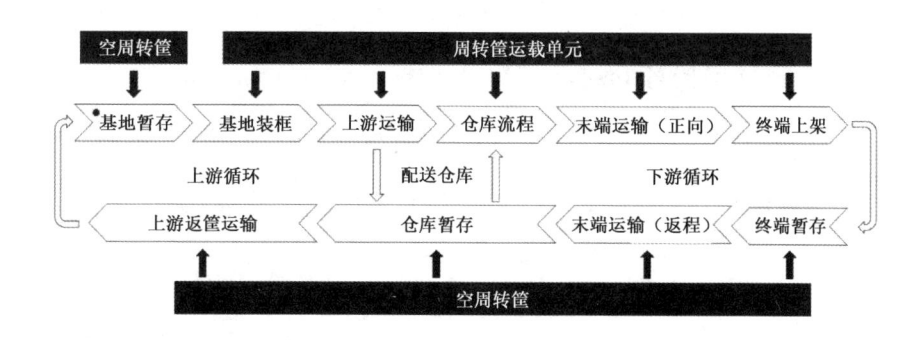

图 8-6　周转筐的复合循环过程

从图 8-6 可以看出，案例中的周转筐复合循环过程，包含上游和下游两个单循环，因此也可称为双循环过程。在双循环过程中，配送仓库是衔接两个单循环的中间环节。除了物流活动，整个过程还可能包含其他性质的活动，如周转筐的清洗、烘干、维修等。

周转筐的双循环过程具有较强的代表性。总体来看，零售物流中的载具复合循环，可分为上游循环和下游循环两个过程。下游循环通常为单循环，当涉及多级配送时，也可能包含多个单循环。所谓多级配送，是指配送仓库发出的商品，经由另一个或多个仓库，配送到零售终端的物流方式。上游循环的单循环数量，取决于上游供应链环节，环节越多，单循环数量越多。

毫无疑问，复合循环过程比单循环更为复杂。复杂性主要体现在以下几个方面：一是循环的参与方更多，需要达成的约定内容也就更多；二是每个参与方都必须遵循约定的规则，任何一方的懈怠，都可能导致循环无法正常运转；三是完成一次循环所需的时间更长，跨越的区域更广，其间出现的不确定性因素增多；四是上游循环过程包含多种不同情况，如送货运输路线可能为封闭式，也可能为开放式，复合循环过程更加复杂。

为了降低管理难度，复合循环可被分解为多个单循环。各个单循环的运转效率，基本决定了复合循环体系的整体性能。

8.2.2 载具单循环的运转效率和计算方法

载具单循环的运转效率

载具单循环的运转效率，直接关系物流成本，在同等环境下，效率越高，物流成本越低。载具单循环是循环体系的基本单位，决定循环体系的整体效率。下面重点分析在一个单循环过程中，存在哪些影响效率的因素。

首先，硬件设备是单循环高效运转的基础条件。硬件设备包括月台设备、卡车车厢配置、辅助作业设备等。在具备硬件条件的基础上，载具单循环体系的效率，由维持循环所需的最小载具量及参与方的管理能力决定。

维持单循环运转所需的最小载具量，是影响载具循环效率的第二个因素。一般来说，所需载具总量越少，循环运转效率越高。那么，如何计算单循环中所需的最小载具量呢？以配送仓库与零售终端之间的载具单循环为例，本节将介绍一种计算方法。

循环参与方围绕载具进行的管理，是影响载具循环效率的第三个因素。管理能力越强，载具循环效率相应越高。载具管理能力体现在两个方面：管理规范和管理效率。

载具管理的两个关键点是载具交接和载具库存管理。管理规范的制定，在这两点上均起到重要作用。单循环过程，包含发送方和接收方，交接双方应针对物流载具的交接，制定明确的权责和清晰的规定。在一般情况下，当载具发生转移时，使用方应承担载具的管理责任。另外，将载具作为"商品"进行库存管理，被证实是一种有效的管理方法。如果管理规范的制定不善或执行不力，事先约定的循环规则也就难以落实，后果是，载具在循环过程中极易破损和丢失，循环效率因此下降。

除了管理规范的制定，管理效率是另一个体现载具管理能力的方面。载具管理的效率，很大程度上取决于信息技术的应用和载具标准化的程度。符合载具管理需求的信息系统，一方面，有助于实现高效的载具交接，另一方面，能为载具库存管理提供实时准确的数据和分析。

载具标准化程度，包括两个层次的含义：一是循环体系中使用的载具类型，二是每种载具类型下的载具规格。标准化程度越高，意味着同时需要管理的载具类型和载具规格越少，相应的管理效率也就越高。这再次反映出载具标准化在现代零售物流中的重要地位。

综上所述，影响载具单循环运转效率的主要因素包括硬件设备、维持循环所需的最小载具量及参与方的载具管理能力。

单循环载具需求量的计算方法

单循环所需的最小载具量,主要由出库载具量决定,同时受到载具返回规则和仓库配送频率两项参数的影响。当配送仓库首次引入可循环载具时,可以根据以上组合,计算出满足循环所需的载具总量。一般来说,零售配送仓库每日的出库量具有一定的规律性,将每日出库量换算成对应的出库载具量,该数值便成为计算公式中的关键变量。

载具返回规则是指,载具从接收方返回发送方时双方遵循的规则。载具返回规则直接影响单循环运转效率。不同场合的载具返回规则,可能有所不同,但都应考虑循环运转效率和零售终端效率两者之间的平衡。

以笼车为例,笼车单元抵达零售终端后,如果其中的商品能够全部上架,那么,空笼车可以直接放置在暂存区域等待回收。但是,受限于货架空间,如果笼车中还剩有商品,须先将剩余商品搬运到其他位置后,才能进行空笼车的回收。散箱搬运的次数越多,零售终端内部的物流效率则越低。另外,倘若笼车滞留在零售终端,以减少搬运次数,那么,循环所需的笼车总数就会增多,循环效率受到影响。在此背景下,载具返回规则的合理制定,成为平衡这一矛盾的关键。

另一个影响循环载具量的参数是仓库配送频率。在一定周期内出库总量固定的前提下,仓库配送频率越高,循环体系所需的载具总量则越少。需要注意的是,载具返回规则直接影响循环效率,而配送频率主要影响的是循环启动所需的初始载具量。

接下来通过一组模拟数据,对单循环载具总量的计算方法及两项参数对运转效率的影响做进一步说明。

某配送仓库计划引入物流载具,用于仓库与零售终端之间的单循环,并利用返程运输车辆对空载具进行回收。通过历史数据的分析,一个月的出库载具量,列于表 8-2 中。为了平衡循环运转和零售终端的效率,该配送仓库拟设定三种返回规则：

（1）M1 规则：本次送货的载具分两次返回，分别为后 1 次送货返回 80%，后 2 次送货返回 20%。

（2）M2 规则：本次送货的载具分两次返回，分别为后 1 次送货返回 60%，后 2 次送货返回 40%。

（3）M3 规则：本次送货的载具分三次返回，分别为后 1 次送货返回 60%，后 2 次送货返回 20%，后 3 次送货返回 20%。

以出库载具量作为计算公式的变量，并将以上规则代入，表 8-2 列出各个环节对应的载具数量，最后得出循环体系所需的载具总数量。由于篇幅限制，表 8-2 仅列举 M1 规则下的计算过程，至于其他两种规则，于表末直接给出计算结果。

表 8-2　M1 规则下的单循环载具需求计算举例

配送周天	出库载具量	仓库新增	仓库库存	终端收货	返回载具量（M1 规则）	终端库存
周一	500	500	0	500	0	500
周二	450	450	400	450	400	550
周三	650	250	460	650	460	740
周四	550	90	610	550	610	680
周五	600	0	580	600	570	710
周六	420	0	750	420	590	540
周一	550	0	656	550	456	634
周二	520	0	660	520	524	630
周三	750	90	526	750	526	854
周四	650	124	704	650	704	800
周五	800	96	670	800	670	930
周六	430	0	1010	430	770	590
周一	520	0	994	520	504	606

续表

配送周天	出库载具量	仓库新增	仓库库存	终端收货	返回载具量（M1 规则）	终端库存
周二	600	0	896	600	502	704
周三	650	0	830	650	584	770
周四	620	0	850	620	640	750
周五	550	0	926	550	626	674
周六	440	0	1050	440	564	550
周一	620	0	892	620	462	708
周二	570	0	906	570	584	694
周三	780	0	706	780	580	894
周四	630	0	814	630	738	786
周五	620	0	854	620	660	746
周六	490	0	986	490	622	614
单循环所需载具总数量		1600（M1 规则）				
		1750（M2 规则）				
		1854（M3 规则）				

通过表 8-2 可以看出，返回规则越宽松，单循环所需的载具总数量越多，分别为 1600、1750（+9.4%）和 1854（+15.9%）。从库存管理的角度来看，零售终端的载具周转速度越快，循环所需的载具总数量越少，效率越高。由此可见，载具返回规则，对单循环体系的运转效率产生显著影响，应当引起足够的重视。

表 8-3 反映出配送频率对载具单循环需求总量的影响。在一周出库载具总量和返回规则不变的前提下，降低配送频率，会造成循环所需载具总数量的大幅增加，计算过程如表 8-3 所示。

表 8-3　不同配送频率下的单循环载具需求计算举例

配送周天	出库载具量	仓库新增	仓库库存	终端收货	返回载具量（M1 规则）	终端库存
周一	500	500	0	500	0	500
周二	450	450	0	450	0	450
周三	650	650	400	650	400	750
周四	550	150	360	550	360	640
周五	600	240	620	600	620	730
周六	420	0	730	420	530	530
周一	550	0	790	550	610	670
周二	520	0	716	520	446	604
周三	750	34	560	750	560	860
周四	650	90	500	650	500	754
周五	800	300	710	800	710	950
周六	430	0	904	430	624	560
周一	520	0	1174	520	790	680
周二	600	0	1048	600	474	686
周三	650	0	974	650	576	754
周四	620	0	920	620	566	740
周五	550	0	994	550	624	680
周六	440	0	1170	440	616	564
周一	620	0	1120	620	570	730
周二	570	0	1026	570	476	658
周三	780	0	852	780	606	904
周四	630	0	766	630	544	744
周五	620	0	894	620	748	776
周六	490	0	1022	490	618	616
单循环所需载具总数量			2414（M1 规则）			

从表 8-3 中的计算结果可以看出，在其他条件不变的前提下，将配送频率由表 8-2 中的每日配送，改为隔日配送，循环所需的总载具数量增加至 2414，这时，零售终端的载具周转速度并没有发生变化。造成载具需求数量

激增的主要原因是，循环初期所需的启动数量变大，在表 8-3 中表现为第一周所需载具总量的显著增加。所以结论是，配送频率影响载具循环的启动数量，载具返回规则影响循环运转效率。

综上所述，在确定返回规则和配送频率的基础上，单循环体系所需的最小载具量，可由配送仓库的出库载具量计算得出。理论上说，在条件不变的前提下，只要参与方严格遵守约定的规则，物流载具就可以在该封闭系统内一直循环下去。然而，在实际运作中，由于循环过程可能出现不确定性因素，如载具破损、预估差异等，通常需要增加一定的余量。余量可通过载具安全库存的调节灵活设置。以表 8-2 中 M1 规则下的计算条件为例，若在现有载具周转天数（后三周）的基础上，增加 1 天的安全库存，维持循环所需的载具总数量，将从原来的 1600，增加至 2145（+34.1%）。显然，安全库存设置得越大，循环所需的载具总数量也就越多。因此，为提高载具循环效率，循环参与方应根据实际情况，设置尽可能低的安全库存量。

8.2.3 载具复合循环的计算方法

前文指出，复合循环可分解为多个单循环。在此基础上，本节进一步阐述复合循环与单循环之间的内在联系。

以图 8-6 中的周转筐双循环为例，循环过程包含上游和下游两个单循环。基于单循环的计算方法，下游循环仍采用 M1 规则，上游循环采用 N1 规则，配送频率均为除了周日的每日配送，计算过程列于表 8-4 中。

N1 规则：根据基地当次送货量，空筐实行等量交换，不足时以最大量返回。

表 8-4 载具双循环计算过程举例

配送周天	基地新增	基地库存	基地发货	仓库返回 N1	仓库收货	仓库库存	出库载具量	终端收货	终端返回 M1	终端库存
周一	500	0	500	0	500	0	500	500	0	500
周二	450	0	450	0	450	400	450	450	400	550
周三	650	400	650	400	650	460	650	650	460	740
周四	150	460	550	460	550	610	550	550	610	680
周五	140	600	600	600	600	580	600	600	570	710
周六	0	600	420	420	420	750	420	420	590	540
周一	0	600	550	550	550	656	550	550	456	634
周二	0	600	520	520	520	660	520	520	524	630
周三	150	660	750	660	750	526	750	750	526	854
周四	0	536	650	526	650	704	650	650	704	800
周五	264	704	800	704	800	670	800	800	670	930
周六	0	704	430	430	430	1010	430	430	770	590
周一	0	704	520	520	520	994	520	520	504	606
周二	0	704	600	600	600	896	600	600	502	704
周三	0	704	650	650	650	830	650	650	584	770
周四	0	704	620	620	620	850	620	620	640	750
周五	0	704	550	550	550	926	550	550	626	674
周六	0	704	440	440	440	1050	440	440	564	550
周一	0	704	620	620	620	892	620	620	462	708
周二	0	704	570	570	570	906	570	570	584	694
周三	76	780	780	780	780	706	780	780	580	894
周四	0	780	630	630	630	814	630	630	738	786
周五	0	780	620	620	620	854	620	620	660	746
周六	0	780	490	490	490	986	490	490	622	614
双循环所需载具总数量					2380					

表 8-4 中的计算过程，仍然以出库载具量作为变量。分别将两个单循环的返回规则代入计算公式中，便可得出循环所需的载具总数量。与下游循环

类似，上游循环也可能采用不同的规则。在实际运营过程中，上游循环的返回规则，一般更为复杂和多样。这是由于上游的送货路线可能是封闭式，也可能是开放式。N1 规则中的等量交换，是封闭式路线常用的返回规则，但它并不适用于开放式路线。当上游送货为开放式路线时，在原有计算公式的基础上，还需额外考虑空筐上游返程的车型和频率，并结合实际情况进行必要的调整。

通过表 8-4 中的计算可以看出，每个单循环的高效运转，是复合循环体系整体高效的必要条件。当引入一个新的单循环后，循环体系所需的载具总数量大幅增加。如表 8-4 所示，增加一个上游单循环，循环体系所需的载具总数量，由原单循环的 1600，增加至 2380（+48.8%）。由此可以推断，在同等条件下，复合循环包含的单循环数量越多，维持循环所需的载具总数量也就越大，循环成本相应越高。在一次性包装和可循环包装的选择过程中，循环成本与一次性包装成本的对比是决策的主要依据。

可循环包装在零售供应链上的流转，属于载具复合循环过程。当面临一次性包装和可循环包装的选择时，循环成本的计算为决策提供重要支持。循环成本主要由以下三部分组成：

（1）载具使用成本，不同模式下的载具使用成本有所不同。例如，在自购模式下，载具使用成本为折旧费用；在租赁模式下，则为租赁费用。

（2）空筐运输成本。开放式路线的空筐运输成本，通常远高于封闭式路线。

（3）其他成本，如清洗成本、操作成本等。

不难看出，循环成本的计算与实际应用场合关系密切。不同场合下的循环成本，可能相差甚远，但计算思路大同小异。以载具需求总数量的计算方法为基础，统计和分析循环过程中涉及的三项主要成本，便不难得出循环运转的总成本。笼统地说，可循环包装适用于需求相对稳定且参与方较少的场合，这与可循环包装的应用现状不谋而合。

在循环成本允许的前提下，进一步推广可循环包装的使用，具有广泛的经济意义和社会意义。因此，在供应链一体化的进程中，可循环包装的应用和创新，仍将持续发挥重要作用。

本章小结

在现代零售物流中，逆向物流是不容忽视的过程。逆向物流的对象，包括零售商品和可循环物资两大类。零售商品的逆向物流，是商品从零售终端返回配送仓库或供应商的过程。与正向物流相比，零售商品的逆向物流过程，并不创造供应链价值。按照发起方的不同，零售商品的逆向物流分为"退货"和"召回"两类。商品退货对正向供应链造成额外的成本负担，即使可能为强势企业带来一时的利益，但从长期来看，没有一个参与方能够真正获益。尽管如此，商品退货在零售供应链中依然普遍存在。本章的开头，对这一现象产生的原因及应对方法做出论述。

商品召回与商品退货存在本质区别。商品召回是零售企业为响应生产企业的召回而建立的追溯机制，目的是控制不可预计的风险所造成的危害。

零售逆向物流的另一类对象是可循环物资，可循环物资主要包括可回收垃圾和物流载具。本章的中间部分，对可回收垃圾的再利用过程进行简要说明，着重阐述物流载具的循环体系。单循环是载具循环体系的基本单位，它的运转效率，直接影响整体循环性能。影响载具单循环运转效率的主要因素有硬件设备、维持单循环所需的最小载具量及循环参与方围绕载具进行的管理三个。

循环所需载具量的计算，是循环体系的重点与难点。本章的后半部分，提供了一种单循环载具需求量的计算方法，其中的关键变量为出库载具量。除此之外，载具返回规则和配送频率，同时影响载具需求总量。载具返回规则，影响的是循环效率；配送频率，影响的则是循环启动载具量。

以单循环为基础，本章最后介绍复合循环载具需求量及循环成本的计算方法。只有在循环成本允许的前提下，可循环包装才有望得到更大范围的推广。

逆向物流是反映零售供应链发展水平的一个窗口。减少无效的逆向物流活动，同时挖掘新的逆向物流价值，是供应链一体化之路上的重要课题。

第三部分
零售进阶之路

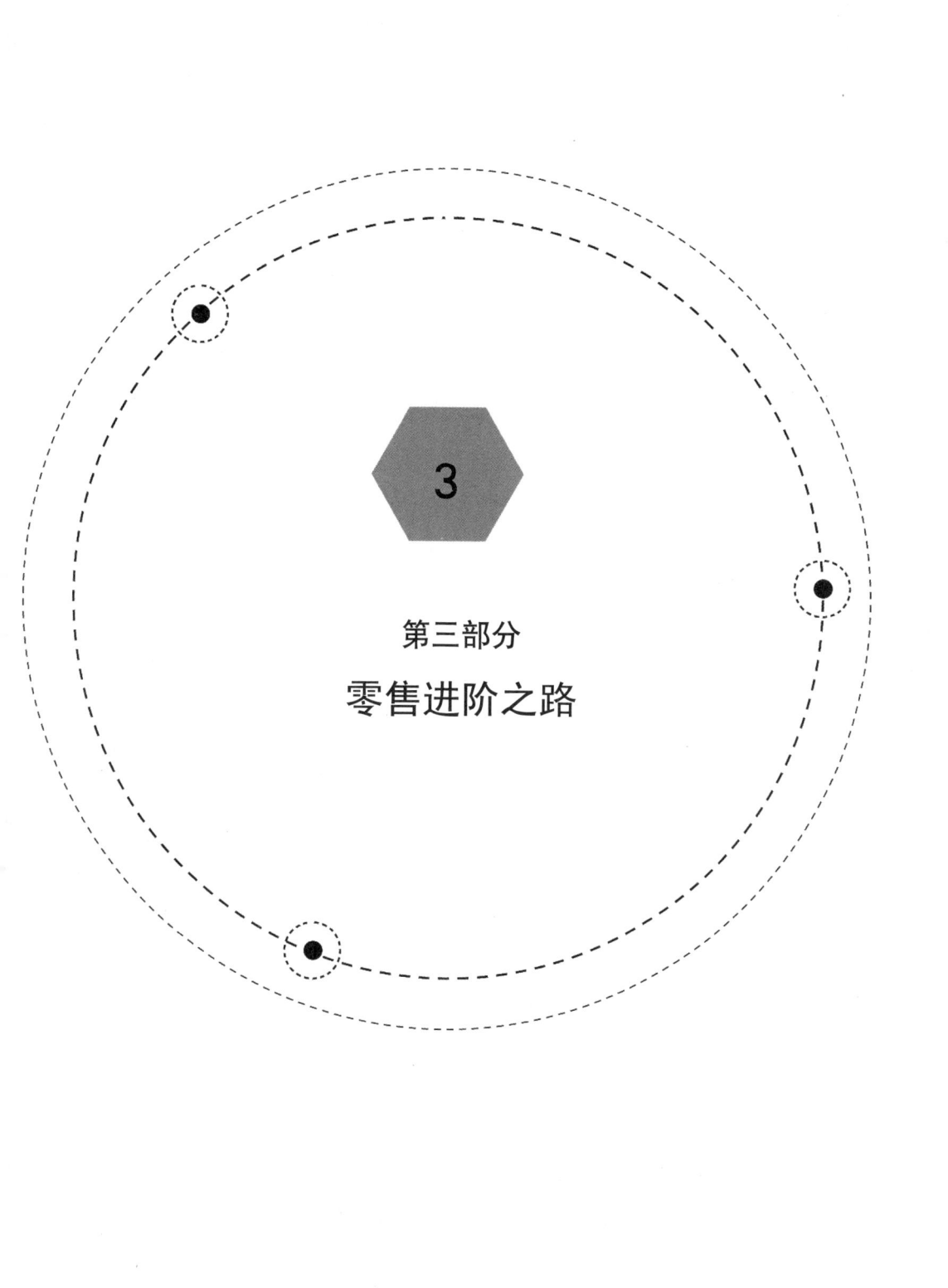

第 9 章
从核心物流到配送网络

零售配送网络是组成现代零售物流总体框架的一个基本单位。综观零售物流的发展史,当今世界,无论多么庞大的配送网络,都是由基本配送网络发展而来的。

基本配送网络是以零售终端为出发点的物流概念。以一定区域内的同一批零售终端为对象,所有为其提供配送服务的物流设施,都可以归入一张配送网络中。在零售物流起步阶段,单个配送中心便可支撑起一张配送网络。随着配送规模的扩大,单个配送中心无法满足供应链和零售终端的全部需求。这时,一个配送网络中可能出现多个配送中心。

当零售企业实现跨区域发展甚至跨国发展时,一个配送网络显然无法为所有零售终端提供服务,于是便产生了复合配送网络。复合配送网络不是单一配送网络的简单叠加,而是通过一定的规律和方法,将所有配送网络作为一个整体进行运营和管理。

无论配送网络多么复杂,都可以分解为多个基本配送网络,这些网络既相对独立，又彼此联系。基本配送网络内部的物流活动，由末端运输、配送仓库、逆向物流三部分组成，三者合称"零售核心物流"。

运用现代零售物流的研究方法论，本书的第二部分已经完成对零售核心物流的解析。以此为基础，本章重点阐述配送中心的建立过程，以及零售配送网络的类型和特点。

9.1 配送中心项目的全过程

配送中心是零售企业追求供应链价值的产物。从物流的角度来看，以配送中心为基础的零售配送网络有条件具备核心物流能力；从供应链的角度来看，配送中心为全局库存优化和供应链成本的降低创造出有利环境。

作为基本配送网络中的关键物流设施，配送中心是连接和运作零售核心物流的主体，本节重点介绍配送中心建立的全过程。

配送中心的投资方，可能是零售企业本身，也可能是批发企业，抑或是有志于投身零售配送领域的其他组织或个人。无论投资方是谁，配送中心的建立过程，对启用后的物流成本和效率都产生重要影响，故而应采取系统化的方法来对待。

配送中心的建立过程，同时也是零售供应链的优化过程。如何通过配送中心项目实现供应链的升级，是企业在建设配送中心之前必须认真思考的问题。配送中心项目的背景和形式千差万别，这一问题并没有标准答案。然而，遵循一定的步骤，能够为回答这一问题提供系统性的思路，并为项目推进提供支撑。总体来看，配送中心的建立过程可以分为三个阶段：供应链的目标设定、配送中心的规划实施、配送中心的启动运营，如图 9-1 所示。

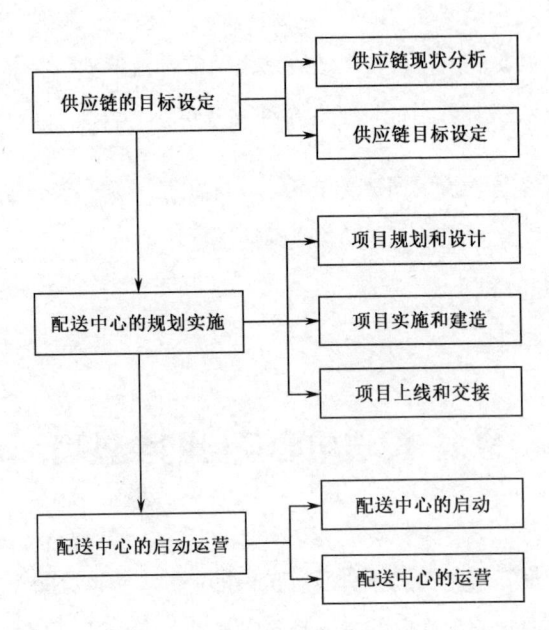

图 9-1 配送中心建立的三个阶段

供应链的目标设定，始于供应链现状分析。只有在清楚现状的前提下，设定的目标才能兼顾现实性和发展性。以零售端为终点，以生产端为起点，将商品在流通过程中经历的所有环节进行分类汇总，并绘制在一张图上，便能得出零售供应链的基本情况。

图 9-2 是某零售企业的供应链现状。从图中可以看出，该零售企业经营四种不同类型的零售终端。将零售商品的供应渠道进行分类和汇总后，可以看出此供应链网络共有五条不同的路径，分别如下：

（1）生产企业——经销企业——零售终端。

（2）生产企业——一级经销企业——二级经销企业——零售终端。

（3）生产企业——一级经销企业——零售配送仓库——零售终端。

（4）生产企业——零售配送仓库——零售终端。

（5）生产企业——零售终端。

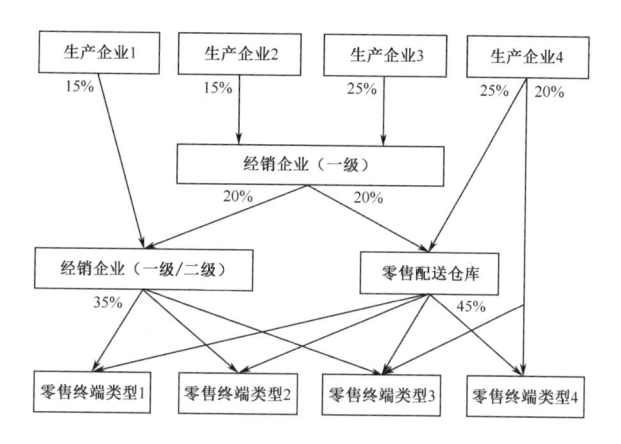

图 9-2 零售供应链现状分析举例

接下来，对每条路径上零售商品的销售金额加以统计，并将比例标注在对应路径上，便可绘制出供应链现状图。如图 9-2 所示，在全部的零售销售额中，35%的商品由经销企业配送。对前两条路径做进一步细分可知，上述五条路径分别占据 15%、20%、20%、25%、20%。不难看见，该企业的供应链现状较为复杂和分散。

为了改进现有供应链，同时为下一阶段的零售市场拓展奠定物流基础，该零售企业决定新建配送中心。在配送中心的支持下，供应链目标设定如图 9-3 所示。

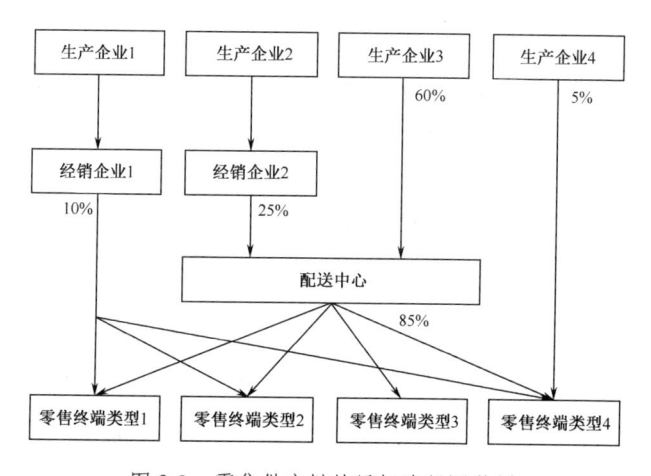

图 9-3 零售供应链的目标路径图举例

如图 9-3 所示，调整后的零售供应链，得到大幅简化和集中。具体来看，供应链路径中取消了二级经销企业，不同路径的比例也得到重新分配。从图中可以看出，85%的零售商品由配送中心统一配送，经销企业 1 与生产企业 4 配送的商品分别仅占 10%、5%，也就是说，配送中心在新的供应链网络中占据主导地位。

在实际运营中，不同商品类别（如常温和生鲜商品）的供应链路径可能存在区别，因此供应链的现状和目标路径图，应针对不同商品类别进行分别绘制。绘制的方法大同小异，此处不再展开。

在明确供应链的发展目标后，配送中心的建设阶段相对直接。根据项目实施方法论，配送中心的建设，可分为规划设计、实施建造、上线交接三个子阶段。合理的配送中心的规划设计，是项目成功的关键。项目规划，除了要求设计团队具有丰富的物流运营经验，还要求其具有一定的工程设计能力。将物流运营经验与工程设计能力结合在一起，并最终创造出优质的项目方案，是配送中心建设过程中的重中之重。为了降低这种跨专业要求对项目造成的风险，在配送中心的规划设计阶段，可采用分步开展的方法。

第一步，配送中心的定位。配送中心的定位是零售供应链目标和物流发展策略的集中体现。

第二步，选址和评估。配送中心的选址，包括地块位置和形状、地质特点、基建设施、进出道路、周围环境等多方面的评估。

第三步，流程设计。明确配送中心的运营流程是进行布局图设计的基础。符合流程要求的布局图设计，为配送中心的高效运营提供硬件条件。

第四步，布局图设计。在上述三个步骤之后，配送中心运营的总体框架得到确定。在此基础上，布局图设计对物流园区规划、内部道路规划、配送中心内部设备布局、功能区域等方面进行完善，并最终形成可用于建筑设计的工艺图纸。

第五步，建筑设计。一般来说，建筑设计由本地建筑设计院承担。以工艺布局图为基础，建筑设计将其转化为符合本地建筑规范与消防规范的工程图纸。工程图纸一经确定，项目便转入实施建造阶段。

配送中心项目规划设计的五个步骤环环相扣，目的是将配送中心的战略定位，转变成具有可实施性的工程图纸，从而跨越建筑设计专业与物流运营专业之间的沟壑。

优质的规划设计，是配送中心项目成功的一半，另一半则是与建造直接相关的工程施工和项目交接。施工质量是工程项目永恒的主题，无须赘述，这里着重介绍一下项目的上线与交接。

配送中心项目，最终需要交接给运营团队。为了实现平稳的上线与交接，运营团队应提前介入项目实施过程之中，并参与项目上线计划的制定。项目上线计划，对配送中心的顺利启动起到重要作用。一份周详的项目上线计划，应包含人员、设备、系统和商品四个要素，如图9-4所示。所有准备工作就绪后，配送中心项目由规划实施，转入启动运营。

人员	设备
系统	商品

图9-4　上线计划四要素

配送中心的启动运营，分为启动和运营两个子阶段。配送中心的启动，存在"爬坡式"和"爆发式"两种方式。前者将启动过程设为一个较长的时期（如三个月），配送中心的作业量逐步增加；而后者恰好相反，在一个较短的时期内（如一周），配送中心的作业量迅速增加。与爆发式相比，爬坡式更有利于项目风险的控制，同时也为上游供应链的调整提供一个缓冲期，因此更值得推荐。

启动过程结束之后，配送中心进入日常运营阶段。至此，以配送中心为基础的零售配送网络初步形成。

9.2 零售配送网络：始于单一，终于复制

零售配送网络是从零售终端视角上产生的物流概念。以同一批零售终端为对象，所有为其提供商品和服务的物流活动，都可归入一个配送网络中。一般来说，一个配送网络辐射一定范围，在此范围内的零售终端属于该配送网络。配送网络是零售物流网络中的基本单位，一个或多个基本配送网络，构建出现代零售物流总体框架（见图9-5）。

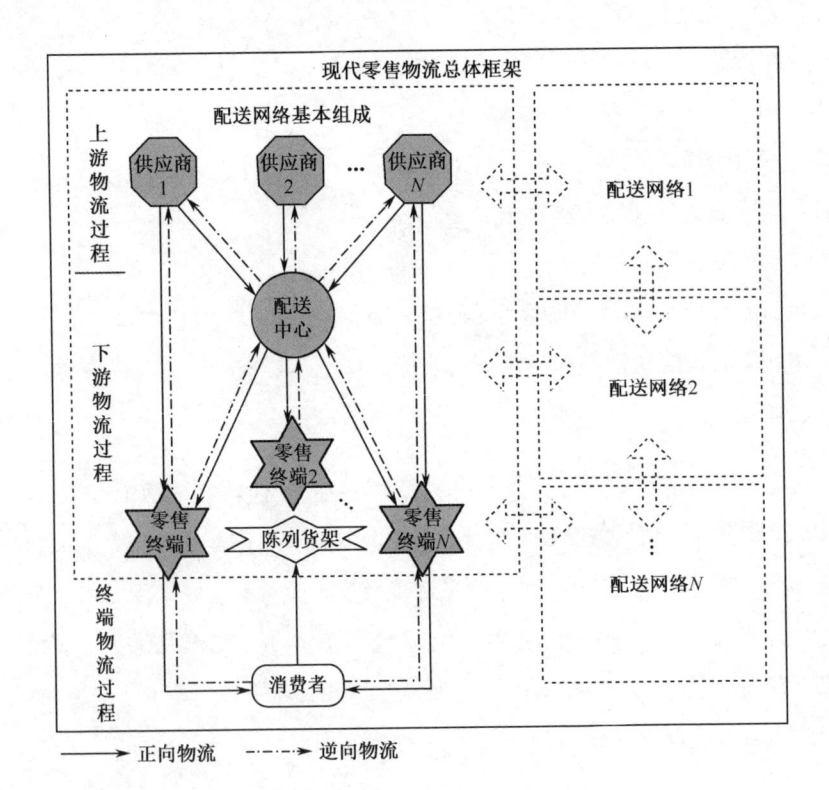

图 9-5 现代零售物流总体框架

从物流过程来看，一个基本配送网络包含上游和下游两个物流过程，配

送中心是连接这两个物流过程的枢纽。配送网络是针对零售终端而言的概念，下游物流过程自然是配送网络的研究重点。至于上游物流过程，实践和研究不应仅从物流的角度出发，还应同时甚至优先考虑商流。

如图 9-5 所示，一个基本配送网络包含正向和逆向两个物流方向。正向物流始于生产端，经过配送中心，终于零售终端，逆向物流则正好相反。在一个配送网络中，配送中心是其中的关键物流设施。一个配送网络可能包含多个配送中心，主要原因有两个：一是不同特性的零售商品物流要求不同；二是与一个配送中心相比，运营多个配送中心，有利于整体物流成本的节省。

当零售终端的商品跨度较大时，一个配送中心可能无法完全满足需求。商品跨度大带来的是物流要求的不同，主要体现在储存温度（如常温商品和冷冻商品）、周转速度（如快速周转商品和慢速周转商品）、商品保质期（如易腐类商品和常规商品）等方面。以储存温度为例，当零售终端需求的商品既包含常温商品，又包含冷冻商品时，由于两者要求的储存温度差别很大，必须对其进行分别存储，于是，在一个配送网络中，便可能出现两个配送中心。零售终端需求的商品跨度越大，同一配送网络中存在的配送中心数量可能越多。

一个配送网络需要多个配送中心的第二个原因是，零售配送企业追求整体更低的物流成本。例如，当配送中心的辐射范围不断增大时，因距离产生的末端运输成本必然随之增加；当超过平衡点后，将部分商品（如快速周转商品）移至距离终端更近的配送中心，有利于节省整体物流成本。此类配送中心一般面积较小，有时也被称为"卫星仓"，但就功能而言，其与大型配送中心并没有本质区别。

无论出于商品的物流要求，还是为了追求更低的物流成本，配送网络的规划都是零售物流发展过程中企业面临的重要抉择，必须根据实际情况，予以量体裁衣式的定制。虽然没有万能公式，但是，明确配送中心之间的关系，是任何配送网络规划的必要前提。配送中心之间,存在平行和垂直两种基本关系。

平行关系

在平行关系下,配送中心与配送中心之间没有直接关系,同时为零售终端提供商品和服务,如图9-6(a)所示。平行关系通常出现在以下两个场合:一是零售商品的物流要求不同,如常温商品和冷冻商品、常温商品和生鲜商品等;二是单个配送中心的配送量已经达到极限,需要第二个配送中心分担压力。处于平行关系下的配送中心相互独立,除了配送相同的零售终端,有时还会配送其他对象。

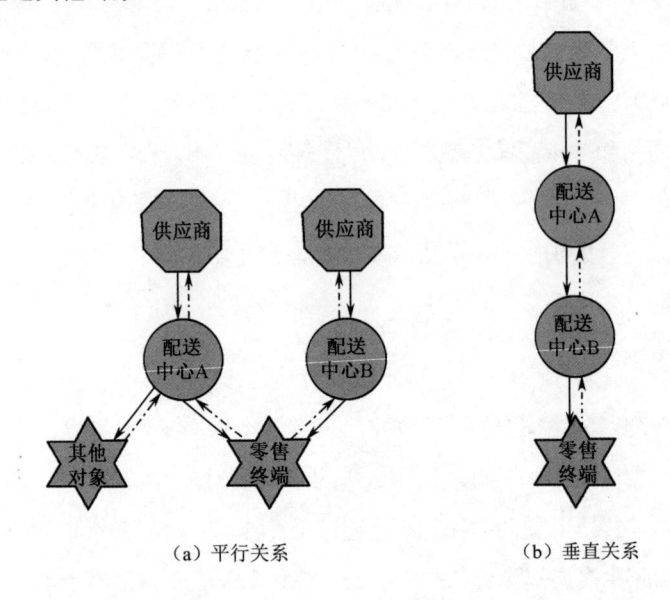

(a)平行关系　　　　(b)垂直关系

图9-6　配送中心之间的关系

平行关系下的零售配送网络,具有结构清晰、专业分工明确、灵活性强、信息技术应用相对简单等优点。需要注意的是,单个配送中心的配送规模,是规划此类网络时需要考虑的首要因素。配送中心的价值,在很大程度上取决于配送规模,在同等条件下,配送规模越大,其可能创造的价值也就越大。

正因如此，只有当配送量达到一定规模时，运营平行关系的配送中心才具有经济意义。在零售物流发展初期，将不同物流要求的商品，尽可能集中在一个配送中心内进行配送，是获取规模效益的有效手段。

垂直关系

在一个配送网络中，当商品从一个配送中心，经由另一个配送中心送至零售终端时，两者便形成垂直关系。如图9-6（b）所示，配送中心A将商品运送至配送中心B，后者执行一系列的仓库作业后，最终将商品配送至零售终端。

配送中心的垂直关系，也称为"分级配送"。按照下级配送仓库作业方式的不同，分级配送可分为存储型分级配送和越库型分级配送两类。在存储型分级配送方式下，下级配送中心将上级运送而来的商品进行存储，之后利用库存统配流程，将其配送至零售终端。在越库型分级配送方式下，下级配送中心对运送而来的商品进行短时暂存，再利用越库流程完成终端配送。无论处于哪种分级配送方式，站在零售终端的立场，下级配送中心才是直接为其提供商品和物流服务的单位。换言之，真正与零售终端发生互动的是下级配送中心，上级配送中心实则扮演配送网络中的支持角色。

上级配送中心可能同时为多个配送网络中的下级中心提供支持，即上级配送中心可能同时出现在多个配送网络之中。

与平行关系相比，垂直关系下的配送网络，结构更为复杂。因为分级配送的存在，配送网络内部的物流衔接次数增加，同时，上下级配送中心库存管理的难度加大，因此，垂直关系下的配送网络，对物流运营效率和库存管理能力都提出更高的要求。此外，信息技术的应用，是另一个不容忽视的方面。由于网络复杂度的增加，信息技术的应用难度随之增加。只有在明确网络关系的基础上，信息技术的作用才可能得到充分发挥。在零售行业中，垂直关系的配送中心，通常出现在发展成熟且规模较大的配送网络之内。

零售配送网络举例

平行关系和垂直关系，是配送中心之间的基本关系。无论再复杂的配送网络，都可以看作这两种基本关系的组合。以图 9-7 为例，该配送网络包含三个配送中心，其中，配送中心 A 与 B 呈平行关系，同时为零售终端提供配送服务；配送中心 B 与 C 呈垂直关系，部分商品从配送中心 C 运送至 B，再由后者统一送往零售终端。

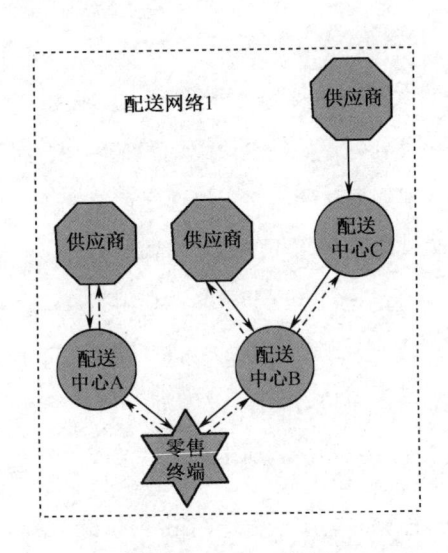

图 9-7　零售配送网络举例

随着零售配送企业规模的增加，零售配送网络势必也会变得越来越庞大。在发展过程中，配送网络的合理规划，具有十分重要的战略意义，主要体现为：第一，有助于配送中心项目的定位；第二，有利于搭建具有良好扩展性的物流网络框架；第三，为构建与物流发展相匹配的信息技术架构奠定基础。

复合配送网络

当零售企业在某一区域内实现较高的市场份额后,跨区域发展,几乎成为每个大型企业的必经之路。从全球零售行业的发展历史来看,虽然零售终端的形式千姿百态,配送规模的获得方式不拘一格,但零售配送网络的演变过程却几乎相同,如图9-8所示。

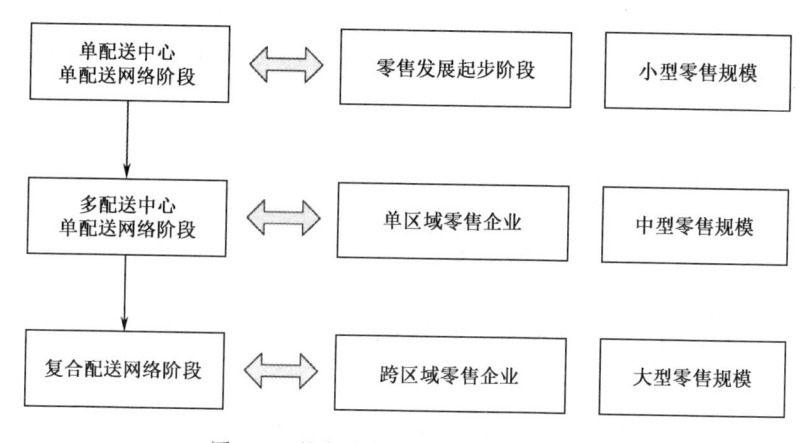

单配送中心 单配送网络阶段	⟺	零售发展起步阶段	小型零售规模
多配送中心 单配送网络阶段	⟺	单区域零售企业	中型零售规模
复合配送网络阶段	⟺	跨区域零售企业	大型零售规模

图9-8 现代零售配送网络的演变过程

如图9-8所示,复合配送网络是零售物流发展的高级阶段,只有大型规模的跨区域零售企业,才有可能支撑起此类网络。按照所跨区域的范围,跨区域零售企业可细分为跨城市零售企业、跨省零售企业、跨国零售企业、国际性零售企业等多个级别。零售企业跨区域发展面临的挑战,远大于单区域发展,其中之一便来自物流和供应链。跨区域发展带来的物流挑战,直接体现为末端运输成本的激增。若继续使用原有网络进行配送,距离的增加,势必导致更高的末端运输成本及更长的订单响应时间。为了改善供应链性能,启用本地配送网络几乎成为必选项。于是,复合配送网络应运而生。

复合配送网络,由多个基本配送网络组成,这些网络相对独立,却又紧密相连。图9-9展示的是两个配送网络组成的复合配送网络。

在图9-7的基础上,图9-9增加了第二个配送网络,用于服务新区域内的零售终端。从图中可以看出，配送中心 C 出现在两个配送网络之中，同时服务于配送中心 B 和 D。

从零售终端的角度来看，为其提供商品和物流服务的配送网络彼此独立，不同区域内的零售终端，分属不同的配送网络。从整体物流的角度来看，复合配送网络并不是单个配送网络的简单叠加，而是通过一定的规律和方法，将多个配送网络组合成一个有机的整体。在不同的应用场合，这些规律和方法可能各具特色，但共性在于，高效的复合配送网络，都是建立在物流标准化的基础之上的。

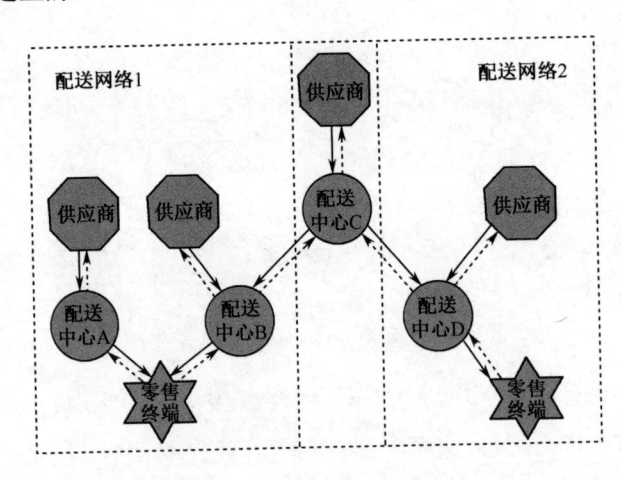

图 9-9　复合配送网络举例

复合配送网络内的物流标准化，除了应用于直观可见的硬件（如载具、设备等），更重要的是应用于体系规划和流程设计层面。举例来说，标准化的关键绩效指标体系，是定期评估不同配送网络物流表现的重要工具；又如，标准化的流程设计，能够大幅简化同类配送中心的运营和管理。需要强调的是，虽然标准化的体系规划和流程设计，能够加快配送网络的复制速度，但复制的结果，取决于原配送网络体系和流程的质量。因此，在实际运营中，每一次复制之前，重新评估原配送网络的体系和流程，有助于阻止"病毒"的扩散，对不断提高复合配送网络的整体性能具有重要意义。

正如大型零售企业难以于一夜之间形成，复合配送网络的发展，也并不是一蹴而就的。复合配送网络的基础是基本配送网络，而基本配送网络，又由末端运输、配送仓库、逆向物流组成。追根溯源，只有持续强化零售核心物流能力，复合配送网络才能具备不断前进的动力。

本章小结

零售供应链的发展，是由下游终端需求拉动上游供应链不断优化的过程。在这一过程中，现代化的零售配送网络起到基础支撑作用。无论多么复杂的零售配送网络，都可以看作基本配送网络的组合，配送中心则是构成这一网络的关键物流设施。

本章伊始，重点介绍了配送中心的建立过程。配送中心的建立，实际上是零售供应链的优化和升级。配送中心项目的规划和实施，应将物流运营经验与建筑设计专业进行充分融合。

一个配送网络，可能包含多个配送中心。本章的中间部分，对此略做展开，并就配送中心之间的基本关系，加以归纳和说明。复合配送网络是零售物流发展的高级阶段，由多个基本配送网络组成。高效的复合配送网络，必须构建在物流标准化的基础之上。同时，物流标准化的应用，不应仅局限于硬件设施中，更应扩展到体系规划和流程设计层面。

第 10 章
供应链一体化

在零售物流的百年历程中，在"供应链"一词出现之前，供应链便已存在。"供应链"（Supply Chain）一词的出现，为生产端和消费端之间的连接做出科学的定义，以此为出发点，系统性的实践和研究在不同层面得以推进。

在从生产端到消费端的整个流通过程中，供应链是一条贯穿始末，却不见其形的线条。正是这一线条，将所有参与其中的企业连接在一起，使其共同创造流通价值。批量生产的商品，经由流通环节，被分解成较小的批次，之后以适合购买的形式，抵达最终消费者的手中。

供应链一体化是一种合作状态。在这种状态下，供应链参与方将各自的商业和物流活动，通过一定的方式组合成一个整体，目的是将商品的价值，以更低的流通成本、更小的流通损耗、更快的流通速度，传递到最终消费者的手中。供应链一体化的程度越高，意味着参与企业之间的合作越紧密、信息越透明及信任感越强。

供应链一体化的状态，并不是自然形成的。由于供应链参与方对各自利益的本能诉求，在形成这一状态的过程中，存在着巨大的挑战。尽管如此，供应链一体化的脚步从未停止，只是以不同的速度，在不同的局部向前迈进，其间由不同的企业所主导。在推动型供应链模式下，供应链一体化由生产企业主导，从生产端自上而下推进。生产端推动的供应链一体化，已经在局部取得显著成效。全国性甚至全球性快速消费品生产企业的成功，是这一观点的最佳佐证。然而，对于零售企业而言，局部一体化显然不是供应链发展的终点，消费者需求拉动的全局供应链一体化，具有更大的吸引力。

正如《供应链物流管理》（*Supply Chain Logistics Management*）一书中所述："局部供应链一体化之所以能够创造价值，是因为浪费、重复劳动、运营冗余有可能得到大幅减少。尤其是，协同为减少库存投资和参与方的相关风险提供了多条路径。成功的供应链一体化，需要跨组织的合作项目，从而推进运营、技术和规划及关系管理方面的协同。然而，如今，只存在少数横跨整个供应链的协同，这种全局一体化可能产生的效益是惊人的。"

生产端主导的供应链一体化，存在明显的局限性：一是生产企业能够提供的商品种类十分有限，由其主导的一体化，只可能在少数商品范围内推进；二是在通常情况下，生产企业对零售终端并没有控制权，由其主导的一体化，很难推行到供应链末端。因为以上局限性，生产端主导的供应链一体化，很难推广到更大的范围。那么，零售端呢？零售企业一开始并不具备推动供应链一体化的条件。然而，随着现代零售行业的发展，消费渠道趋于集中，大型零售企业相继出现，这便为零售企业主导供应链一体化创造了条件。

首先，较大规模的零售企业，直接或间接运营相当多的零售终端，这些终端为最终消费者提供商品和服务。由于距离消费者最近，零售企业具备快速洞悉和获取消费者需求的条件。基于需求，零售企业负责组织商品的供应链，以满足消费者的日常所需。

其次，为了更好地发展供应链，先进的零售企业开始经营配送网络。尽管配送网络在最初可能只是一间仓库，但是，通过配送网络优化供应链的战略，这些企业在竞争中脱颖而出，成为零售市场的领导者。随着规模的持续扩大和终端的不断拓展，零售配送网络变得越来越全面和庞大。

最后，科学技术，尤其是信息技术的应用，为零售企业掌控供应链提供了强有力的支撑。零售行业的精益供应链管理，由此成为可能。同时，零售端与生产端之间的信息传递，不再缓慢且孤立，而是变得前所未有的快速和透明。在一些场合中，供应链参与方甚至可以实时获取销售终端的数据，并加以分析和利用，这在前信息化时代是难以想象的。

一旦具备上述条件，零售企业便可能成为供应链一体化的有力主导者。另一个决定供应链一体化进展的重要因素是领导力。这里所说的领导力，主要体现在供应链价值的统筹分配和行业责任的承担两方面。半个世纪内崛起的大型零售企业，用自身的快速发展及卓越的行业领导力，证明了其作为供应链一体化主导者所具有的独特优势。

通过以上分析可以看出，规模化是零售企业主导供应链一体化的必要条件。现代零售行业正在不断走向集中化和规模化，这在世界零售发展史中已经得到验证。零售行业的整合，为全局供应链一体化的推进奠定基础。在此基础上，结合上述分析，供应链一体化可以归纳为商品、物流、信息三个方面，分别对应商品一体化、物流一体化和信息一体化，如图10-1所示。

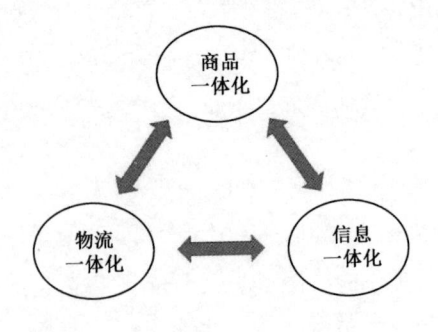

图10-1　供应链一体化的组成

商品一体化的核心是消费者需求。将消费者需求转变为零售企业的商品策略，进而以商品策略，驱动供应链自下而上运转，是实现商品一体化的关键。在这一过程中，只有将消费市场的分析、零售终端的销售能力、品类管理和物流的资源利用等跨专业要素，作为一个整体进行实践和研究，商品一体化才能取得进展。

如果说，商品一体化是回答"零售终端应该销售怎样的商品"这一问题的关键，那么，物流一体化则重点关注"如何将商品从生产端，以最佳的方式送达零售终端，并有效地组织逆向物流"。

商品和物流，都是零售供应链中有形的存在，而信息则是一种无形的力量。信息的价值，长久以来一直存在，只是随着科技的发展，利用信息的方式已经发生根本性的变化。并不是很久以前（互联网在 20 世纪末才得到广泛使用），信息主要以"孤岛"的形式，被不同企业各自利用。随着互联网、移动互联网的飞速发展，信息的传递和获取变得前所未有的便捷，信息一体化由此成为可能。

信息一体化，将原本分散在不同领域的信息，如零售终端数据、物流数据、生产计划等，整合成一个大的系统。通过这一系统，跨企业之间的信息交互变得既高效又安全；与此同时，供应链可视性得以增强，参与方能够实时掌握不同企业、不同地点的数据，从而制定协同行动方案。在信息一体化的进程中，原来的"信息孤岛"获益方式，势必会发生重大改变。其结果是，供应链参与方结合各自的优势，更有效和全面地利用信息，共同创造更大的价值。

供应链一体化的形成，是商品、物流和信息一体化复合推进的过程。三者之间既相对独立，又彼此联系，共同发挥作用。本书的侧重点在于零售物流，最后就物流一体化展开探讨。

跨组织协同项目，推进物流一体化

物流一体化既是一种发展形态，又是一种物流理念。物流一体化理念的研究对象是实物流动。与其他物流理念不同，物流一体化追求的并不是局部的物流效益，而是生产端与消费端之间，跨组织、跨企业物流活动的优化和整合，最终实现全局效益的最大化。

从全球零售物流的发展史来看，物流一体化也是零售物流发展的高级形态。零售物流发展的目标是，通过供应链参与方的协同，提高生产端与消费端之间物流活动的整体效率和质量，并减少流通过程中的重复搬运、资源浪费、能源消耗。这一目标可以概括为"零售物流进入一体化形态"。

物流一体化的形成，是一个循序渐进的过程。随着一体化的推进，商品能够以更快的速度、更低的成本、更高的物流质量，到达消费者的手中。供应链参与方在共同创造流通价值的同时，也为民生商品的供应保障、节约型社会的创建、环境的保护等做出贡献。物流一体化的深度和广度，仍在不断推进中，少数企业在这一赛道已经取得领先。

物流一体化的侧重点是跨组织、跨企业的协同。然而，只有当企业内部物流达到一定水平时，这样的协同才具有实际意义，否则，无异于缘木求鱼。从历史来看，零售物流的发展，必须经历零售核心物流、零售配送网络和物流一体化三个阶段，如图10-2所示。

图10-2　物流一体化的形成过程

零售核心物流，是物流一体化的底部支撑。本书的第二部分，已经对其做出详细阐述。概括来说，零售核心物流包含末端运输、配送仓库和逆向物流三个部分。只有三者都发展到一定程度，才可以说该企业拥有零售核心物流能力。

在具备核心物流能力的基础上，一定规模的零售配送网络，是零售物流发展的中间阶段。零售配送网络，将核心物流能力进行组合和优化，从而构建起覆盖更大范围的物流网络。

零售配送网络的形成，为物流一体化的推进创造条件，零售物流的发展，自此进入物流一体化阶段。物流一体化的推进，并不是口号式的运动，而是供应链参与方通过不同的协同项目不断深化的结果。如前文所述，零售物流分为上游、下游和终端物流三个过程，协同项目既可能发生在一个过程中，也可能跨越多个过程，以下进行举例说明。

项目一：载具一体化

载具一体化，是以载具单元化为基础，零供企业开展的端到端物流协同项目。通过该项目，物流载具从生产端直接流通到零售端，并最终被用作零售终端的陈列或拣选道具。若零售终端为实体门店，消费者直接从物流载具中选购商品；若零售终端为线上配送终端，工作人员则从物流载具中进行客户订单拣选。

载具一体化强调的是，当生产端进行商品的载具码放时，码放形式提前按照零供双方的约定予以设计；与此同时，还须兼顾整个流通过程中的正向和逆向物流效率。

标准托盘在端到端供应链上的循环使用，是载具一体化的代表。生产企业将商品码放在标准托盘上，托盘与商品形成托盘单元后，进入流通环节。在流通环节中，托盘单元是仓库作业和末端运输的最小单位。当托盘单元抵达零售终端后，工作人员直接将其整体移动到陈列位置，商品自此进入销售环节。在整个端到端的供应链过程中，唯一的一次散箱搬运（可能是人工，也可能是自动化），发生在生产企业码放商品时；在此之后，商品的物流活动，均以托盘单元作为最小单位。

以托盘一体化为原型，半托盘、1/4 托盘、笼车、蔬果周转筐等其他形式的一体化应用相继出现，在极大程度上丰富了载具一体化的应用场景。不管形式如何，载具一体化的运转过程大同小异，图 10-3 对此予以总结。

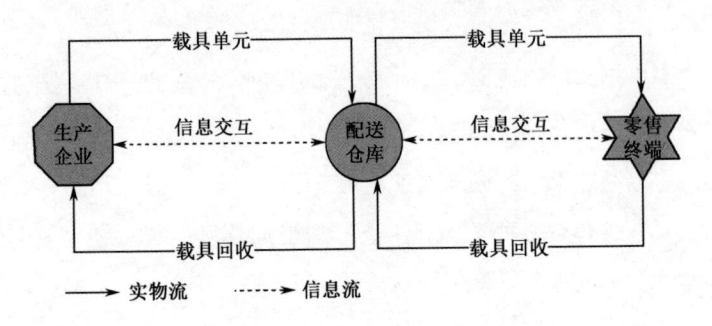

图 10-3　载具一体化的运转过程

载具一体化的应用范围，仍在不断扩大。可以预见，在不久的将来，越来越多的零售商品，将通过载具一体化的方式，从生产端流动到零售终端，这或许将成为衡量物流一体化发展程度的重要标志。

项目二：储运包装直接陈列

储运包装直接陈列，在零售物流发达的地区较为普遍，它也是另一个反映物流一体化发展程度的窗口。传统的储运包装，主要针对物流环节进行设计，较少考虑零售终端直接陈列的要求，这些要求包括外形美观、包装易于打开、商品便于拿取等。在物流一体化的理念下，经过设计的储运包装，不仅符合物流的基本要求，而且适合在零售终端直接陈列，这无疑有助于提高零售终端实体货架的补货效率。

从表面上看，储运包装直接陈列，是零售终端的简单要求。然而，事实并非如此。直接陈列的要求，能够从零售终端反向传递到生产企业，再由生产企业转化为生产线末端可用的储运包装，这一过程，只有在深刻理解物流一体化理念的企业之间才有可能实现。

项目三：回程取货

前文已经从物流流程的角度对回程取货进行了介绍。从供应链的角度来看，回程取货是零售配送企业与供应商开展的物流一体化项目。在大多数情况下，末端运输采取的是封闭式路线。送货车辆在回程的途中，利用富裕空间，前往一家或多家供应商，提取将要送往配送仓库的商品，以达到节省整体物流成本的目的。

虽然回程取货的流程清晰直接，但在流程开展之前，却需要零售配送企业与供应商一起进行详细的分析和测算。倘若结果可行，双方还须就回程取货达成一系列的约定，包括时间安排、取货交接流程、价值分配等。

由此可见，回程取货实际上是零售配送企业发起的物流协同项目。通过这一项目，供应商可以节省商品送货的物流成本；零售配送企业，则能够更好地利用回程车辆的富裕空间。虽然回程取货必然会产生额外的里程和成本，但是，经过双方的提前分析和约定，增加的成本若低于供应商直接送货的成本，由此节省的里程和成本，便是双方共同创造的供应链价值。

项目四：预到货通知的应用

物流一体化项目，不仅可能发生在实物流中，还可能发生在信息流内。事实上，在现代物流中，单纯的实物流几乎不存在了；实物在流动的同时，总是伴随着信息的流动。随着信息技术，尤其是 EDI 技术的发展，不同企业之间，信息的无缝对接成为可能，并得到越来越广泛和深入的应用。在物流领域内，预到货通知（ASN）便是其中的代表之一。

预到货通知，是发运方在货物发出时，信息系统生成的电子单据。在实物抵达收货方之前，该电子单据已经通过 EDI 技术，传输到收货方的信息系统，故而称为"预到货通知"。预到货通知在零售物流中的应用，直接体现在配送仓库的收货流程中，当实物抵达配送仓库后，工作人员可直接使用预到货通知进行该批货物的快速信任收货，准确度和效率因此得到提高。

预到货通知的应用，深浅不同。当它与带板运输结合时，流通过程中的物流质量和效率，可能得到进一步提升。在带板运输的场合下，上游物流作业的基本单位是托盘单元。带有系列货运包装箱代码（SSCC）的托盘单元，不仅可以作为实物交接的基本单位，还可以用作信息交互。具体来说，当预到货通知包含SSCC、商品数量、有效期、批次号等必要的商品信息时，配送仓库只需扫描相应条码，便可快速完成商品的实物和信息交接双过程。这样的组合应用，既有助于提高物流交接效率，又能够避免信息交互中出现的失误，在零售物流发达的地区已经得到普及。

显然，预到货通知的应用，需要供应链参与方的协同配合，应用的程度越深，取得的成效也就越明显。

协同项目小结

通过以上四个案例可以看出，物流一体化协同项目具有以下共同特点：第一，协同项目跨越多个组织和企业，零售企业和生产企业是项目主要的推动方；第二，协同项目跨越多个专业，要想顺利推进，需要跨专业的协作；第三，协同项目追求的目标是参与方的共同利益，而非个别企业的利益最大化；第四，协同项目可能涉及上游、下游和终端物流过程中的一个或多个。在一般情况下，涉及的过程越多，项目创造的价值越大，但同时，复杂度越高。

综上所述，物流一体化是零售物流发展的高级形态。在零售核心物流和现代配送网络的基础上，开展跨组织、跨企业的协同项目，是推动物流一体化的有效手段。物流一体化也是一种理念，可以在零售物流发展的任何阶段进行实践。这一理念不仅有助于企业培养内部物流能力，而且有利于零售供应链的长远发展。

本章小结

20世纪90年代出现的"供应链"一词，几乎于一夜之间在全球范围内传播开来。"供应链"为研究生产端和消费端之间错综复杂的商业和物流活动做出科学的定义。与此同时，互联网技术的飞速发展，为零售供应链中商品、物流和信息的整合，注入全新的动力。在理论研究和实践创新的共同作用下，"供应链一体化"得以在更广的范围内、更深的程度上向前迈进。

供应链一体化，体现在商品、物流和信息三个方面，三者的侧重点有所不同。商品一体化的着眼点是消费者需求。以消费者需求驱动的商品策略，是推动商品一体化的关键。物流一体化重点关注生产端和消费端之间物流活动的优化与整合。信息一体化则以供应链参与方之间信息的传递和分享作为切入点，致力于实现信息更有效和更全面的利用。

本章的最后，针对物流一体化做出进一步的探讨。物流一体化既是零售物流发展的高级形态，也是一种物流理念。只有当零售核心物流和配送网络发展到一定程度时，物流一体化的形成才具备现实基础。在此之后，跨组织、跨企业开展的协同项目，是逐步形成物流一体化的有效途径。作为一种物流理念，物流一体化强调的是参与方的全局效益最大化。这一理念，在零售物流发展的任何一个阶段，都可以发挥积极作用。

随着科技的日新月异，无论物流一体化、商品一体化还是信息一体化，都各自蕴藏着惊人的发展潜力。三者合力可能创造的价值，更是难以估量的。依此看来，从核心物流到供应链一体化的零售进阶之路，才刚刚开始。

附录
零售物流专业术语（部分）

序号	中文	对应英文
1	零售物流	Retail Logistics
2	流通领域	Market Distribution
3	实物分销	Physical Distribution
4	国际标准化组织	International Organization for Standardization (ISO)
5	企业资源计划	Enterprise Resource Planning (ERP)
6	电子数据交互	Electronic Data Interchange (EDI)
7	电子商务	E-Commerce
8	全渠道零售	Omni-channel Retail
9	零售终端	Retail Terminal
10	商流	Flow of Commerce
11	实物流	Material Flow
12	企业内部物流	Intra-Logistics
13	零售供应链	Retail Supply Chain
14	价值链	Value Chain
15	需求链	Demand Chain
16	到家配送	Home Delivery
17	线上下单	Online Ordering
18	消费者需求	Consumer Demands
19	消费者行为分析	Consumer Behavior Analysis

续表

序号	中文	对应英文
20	高效消费者响应	Efficient Consumer Response (ECR)
21	生产企业	Manufacturer
22	分销网络	Distribution Network
23	零售企业	Retail Company / Retailer
24	门店自提	Store Pick-up
25	前置仓/暗门店	Dark Store
26	供应链模式	Supply Chain Mode
27	推动型供应链	Push Supply Chain
28	拉动型供应链	Pull Supply Chain
29	销售预测	Sales Forecasting
30	生产计划	Production Planning
31	市场销售	Marketing
32	牛鞭效应	Bullwhip Effect
33	需求预测	Demand Forecasting
34	集中采购	Centralized Procurement
35	规模效益	Economies of Scale
36	预测准确性	Forecasting Accuracy
37	供应链库存	Supply Chain Inventory
38	零售配送企业	Retail Distribution Company
39	批发企业	Wholesale Company / Wholesaler
40	供应链类型	Supply Chain Types
41	供应商直送	Direct Store Delivery
42	越库	Cross Docking
43	库存统配	Warehousing
44	信息流	Information Flow
45	订单流	Order Flow
46	零售门店	Retail Store / Outlet
47	供应商	Supplier
48	快速消费品	Fast Moving Consumer Goods (FMCG)
49	供应物流	Raw Material Logistics
50	生产物流	Production Logistics

续表

序号	中文	对应英文
51	分销商	Distributors
52	关键绩效指标	Key Performance Indicator
53	流程设计	Process Design
54	以流程为导向	Process Oriented
55	执行管理	Execution and Management
56	无纸化	Paperless
57	闭环系统	Closed-loop System
58	培训机制	Training Program
59	激励机制	Incentive Schemes
60	过早失效	Premature Failures
61	全生命周期成本	Life Cycle Cost (TCC)
62	储运包装	Transport and Storage Package
63	物流载具	Load Carrier
64	运载单元	Unit Load
65	二级运载单元	Secondary Unit Load
66	托盘单元化	Pallet Unitization
67	托盘单元	Pallet Unit
68	三级运载单元	Tertiary Unit Load
69	一次性包装	Disposable Package
70	可循环包装	Reusable Transport Items
71	包装模数	Package Module
72	基础模数	Master Module
73	带板运输	Palletized Delivery
74	空间利用率	Space Utilization
75	高效运载单元	Efficient Unit Loads
76	双层堆垛	Double Stacking
77	包装含量	Packing Quantity
78	二级包装	Middle Package
79	欧洲物品编码	European Article Number (EAN)
80	国际物品编码组织	Global Standard 1 (GS1)
81	美国商品统一代码	Universal Product Code (UPC)

续表

序号	中文	对应英文
82	全球贸易项目代码	Global Trade Item Number (GTIN)
83	端到端供应链	End-to-End (E2E) Supply Chain
84	载具单元化	Load Unitization
85	联运平板托盘	Pallet
86	半托盘	Half Pallet
87	塑料周转筐	Plastic Crate
88	刚性直立周转筐	Rigid Plastic Crate
89	反转套叠周转筐	Nestable Plastic Crate
90	翻臂周转筐	Bale Arm Plastic Crate
91	折叠/内倒周转筐	Collapsible Plastic Crate
92	单元化物流	Unitized Logistics
93	物流笼车	Roll Container
94	保温笼车	Insulated Roll Container
95	零售核心物流	Retail Core Logistics
96	上游物流	Upstream Logistics
97	下游物流	Downstream Logistics
98	终端物流	Terminal Logistics
99	配送网络	Distribution Network
100	物流网络	Logistics Network
101	第三方物流	Third-party Logistics
102	超级大卖场	Hypermarket
103	紧凑型大卖场	Compact Hypermarket
104	综合性超市	Supermarket
105	社区超市	Neighbourhood Supermarket
106	生活超市	Daily-need Supermarket
107	便利店	Convenient Store
108	线下实体门店	Brick-and-mortar Store
109	配送终端	Home Delivery Terminal
110	融合型终端	Online-to-offline (O2O) Terminal Offline-to-online (O2O) Terminal
111	配送中心	Distribution Center (DC)

续表

序号	中文	对应英文
112	末端运输	Retailer-ended Transportation
113	载货卡车	Truck / Lorry
114	最后一公里	Last Mile
115	终端客户	Retail Customers
116	物流设施	Logistic Facility
117	订单响应时间	Lead Time
118	配送频率	Distribution Frequency
119	到货时间	Arrival Time
120	终端逗留时间	Terminal Turn-around Time
121	卸货准确度	Unloading Accuracy
122	交接单据	Hand-over Notice
123	物流质量	Logistics Quality
124	商品保质期	Shelf Life
125	固定到货日	Fixed Arrival Weekday
126	到货时间段	Arrival Time Slot
127	车辆调度	Yard Planning
128	卸货效率	Unloading Efficiency
129	陈列货架	Store Shelf
130	绿色物流	Green Logistics
131	清洁替代能源	Clean Alternative Energy
132	卡车零排放	Truck Zero Emissions
133	常温商品	Ambient Products / Dry Goods
134	生鲜商品	Fresh Products
135	蔬果商品	Fruit and Vegetable (Fru&Veg) Products
136	冷藏商品	Chilled Products
137	冷冻商品	Frozen Products
138	易腐商品	Perishables
139	非食品	Non-Food
140	厢式货车	Rigid Vehicles
141	半挂车	Semi-articulated vehicles
142	长距配送	Long-haul Distribution

续表

序号	中文	对应英文
143	城市配送	Urban Distribution
144	分段配送	Hub-and-spokes Distribution
145	巡航速度	Cruising Speed
146	核定载质量	Pay Load
147	卡车尾板	Tail Lift
148	卡车制冷机组	Truck Refrigeration Unit
149	备电驱动	Electric Stand-by
150	手动变速箱	Manual Transmission (MT)
151	机械式自动变速箱	Automated Mechanical Transmission (AMT)
152	全自动变速箱	Automatic Transmission (AT)
153	封闭式配送路线	Milk-run Delivery Route
154	开放式配送路线	Open Delivery Route
155	路线规划	Route Planning
156	配送车队	Distribution Fleet
157	周天	Weekday
158	路线预规划	Route Pre-planning
159	自动路线规划系统	Automatic Route Planning System
160	静态规划	Static Route Planning
161	动态规划	Dynamic Route Planning
162	车辆满载率	Vehicle Filling Degree
163	运输破损率	Transportation Damage Rate
164	增值流程	Value-added Process
165	回程取货	Back-hauling
166	无线射频手持终端	Radio Frequency (RF) Handhelds
167	司机培训机制	Driver Training Program
168	司机入职培训	Driver Induction
169	司机激励机制	Driver Incentive Schemes
170	燃油消耗	Fuel Consumption
171	可视化管理	Visualized Management
172	运输数字化	Transport Digitalization
173	物联网	Internet of Things (IoT)

续表

序号	中文	对应英文
174	驾驶行为评估	Driving Behavior Evaluation
175	运输管理系统	Transport Management System (TMS)
176	分散式系统	Best-of-breed System
177	集成式系统	Integrated System
178	配送仓库	Distribution Warehouse
179	订单履行中心	Fulfillment Center
180	仓库运营	Warehouse Operations
181	全程冷链	End-to-end Cold Chain
182	调货处理	Stock Allocation
183	系统自动补货	System Suggested Replenishment
184	订单行	Order Line
185	货架可售商品量	On-shelf Availability (OSA)
186	缺货	Out of Stock (OOS)
187	箱拣	Case Picking
188	零拣	Unit / Piece Picking
189	经济订货批量	Economic Order Quantity (EOQ)
190	终端后仓设计	Back-of-house Design
191	单品	Stock Keeping Unit (SKU)
192	中转库存	Cross Docking Stock
193	存储库存	Reserve / Storage Stock
194	库存管理	Inventory / Stock Management
195	采购订单	Purchase Order (PO)
196	促销库存	Promotional Stock
197	安全库存	Safety Stock
198	促销	Promotion
199	供应商管理库存	Vendor Managed Inventory (VMI)
200	库位	Location / Slot
201	拣选库位	Picking Location / Slot
202	存储库位	Storage / Reserve Location
203	实时校验	Real-time Verification
204	库存盘点	Stocktaking

续表

序号	中文	对应英文
205	循环盘点	Cycle Count
206	ABC 分析	Pareto / ABC Analysis
207	快速周转品	Fast Movers
208	中速周转品	Medium Movers
209	慢速周转品	Slow Movers
210	仓库管理系统	Warehouse Management System (WMS)
211	物料搬运设备	Material Handling Equipment
212	叉车	Forklift Trucks
213	堆垛机	Stacker Crane
214	输送线	Conveyor
215	人工作业仓库	Manual Warehouse
216	自动化仓库	Automated Warehouse
217	自动化立体仓库	Automated Storage and Retrieval System (AS/RS)
218	自动引导小车	Automated Guided Vehicle (AGV)
219	仓库控制系统	Warehouse Control System (WCS)
220	订单满足率	Order Fulfillment Rate
221	服务水平	Service Level
222	入库	Inbound / Goods-in
223	出库	Outbound / Goods-out
224	收货流程	Receiving Process
225	上架流程	Put-away Process
226	订单处理流程	Order Processing
227	波次计划	Wave Planning
228	拣选流程	Picking Process
229	库位补货流程	Slot Replenishing Process
230	下架	Let-down
231	发货流程	Dispatching Process
232	集货	Consolidation
233	按订单拣选	Pick by Order
234	人到货	Man-to-Goods
235	货到人	Goods-to-Man

续表

序号	中文	对应英文
236	全自动拣选	Fully-automated Picking
237	库位优化	Slotting Optimization
238	拣选路线	Picking Route
239	动态拣选	Dynamic Picking
240	电子标签	Pick by Light
241	料箱堆垛机	Mini-load
242	半自动化	Semi-automation
243	按订单行拣选	Pick by Line
244	分拣/分播/播种	De-picking
245	分拣机	Sorter
246	一步越库	One-step Cross Docking / Flow-through
247	二步越库	Two-step Cross Docking
248	流通加工	Distribution Processing
249	升降调节台	Dock Leveller
250	工业滑升门	Industrial Sliding Doors
251	物料存储设备	Material Storage Equipment
252	语音终端	Voice Terminals
253	托盘货架	Pallet Racking
254	驶入式货架	Drive-in Racking
255	制冷系统	Refrigeration System
256	保温库板	Insulated Panels
257	逆向物流	Reverse Logistics
258	商品退货	Product Return
259	商品召回	Product Recall
260	追溯机制	Retrospection Mechanism
261	食品零售	Food Retail
262	信息追溯能力	Information Traceability
263	可循环物资	Reusable Items
264	可回收垃圾	Recyclable Waste
265	塑料缠绕膜	Plastic Shrink-wraps
266	载具循环	Load Carrier Cycling

续表

序号	中文	对应英文
267	载具池企业	Pooling Company
268	循环成本	Cycle Cost
269	零售配送网络	Retail Distribution Network
270	爬坡式启动	Ramp-up Go-live
271	爆发式启动	Big-bang Go-live
272	卫星仓	Satellite Warehouse
273	供应链一体化	Supply Chain Integration
274	精益供应链	Lean Supply Chain
275	品类管理	Category Management
276	供应链可视性	Supply Chain Visibility
277	储运包装直接陈列	Retail Ready Packaging
278	预到货通知	Advanced Shipment Notice (ASN)

后　记

　　从开始构思，到本书的写作完成，共经历了两年多的时间。这是不平凡的两年。对个人而言，时隔十多年后，再次开始系统性的写作，既是一种幸运，又是一项挑战。对社会来说，新冠肺炎疫情的全球爆发，无疑将被记入历史。

　　两年前，一个偶然的机会，让我产生了将十余年间工作项目中的积累写成一本书的想法。很庆幸，这个想法在今天成为现实。

　　2008年，我初次踏入零售物流的领域，未曾想到，这是一片如此广阔的天地。之后的五年间，我一股脑地投入配送中心的建设项目中。我首先担任广东嘉荣东莞洪梅配送中心项目的项目经理，从图纸规划到现场施工，不亦乐乎。在欧洲物流专家多瑙博士的鼎力支持下，整个项目团队与各大专业供应商一起，同舟共济，携手度过了难忘的一年。经过众人的耕耘，原本一片黄沙的江边空地，变成一座现代化的零售配送中心。东莞洪梅配送中心上线启用后，受到国内外专业人士的一致认可，即使在十年后的今天，它依然是现代零售配送中心的标杆之一。诚然，首次实施落地大型配送中心项目，当时还是留下了不少遗憾。令人略感欣慰的是，这些遗憾在接下来的数个类似项目中，得到或多或少的弥补。

我所效力的企业，是一个总部位于欧洲的国际组织。在最初的几年间，我几乎每年都会前往不同国家，学习和交流零售物流与供应链领域的实践经验。不同于走马观花式的考察，我的每次拜访都会深入零售门店和配送中心的现场，有时我甚至会在某个配送中心工作一段时间。现在想来，这样的经历是十分难得的。一方面，在开展国内物流项目时，总会碰到各种各样的问题，在每次拜访中，这些问题都能得到不同程度的解答。另一方面，我也逐渐意识到，没有哪个国家的物流发展现状是与生俱来的，都是不断努力和探索的结果。我们今天面对的问题，任何一个国家的企业都正在面对，或曾经面对过。

领先的零售企业选择正视问题，从根源上找到原因，一点一点加以解决。与此同时，比解决问题更重要的是（也许是同样重要的），在过程中不断探求零售物流的体系化建设，通过系统性的方法，防止同样问题的出现。经过几十年的努力，原来的问题已经不复存在，展现在人们面前的是现代化的建筑风格、窗明几亮的工作环境、人性化的设施和管理、友好专业的工作人员、高品质且价格合理的各类零售商品等。

零售企业的领先，依靠的是背后运营团队的能力和付出。正是因为它们的活跃，全球零售物流在过去半个多世纪中，取得了卓越发展，这些企业也成为推动行业整体进步的主要力量。它们中的一些，有的成为我们今天耳熟能详的零售品牌，不远万里来到中国拓展市场；有的则偏安一隅，为当地消费者日复一日地提供优质的商品和服务。

是的，零售行业的发展，从来不是"自然生长"的结果。优秀的零售企业，都有一个设计精良、高效运转的体系。通过拜访不同国家的零售企业，结合自身的实践经验，我得出这样一个结论：零售的发展，其实并没有什么秘密可言，每家企业的发展历程也几乎一致。也许这就是大浪淘沙的结果，那些发展历程与其他企业不一致的企业，已经消失在历史的尘烟中。

在零售企业的发展历程中，物流始终扮演着举足轻重的角色。在最初的几年间，我并没有意识到这一点，只是在一个接一个的配送中心项目中，享受着一年比一年更大的进步。

2015年，随着配送中心项目的完成，我的工作逐渐向供应链领域延伸。与物流相对清晰的定义不同，供应链并没有明确的边界。也许是出于理工科背景的本能，我总是试图为其找到科学的注解。然而，事与愿违，这也成为之后几年，我时常思考的问题。关于这一问题的回答，是我撰写这本书的动力之一。书中关于供应链内容的描述，也是我在创作过程中碰到的最大挑战。但是我想，我已经找到了能够说服自己的回答，也欢迎有心的读者与我交流。

最后，希望借此机会，感谢一直支持我的家人和朋友们。我也要感谢电子工业出版社的刘声峰、黄菲，为本书的发行倾注的时间和精力。我还要特别感谢两位先生，没有他们，便不会有这本书的问世。

第一位是广东嘉荣超市有限公司的董事长胡近泰先生。2009年5月，我以洪梅配送中心项目经理的身份来到东莞。那时的我，可以说几乎没有任何大型项目的实施经验。在项目实施过程中，胡近泰先生无数次给予我工作中的支持和肯定，以及生活上的关心。即使事隔多年，依然恍如昨日。

第二位是欧洲物流专家迪特尔·多瑙博士，也就是本书的序作者。多瑙博士在我探索零售物流的过程中，始终给予我莫大的帮助和鼓励。能够与多瑙博士夫妇相伴同行十余载，至今仍时通有无，实属万幸，故以此诗纪念之。

忘年

齐鲁初逢已忘年，流光一瞬忆成篇。

传经释惑南台上，把酒言欢荔树边。

山径长行阴雨落，曲途回望碧空悬。

亦师亦友难为伴，如叶如竹总是连。

注：南台位于山西五台山。

唐海滨

2020 年 10 月 8 日

参考资料

[1] 中华人民共和国国家标准. GB/T 16830—2008 商品条码 储运包装商品编码与条码表示[S]. 2008.

[2] 中国 ECR 委员会. 带板运输应用指南[R]. 2016.

[3] 李飞. 零售革命[M]. 北京：经济科学出版社，2018.

[4] 中华人民共和国国家标准. GB/T 37106—2018 托盘单元化物流系统托盘设计准则[S]. 2018.

[5] ECR Europe. The Efficient Unit Loads Report[R]. 1997.

[6] ECR Austria. Standardisierung von Palettenhoehen[R]. 1998.

[7] Donald J. Bowersox. Supply Chain Logistics Management[M]. McGraw-Hill Higher Education，2002.

未经许可，不得以任何方式复制或抄袭本书之部分或全部内容。
版权所有，侵权必究。

图书在版编目（CIP）数据

供应链：零售物流的价值 / 唐海滨著. —北京：电子工业出版社，2021.4
ISBN 978-7-121-40727-7

Ⅰ. ①供… Ⅱ. ①唐… Ⅲ. ①零售－物流管理－供应链管理 Ⅳ. ①F713.32

中国版本图书馆 CIP 数据核字（2021）第 040951 号

责任编辑：黄　菲　　文字编辑：刘　甜　　杨雅琳
印　　刷：三河市君旺印务有限公司
装　　订：三河市君旺印务有限公司
出版发行：电子工业出版社
　　　　　北京市海淀区万寿路 173 信箱　邮编 100036
开　　本：720×1 000　1/16　印张：21.75　字数：327 千字
版　　次：2021 年 4 月第 1 版
印　　次：2021 年 4 月第 1 次印刷
定　　价：78.00 元

凡所购买电子工业出版社图书有缺损问题，请向购买书店调换。若书店售缺，请与本社发行部联系，联系及邮购电话：（010）88254888，88258888。
质量投诉请发邮件至 zlts@phei.com.cn，盗版侵权举报请发邮件至 dbqq@phei.com.cn。
本书咨询联系方式：1024004410（QQ）。